KB066799

알키비아데스 I·II

정암고전총서 플라톤 전집

알키비아데스 I · II

플라톤

김주일 · 정준영 옮김

아카넷

정암고전총서는 윤독의 과정을 거쳐 책을 펴냅니다.
아래의 정암학당 연구원들이 『알키비아데스 I·II』 원고를 함께 읽고
번역에 도움을 주셨습니다.
이정호, 김인곤, 김재홍, 이기백, 강철웅, 한경자, 이창연, 전준현

'정암고전총서'를 펴내며

그리스·로마 고전은 서양 지성사의 뿌리이며 지혜의 보고이다. 그러나 이를 우리말로 직접 읽고 검토할 수 있는 원전 번역은 여전히 드물다. 이런 탓에 우리는 서양 사람들의 해석을 수동적으로 수용하는 처지를 완전히 극복하지 못하고 있다. 사상의 수입은 있지만 우리 자신의 사유는 결여된 불균형의 문제를 안고 있는 것이다. 이런 상황은 우리의 삶과 현실을 서양의 문화유산과 연관 지어 사색하고자 할 때 특히 심각한 문제를 야기한다. 우리 자신이 부닥친 문제를 자기 사유 없이 남의 사유를 통해 이해하거나 해결하는 것은 거의 불가능하기 때문이다. 우리의 문제에 대한 인문학적 대안들이 때로는 현실을 적확하게 꼬집지 못하는 공허한 메아리로 들리는 것도 그런 이유 때문일 것이다.

한 공동체에서 살아가는 사람들이 자신들의 생각과 말을 나누며 함께 고민하는 문제와 만날 때 인문학은 진정한 울림이 있는 메아리가 될 수 있다. 이것은 우리가 우리의 현실을 함께 고민하는 문제의식을 공유함으로써 가능하겠지만, 그조차도 함께 사유할 수 있는 텍스트가 없다면 요원한 일일 것이다. 사유를 공유할 텍스트가 없을 때는 삶과 말과 함이 분열될 위험에 노출될 수 있기 때문이다. 이런 점에서 진정한 인문학적 탐색은 삶의 현실이라는 텍스트, 그리고 생각을 나눌 수 있는 문헌 텍스트와 만나는 이중의 노력에 의해 가능할 것이다.

현재 한국의 인문학적 상황은 기묘한 이중성을 보이고 있다. 대학 강단의 인문학은 시들어 가고 있는 반면 대중 사회의 인문학은 뜨거운 열풍이 불어 마치 중흥기를 맞이한 듯하다. 그러나 현재의 대중 인문학은 비판적으로 사유하는 인문학이 되지 못하고 자신의 삶을 합리화하는 도구로 전락하는 경향이 없지 않다. 사유 없는 인문학은 대중의 욕망을 충족시키기 위해 소비되는 상품에 지나지 않는다. '정암고전총서' 기획은 이와 같은 한계상황을 극복할 수 있는 기본적인 토대를 마련하고자 하는 절실한 문제의식에서 시작되었다.

정암학당은 철학과 문학을 아우르는 서양 고전 문헌의 연구와 번역을 목표로 2000년 임의 학술 단체로 출범하였다. 그리고 그 첫 열매로 서양 고전 철학의 시원이라 할 『소크라테스 이전 철학자들의 단편 선집』을 2005년도에 펴냈다. 2008년에는 비영리 공익법인의 자격을 갖는 공적인 학술 단체의 면모를 갖추고 플라톤 원전 번역을 완결할 목표 아래 지금까지 20여 종에 이르는 플라톤 번역서를 내놓고 있다. 이제 '플라톤 전집' 완간을 눈앞에 두고 있는 시점에 정암학당은 지금까지의 시행착오를 밑거름 삼아 그리스 · 로마의 문사철 고전 문헌을 우리말로 옮기는 고전 번역 운동을 본격적으로 펼치려 한다.

정암학당의 번역 작업은 철저한 연구에 기반한 번역이 되도록 하기 위해 처음부터 공동 독회와 토론을 통해 이루어진다. 번역 초고를 여러 번에 걸쳐 교열 · 비평하는 공동 독회 세미나를 수행하여 이를 기초로 옮긴이가 최종 수정하는 방식으로 진행된다. 이같이 공동 독회를 통해 번역서를 출간하는 방식은 서양에서도 유래를 찾기 어려운 번역 시스템이다. 공동 독회를 통한 번역은 매우 더디고 고통스러운 작업이지만, 우리는 이 같은 체계적인 비평의 과정을 거칠 때 믿고 읽을 수 있는 텍스트가 탄생할 수 있다고 확신한다. 이런 번역 시스템 때문에 모든 '정암고전총서'에는 공동 윤독자를 병기하기로 한다. 그러나 윤독자들의 비판을 수용할지 여부는 결국 옮긴이가 결정한다는 점에서 번역의 최종 책임은 어디까지나 옮긴이에게 있다. 따라서 공동 윤독에 의한 비판의 과정을 거치되 옮긴이들의 창조적 연구 역량이 자유롭게 발휘될 수 있도록 노력하였다.

정암학당은 앞으로 세부 전공 연구자들이 각각의 연구팀을 이루어 연구와 번역을 병행함으로써 아리스토텔레스 철학 원전, 키케로 전집, 헬레니즘 선집 등의 번역본을 출간할 계획이다. 그리고 이렇게 출간될 번역본에 대한 대중 강연을 마련하여 시민들과 함께 호흡할 수 있는 장을 열어 나갈 것이다. 공익법인인 정암학당은 전적으로 회원들의 후원으로 유지된다는 점에서 '정암고전총서'는 연구자들의 의지뿐만 아니라 시민들의 소중한 뜻이 모여 세상 밖에 나올 수 있는 셈이다. 이런 점에서 '정암고전총서'가 일종의 고전 번역 운동으로 자리매김되길 기대한다.

'정암고전총서'를 시작하는 이 시점에 두려운 마음이 없지 않으나, 이런 노력이 서양 고전 연구의 디딤돌이 될 것이라는 희망, 그리고 새로운 독자들과 만나 새로운 사유의 향연이 펼쳐질 수 있으리라는 기대감 또한 적지 않다. 어려운 출판 여건에도 '정암고전총서' 출간의 큰 결단을 내린 아카넷 김정호 대표에게 경의와 감사의 뜻을 전한다. 끝으로 정암학당의 기틀을 마련했을 뿐만 아니라 앎과 실천이 일치된 삶의 본을 보여 주신 이정호 선생님께 존경의 마음을 표한다. 그 큰 뜻이 이어질 수 있도록 앞으로도 치열한 연구와 좋은 번역을 내놓는 노력을 다할 것이다.

2018년 11월

정암학당 연구자 일동

‘정암학당 플라톤 전집’을 새롭게 펴내며

플라톤의 사상과 철학은 서양 사상의 뿌리이자 서양 문화가 이루어 온 지적 성취들의 모태가 되었다는 점에서 큰 의미를 지니고 있다. 특히 그의 작품들 대부분은 풍성하고도 심오한 철학적 문제의식을 담고 있을 뿐만 아니라 생동감 넘치는 대화 형식으로 쓰여 있어서, 오늘날까지 많은 사람이 최고의 철학 고전이자 문학사에 길이 남을 걸작으로 손꼽고 있다. 화이트헤드는 ‘유럽철학의 전통은 플라톤에 대한 일련의 각주’라고까지 하지 않았던가.

정암학당은 플라톤의 작품 전체를 우리말로 공유할 수 있도록 하자는 취지에서 뜻있는 학자들이 모여 2000년에 문을 열었다. 그 이래로 플라톤의 작품들을 함께 읽고 번역하는 데 매달려 왔다. 정암학당의 연구자들은 애초부터 공동 탐구의 작업 방식을 취해 왔으며, 이에 따라 공동 독회와 토론을 통해 텍스트를 이해하는 노력을 기울여 왔고, 초고를 여러 번에 걸쳐 교열 · 비평하는 수고 또한 마다하지 않았다. 2007년에 『뤼시스』를 비롯한 3종의 번역서를 낸 이후 지금까지 출간된 정암학당 플라톤 번역서들은 모두 이 같은 작업 방식으로 이루어진 성과물들이다.

정암학당의 이러한 작업 방식 때문에 번역 텍스트를 출간하는데 출판사 쪽의 애로가 없지 않았다. 그동안 출판을 맡아 준 이제이북스는 어려운 여건에서도 플라톤 전집 출간의 의미를 이해하고 전집 출간 사업에 동참하여 많은 노력을 기울여주었다. 그 결과 2007년부터 2018년까지 20여 종의 플라톤 전집 번역서가 출간되었다. 그러나 최근 이제이북스의 여러 사정으로 인해 전집 출간을 마무리하기가 어려워졌다. 정암학당은 플라톤 전집 출간을 이제이북스와 완결하지 못하게 된 것에 대해 아쉬움을 표하는 동시에 그 동안의 노고에 고마움을 전한다.

정암학당은 이 기회에 플라톤 전집의 번역과 출간 체계를 전반적으로 정비하기로 했고, 이런 취지에서 '정암학당 플라톤 전집'을 '정암고전총서'에 포함시켜 아카넷 출판사를 통해 출간할 것이다. 아카넷은 정암학당이라는 학술 공간의 의미를 이해하고 '정암학당 플라톤 전집' 출간의 가치를 공감해주었다. 여러 가지 측면에서 많은 어려움이 있었음에도 어려운 결단을 내린 아카넷 출판사에 감사를 표한다.

정암학당은 기존에 출간한 20여 종의 번역 텍스트를 '정암고전총서'에 편입시켜 앞으로 2년 동안 순차적으로 이전 출간할 예정이다. 그러나 이런 작업이 짧은 시간에 추진되었기 때문에 번역자들에게 전면적인 수정을 할 시간적 여유가 주어지지는 않았다. 따라서 아카넷 출판사로 이전 출간하는 플라톤 전집은 일부의 내용을 보완하고 오식을 수정하는 선에서 새로운 판형과 조판으로 출간한다. 이 점에 대해서는 독자들께 양해를 구한다. 정암학당은 출판사를 옮겨 출간하는 작업을 진행하는 동시에, 플라톤 전집 중 남아 있는 텍스트들에 대한 번역본 출간 시기도 앞당길 수 있도록 노력할 것이다. 그리하여 오랜 공동 연구의 결실인 '정암학당 플라톤 전집' 전체를 독자들이 조만간 음미할 수 있도록 최선을 다할 것이다.

끝으로 정암학당의 기반을 마련해 주신 고 정암(鼎巖) 이종건(李鍾健) 선생을 추모하며, 새 출판사에서 플라톤 전집을 완간하는 일에 박차를 가할 것을 다짐한다.

2019년 6월

정암학당 연구자 일동

차례

알키비아데스 II

등장인물

소크라테스(Sōkratēs)

기원전 469~399년. 소크라테스는 아테네의 정남방에 위치한 알로페케(Alōpekē) 구(區, dēmos) 출신이다. 그의 아버지는 소프로니스코스(Sōphroniskos), 어머니는 파이나레테(Phainaretē)로 알려져 있다. 소크라테스는 평생 한 줄의 글도 남기지 않았기 때문에, 그의 실제 삶과 사상이 어떠했는가는 후대의 작가, 특히 플라톤(Platōn)의 저술을 통해 짐작할 수 있을 뿐이다. 그렇지만 역사적 소크라테스가 '너 자신을 알라'는 델피(Delphoi)의 글귀를 철학적 신조로 삼은 것은 분명해 보이며, 이 대화편은 이 같은 소크라테스의 특징을 잘 보여 주고 있다. 대화편의 극중 설정 시기가 알키비아데스가 만 스무 살이 되기 직전(기원전 431년)이므로, 이때 소크라테스의 나이는 30대 중반 무렵이었을 것이다.

알키비아데스(Alkibiadēs)*

알키비아데스는 클레이니아스(Kleinias)와 데이노마케(Deinomakē)의 아들로 기원전 450년에 태어났다. 그는 페리클레스(Periklēs)를 후견인으로 두었고 가문의 명성과 부를 배경으로 하여 성장하였다. 그의 외모는 아테네의 뭇 남성들의 마음을 사로잡았다고 하는데, 이 대화편에서 사랑이 주제가 되는 것은 이런 알키비아데스의 미모와 무관하지 않다. 그가 소크라테스를 만나게 된 시기는 18세 전후(기원전 432년경)로 보이며, 나중에 포테이다이아(Poteidaia) 전투에 출전했다가 소크라테스의 도움으로 목숨을 건진 것은 유

* 「작품 안내 I」'1. 알키비아데스의 생애' 참고.

명한 일화이다. 그 후 그는 정치적으로 두각을 나타내다가 결국은 실각하여 스파르타(Sparta)로 망명하는 등 정치적 부침을 거듭하였다. 평생 정치적 풍운아로 살았던 그는 기원전 404년에 비참하게 살해당하며 일생을 마쳤다. 대화편 내에서는 만 20세가 되기 직전의 나이로 등장하며, 거대한 정치적 야망을 품고 있는 자로 그려지고 있다.

일러두기

- 번역의 기준 판본은 옥스퍼드 고전 텍스트(Oxford Classical Text) 시리즈인 버넷 판(John Burnet ed., *Platonis Opera*, vol. II, 1901)을 사용하였다.
- 쪽수 표기(가령, 135e)는 이 텍스트에 표기된 '스테파누스 판'(H. Stephanus, *Platonis Opera quae extant omnia*, 1578)을 따랐다.
- 버넷 판 하단에는 사본상의 차이에 따른 여러 가지 다른 독해와 교정 관련 각주가 달려 있는데, 이와 관련해서는 따로 설명하지 않았으며, 버넷 판과 다른 판본 내지 교정 부분을 번역본의 원문으로 택했을 경우에만 주석에 설명을 붙였다. 언급되는 주요 사본 B, T, W는 다음과 같다.

  B = cod. Bodleianus, MS. E. D. Clarke 39 (895년 사본)

  T = cod. Venetus append. class. 4, cod. I (10세기 중반 사본)

  W = cod. Vindobonensis 54, suppl. Gr. 7 (11세기 사본)
- 〈 〉는 원사본에는 없지만 플라톤 텍스트 편집자가 보충되어야 한다고 판단한 내용을 가리킨다.
- 주석은 일반 독자들이 본문을 이해하는 데 꼭 필요하다고 여겨지는 것에 한해 각주로 처리하고, 기타 세부적인 이해를 위한 주석 또는 그리스어를 이해하는 사람들 및 연구자들을 위한 원문 독해 관련 주석 등은 모두 미주로 처리하였다.
- 그리스어 고유명사의 한국어 표기는 한국어 안에 들어와 굳어진 것 말고는 고전 시대의 발음에 가깝게 표기하였다. 특히 후대 그리스어의 이오타시즘(iotacism)은 원칙적으로 따르지 않았다. 다만, 한국어 안에 들어와 굳어졌거나 또는 여러 분야에서 이미 통용되고 있는 국가명, 지명 등 다음의 것들에 한해서는 예외로 하였다.

예) 그리스(헬라스), 델피(델포이), 유럽(에우로페), 이솝(아이소포스)

* ( ) 안은 그리스어 음표기임.

알키비아데스 I

작품 내용 구분 I

1. 도입부 : 침묵을 깬 소크라테스(103a~104c)
2. 알키비아데스의 희망(야망)(104d~106c)
3. 알키비아데스의 능력(106c~109c)
4. 알키비아데스는 정의가 무엇인지 아는가?(109d~113c)
5. 정의와 이로움(113d~116d)
6. 무지의 종류(116e~119a)
7. 알키비아데스의 진정한 경쟁 상대와 정치에 대한 일반적 고찰(119a~124b)
8. 훌륭한 나라와 정치술(124b~127d)
9. 정치술과 '자신을 돌봄'(127e~129b)
10. 사람은 자신의 영혼이다(129b~132b)
11. '너 자신을 알라'의 의미 : 자신을 돌봄(132c~135c)
12. 결말(135c~135e)

알키비아데스 I

소크라테스, 알키비아데스

소크라테스 클레이니아스의 아들이여,[1] 다른 이들은 단념했어도 자네를 제일 먼저 사랑한[2] 나만은 그 사랑을[3] 놓지 않고 있네. 그리고 다른 이들은 성가실 만큼 자네에게 말을 걸어 왔지만, 나는 몇 해가 돼도 말 한마디 건네지 않았지. 난 자네가 그런 사실에 놀라고 있다[4]고 보네. 그런데 일이 이렇게 된 건 인간적인 탓이 아니라 일종의 신령스러운 가로막음[5] 탓이었네. (그것의 힘[6]에 대해서는 자네가 나중에 또 물어볼 수 있을 걸세.) 그렇지만 지금은 그것이 더 이상 날 가로막지 않기에 내가 이렇게 자네한테 와 있는 것이네. 그리고 나는 앞으로도 그것이 날 가로막지 않을 것으로 낙관하고 있네.[7] 그건 그렇고 자네를 사랑하는 이들한테 자네가 어떤 태도를 취했는가는 그동안 살펴보아 거의 알고 있다네. 저들이 여럿이고 기세가 당당하긴[8] 해도 그들 가운데 자네 기세에 눌려 달아나지 않은 자가 한 사람도 없더군. 자네가

103a b 104a

무엇 때문에 기고만장한 것인지, 그 이유를 자세히 설명해 보겠네. 자네는 어떤 일과 관련해서든 아무도 필요치 않다고 말하고 있네. 몸에서 시작해서 영혼에 이르기까지 아무것도 필요하지 않을 만큼 지닌 것이 엄청나다는 것이지. 우선 자네는 자신이 더없이 멋지고 훤칠한 사람이라고 믿고 있네. 그리고 이 점에서 자네 생각에 잘못이 없다는 건 누가 보더라도 분명하지. 그다음으로 자네는 자기 자신이 그리스에서 가장 큰 나라[9]인 자네 나라에서 가장 잘나가는 가문 출신이라고 믿고 있네.[10] 그리고 그 나라에, 필요할 때 자네에게 도움을 줄 더없이 훌륭한[11] 친구와 친척이 자네 부계 쪽으로 아주 많이 있으며, 모계 쪽 사람들 역시 이들에 전혀 뒤지지 않고 수도 적지 않다고 믿고 있네. 그리고 자네는 내가 얘기한 이들 전부보다 크산티포스의 아들 페리클레스[12]가 자네한테 더 큰 힘이 된다고 믿고 있는데, 자네 부친께서는 바로 그분을 자네와 자네 동생[13]의 후견인[14]으로 남겨 두셨네. 그분은 이 나라뿐 아니라 그리스의 모든 나라와 크고 많은 이민족의 종족들 사이에서 하고 싶은 일은 뭐든지 할 수 있는 분이시지. 그리고 나는 자네가 부잣집 자손이라는 것도 덧붙일 것이네만, 내 생각에 이 점에 대해서는 자네가 조금도 자랑으로 여기지 않을 것 같군. 그러니까 이상의 모든 점을 두고 자네는 으스댐으로써 자네를 사랑하는 이들을 압도하게 된 것이고, 또 저들은 그 모든 점에서 자네보다 못하기에 압도당하게 된 것이지. 자네 역시 그런 점들을 의식했던 것이고. 그래서 내가 도대체 무슨 생각을 품고 있길래[15] 사랑을 놓지 않는 것일까, 그리고 내가 무슨 희망[16]을 품고 있길래 남들은 달아났는데도 남아 있는 것일까 하고 자네가 놀라워한다는 걸 나는 잘 알고 있네.

알키비아데스 그건 그런데요, 소크라테스 선생님, 제가 할 말을 선생님께서 앞질러 말씀하신 거라는 걸 아마 모르시는 것 같습니다. 실은 제가 먼저 선생님을 찾아가 바로 이런 질문을 드릴 d 작정이었거든요. '선생님께서는 도대체 뭘 원하시는 겁니까, 어떤 희망을 보고 계시길래 제가 있는 곳이면 애를 태우며[17] 매일같이 나타나 저를 성가시게 하시는 겁니까?' 하고 말입니다. 저는 선생님이 매달리고 계신 일이 도대체 뭘까 진짜 놀라워하고 있으며, 그걸 말씀해 주시면 정말 기쁘게 듣겠습니다.

소크라테스 그렇다면 당연히 내 이야길 열심히 듣겠군 그래. 자네가 말한 대로 내가 품고 있는 생각이 무엇인지를 알고 싶어 한다면 말이네. 그럼 자네가 인내심을 갖고 들으려 한다고 보고 말하겠네.

알키비아데스 그야 물론이죠. 말씀이나 해 주세요.

소크라테스 그럼 이런 걸 유념해 두게. 자네도 알겠지만, 내가 e 어렵게 말문을 뗀 것처럼 말을 멈출 때 역시 그처럼 어려워한다 해도 놀랄 일은 아닐 거야.[18]

알키비아데스 그것 참,[19] 어서 말씀이나 해 주시죠. 들어 볼 테니까요.

소크라테스 말을 아니 할 수가 없겠군. 사랑하는 이들에게 뻣뻣하게 구는 사내[20]한테 사랑하는 자로 다가간다는 건 여간 힘든 일이 아니지만, 그럼에도 내 생각을 과감히 밝히지 않을 수 없겠네. 알키비아데스, 방금 내가 거론한 것들[21]을 자네가 마음에 들어 하고 마땅히 그런 조건에서 살아야 한다고 여기는 걸 보았다면, 난 자네에 대한 사랑을 벌써 놓아 버렸을 거야. 적어도 그렇

105a 게 하겠다는 다짐만큼은 하고 있네.[22] 한데 이번에는 자네가 품고 있는 또 다른 생각을, 자네 자신을 상대로 해서[23] 따져 볼까 하네. 이를 통해 내가 자네한테 계속해서 마음을 쏟아 왔다는 것 또한 알게 될 것이네. 신들 가운데 어떤 신[24]이 자네한테 묻는다고 해 보세. 그러면 자네는 이럴 것 같네. 즉, "알키비아데스, 자네는 현재 지니고 있는 것들을 유지한 채 살고 싶은가, 아니면 그 이상을 얻고 싶지만 그럴 가망이 없으면 그 즉시로 죽고 싶은가?"라고 신께서 물어 오시면, 내가 보기에 자네는 죽음을 택할 것 같네. 그런데 지금 현재 자네가 대체 어떤 희망에 기대어 살고 있는지를 말해 볼까 하네. 자네는 며칠 지나지 않아 자신이

b 아테네 민중[25] 앞에 나서게 될 것으로 믿고 있네.[26] 그리고 민중 앞에 나서자마자 페리클레스뿐만 아니라 예전의 어느 누구도 받아 보지 못한 영예를 자신이 받을 만하다[27]는 것을 아테네 사람들에게 보여 줄 수 있을 것으로 자네는 믿고 있네. 그리고 이것

을 보여 주고 나면, 이 나라에서 가장 큰 힘을 얻게 될 것이라고 믿고 있네. 그리하여 여기서 최대 권력자가 되면 그 밖의 그리스에서도 그렇게 될 수 있으며 또한 그리스뿐만 아니라 우리와 같은 대륙에 살고 있는 모든 이민족들 사이에서도 그렇게 될 것이라고 자네는 믿고 있네. 그리고 바로 그 신께서 다시 자네에게 이르시길 여기 유럽에서 힘을 얻는 건 마땅한 일이나 아시아[28]로 건너가 그곳 일까지 간섭해도 되는 건 아니라고 하시면, 내가 보기에 자네는 그런 조건에서 사는 것 역시 마음에 내켜 하지 않을 것 같네. 그런 조건만 가지고는, 세상 거의 전부를 자네 이름과 자네 힘으로 채울 수가 없을 테니까 말일세. 그리고 난 자네가 퀴로스나 크세륵세스[29]를 빼고는 입에 올릴 만한 사람이 아무도 없다고 믿고 있다고 보네. 그런데 자네가 그런 희망을 지니고 있다는 걸 난 잘 알고 있다네. 그저 짐작하기만 하는 게 아니란 말이지. 그리고 자네는 내 말이 진실이라는 것을 알 터이니 모르긴 몰라도 이렇게 물을 걸세. "아니, 소크라테스 선생님, 이게 선생님의 이야깃거리와 무슨 상관이 있습니까?"[30]라고 말이네. 친애하는, 클레이니아스와 데이노마케의 아들이여! 그럼 나는 자네한테 이렇게 말할 것이네. 자네가 마음에 품고 있는 이 모든 일을 나 없이 성취해 낸다는 건 불가능하다고 말이야.[31] 나는 자네가 매달리고 있는 일[32]과 자네에 대해 내가 그 정도의 힘을 지니고 있다고 믿고 있으며, 신께서 오래전부터 자네와 대화하는 걸

c

d

허락하지 않으신 것도 바로 이 때문이라고 믿고 있네.[33] 그리고 나는 신께서 자네와 대화하는 걸 허락해 주실 날만을 기다리고 있었네. 왜냐하면 자네가 이 나라에 절대적인 가치를 지닌 자라는 것을 나라 앞에서 보여 줄 희망을 품고 있고, 그렇게 하고 나면 그 즉시 무소불위의 힘을 갖게 되리라는 희망을 품고 있듯이, 그처럼 나도 내가 자네에게 절대적인 가치를 지닌 사람이라는 것을, 그래서 나 말고는 자네 후견인이든 친족이든 다른 어느 누구든 간에 자네가 열망하는 힘을 넘겨줄 만한 이가 없다는 것을 보여 주고 나면, 내가 자네에게 최대의 힘을 행사할 수 있으리라는 희망을 품고 있기 때문이네.[34] 물론 신의 도움이 있어야 가능한 일이겠지만 말이네. 그런데 자네가 지금보다 더 젊고 지금 정도의 희망으로 가득 차기 전에는 자네와 대화하는 것을 신께서 허락하지 않으신 것 같네.[35] 내가 헛되이 대화를 나누는 일이 없도록 말이지. 하지만 이제는 신께서 날 놓아주셨네. 이제는 자네가 내 말에 귀 기울일 테니까.

알키비아데스 소크라테스 선생님, 선생님께서 말문을 여시고 나니 이제는 아무 말 없이 쫓아다니실 때보다 제게는 더더욱 이상한 분[36]으로 보이는군요. 하긴 그때도 사람들이 보기에 너무 이상한 분이긴 하셨죠. 그런데 제가 품고 있는 생각이 이런 것들인가 아닌가에 대해서는 선생님께서 이미 판정을 내리고 계신 것 같군요. 그러니 제가 부인을 해도 선생님을 설득하는 데는 더 이상 아무 소용이 없을 것입니다. 그건 좋습니다. 하지만 제가 품고 있는 생각이 정말로 그런 것이라 해도 선생님을 통해야 되고, 선생님 없이는 이룰 수 없을 것이라는 건 어째서 그렇습니까? 말씀하실 수 있겠어요?

소크라테스 설마 자네가 익히 듣던 그런 장황한 말[37]을 할 수 있는가를 묻는 것인가? 그건 내 방식이 아닐세. 하지만 자네가 내게 단 한 가지 사소한 도움을 줄 의사가 있다면, 이것*이 그렇다는 걸 자네한테 보여 줄 수 있을 것이라고 생각하네. b

알키비아데스 아니 뭐, 어렵잖은 도움을 말씀하시는 거라면, 그렇게 하도록 하겠습니다.

소크라테스 질문받은 것에 대답하는 것이 어려워 보이는가?

알키비아데스 어렵지 않죠.

소크라테스 그럼 대답해 보게.

알키비아데스 물어보시죠.

소크라테스 자네가 품고 있다고 내가 말하는 그 생각을 자네가 실제로 품고 있다고 보고 물어봐도 되겠지?[38] c

알키비아데스 선생님께서 그렇게 하시고 싶다면 그렇다고 해 두죠. 선생님께서 무슨 말씀을 하시려는 것인지를 알기 위해서라

* 소크라테스 없이는 알키비아데스가 품고 있는 생각을 이룰 수 없다는 106a7~8의 언급.

도 말입니다.[39]

소크라테스 자, 그럼 보게. 나는 자네가 머지않아 아테네 사람들에게 조언하러 나설 생각이라고 말하겠네. 그런데 연단에 오르려는 자네를 붙잡고서 내가 이렇게 묻는다고 해 보세. "알키비아데스, 아테네 사람들이 무엇에 관해 숙의(熟議)할 생각을 하고 있길래 자네가 조언하러 나서는 것인가? 자네가 그들보다 더 잘 아는 것에 관한 것이라서 그러는 것인가?"라고 말일세. 자네는 뭐라고 대답하겠는가?

d 알키비아데스 틀림없이 저는, 제가 그들보다 더 잘 아는 것에 관한 것이라고 말씀드릴 겁니다.

소크라테스 그렇다면 자네가 알고 있는 것들에 관해서는 자네가 훌륭한 조언자인 것이군.

알키비아데스 왜 아니겠어요?

소크라테스 그리고 자네가 아는 것들은 남들한테 배운 것 아니면 스스로 찾아낸 것뿐이지 않겠는가?[40]

알키비아데스 달리 어떤 게 있겠어요?

소크라테스 자네가 배우려 들지도 않고 스스로 탐구하려 들지도 않고서 뭔가를 배우거나 찾아낸 경우가 있을 수 있을까?

알키비아데스 없습니다.

소크라테스 어떤가? 자네는 자신이 알고 있다고 여기는 것들을 탐구하거나 배우려 들었겠는가?

알키비아데스 분명코 아닙니다.

소크라테스 그러면 현재 자네가 아는 것들에 대해 알지 못한다 e 고 생각한 시기가 있었겠군?[41]

알키비아데스 있을 수밖에 없지요.

소크라테스 그런데 말이야, 자네가 무엇을 배웠는가는 나도 어지간히 알고 있다네. 혹시 내가 놓친 게 있으면 말해 주게나. 내가 기억하는 한에서 자네는 글자와 키타라 연주와 레슬링을 배웠네. (자네는 아울로스 연주[42]만큼은 안 배우려고 했으니까.) 그런 것들이 자네가 알고 있는 것들이지. 어디선가 나 모르게 뭔가를 배운 일이 없다면 말일세. 그런데 자네가 집 밖으로 외출해서 나 모르게 뭔가를 배운 적은 밤에도 낮에도 없었다고 나는 생각하네.

알키비아데스 그런 것들 이외의 다른 것을 배우러 다닌 적은 없습니다.

소크라테스 그러면 아테네 사람들이 글자와 관련해서 어떻게 하 107a 면 제대로 쓸 수 있을까를 숙의할 경우, 그때에 자네는 조언하러 나서겠는가?

알키비아데스 제우스께 맹세코, 저는 그런 경우에는 나서지 않겠습니다.

소크라테스 그럼 뤼라 탄주에 관해서라면?

알키비아데스 결코 나서지 않겠습니다.

소크라테스 정말이지 레슬링의 동작 기술에 관해서 민회에서 숙의하는 관행은 아예 없다네.

알키비아데스 물론 그렇습니다.

소크라테스 그러면 그들이 무엇에 관해서 숙의할 경우에 조언하러 나서겠다는 것인가? 아마 건축과 관련될 경우는 아닐 터이니까 하는 말이네.

알키비아데스 그런 경우엔 분명코 나서지 않습니다.

소크라테스 그런 것들에 있어서만큼은 자네보다 건축가가 더 잘 조언할 수 있을 테니까.

b 알키비아데스 그렇습니다.

소크라테스 정말이지 예언술에 관해 숙의할 경우도 아니겠지?

알키비아데스 그렇습니다.

소크라테스 그런 것들이라면 이번에는 예언가가 자네보다 더 훌륭하기 때문이지.

알키비아데스 그렇습니다.

소크라테스 예언가가 키가 크든 작든, 잘생겼든 못생겼든, 더 나

b7 아가 태생이 고귀하든 미천하든 말일세.

b11 알키비아데스 어찌 그렇지 않겠습니까?[43]

소크라테스 그런데 나라에 살고 있는 자들과 관련해서 어떻게 하면 그들이 건강해질까를 숙의할 경우, 권고하는 자가 가난한

c 자냐 부자냐는 건 아테네 사람에게 아무 상관도 없으며, 다만 그

c2 들은 의사인 자를 조언자로 찾을 걸세.

알키비아데스 어찌 그렇지 않겠습니까? b8

소크라테스 내 생각에 각각의 것에 관해 조언하는 것은 아는 자가 할 수 있는 일이지 부자가 할 수 있는 일은 아니기 때문이네. b10

알키비아데스 당연히 그렇겠지요. c3

소크라테스 그러면 아테네 사람들이 무엇에 관해서 살펴볼 때 자네가 조언하러 나서는 것이 옳은 것이 될까?

알키비아데스 그들 자신의 일들에 관해서 살펴볼 때입니다, 소크라테스 선생님.

소크라테스 선박 건조와 관련된 일들, 즉 그들이 어떤 종류의 선박을 건조해야 하는가를 숙의할 경우를 말하는 것인가?

알키비아데스 아닙니다, 소크라테스 선생님.

소크라테스 왜냐하면 내 생각에 자네는 선박을 건조할 줄 모르니까. 그게 이유인가, 아니면 다른 이유가 있는가?

알키비아데스 아닙니다. 바로 그게 이유입니다.

소크라테스 그럼 자네는 아테네 사람들이 자신들의 어떤 일들에 관해 숙의할 경우를 말하는 것인가? d

알키비아데스 소크라테스 선생님, 전쟁이나 평화 또는 그 밖의 나랏일[44]과 관련될 경우입니다.

소크라테스 그럼 자네는 그들이 누구와는 평화롭게 지내고 누구와는 전쟁을 벌여야 하는지, 그리고 또 그걸 어떤 방식으로 해야 하는지를 숙의할 경우를 말하는 것인가?

알키비아데스　그렇습니다.

소크라테스　그리고 평화롭게 지내든 전쟁을 벌이든 그렇게 할 때 더 나은 자들을 상대로 그렇게 해야 하지 않는가?

알키비아데스　그렇죠.

e　소크라테스　그리고 그렇게 하는 것이 더 나을 때 그래야 하는가?

알키비아데스　물론입니다.

소크라테스　그리고 그렇게 하는 것이 더 좋은[45] 그만큼의 시간 동안에 그래야 하는가?

알키비아데스　그렇습니다.

소크라테스　그러면 아테네 사람들이, 레슬링을 할 때 누구와는 맞붙잡고 싸우고 누구와는 떨어져 싸워야 하는지[46] 그리고 또 어떤 방식으로 해야 하는지를 숙의할 경우, 더 훌륭하게 조언할 수 있는 쪽은 자네일까, 체육 교사일까?

알키비아데스　분명 체육 교사죠.

소크라테스　그러면 누구와는 맞붙잡고 레슬링을 하고 누구와는 하지 말아야 하는지, 그리고 어느 때 어느 방식으로 해야 하는지를 조언할 때, 체육 교사가 무엇을 염두에 두고 조언을 할지 말할 수 있겠는가? 내 말은 이런 뜻일세. 맞붙잡고 레슬링을 할 상대로 삼는 게 더 나은 그런 자들을 상대로 해야 하는지 여부 말일세.

알키비아데스　그런 자들을 상대로 해야죠.

소크라테스 또한 그렇게 하는 것이 더 좋은 그만큼의 시간 동안에 그래야 하는가? 108a

알키비아데스 그만큼의 시간 동안에 그래야 합니다.

소크라테스 또한 그렇게 하는 것이 더 좋을 때 그래야 하지 않겠나?

알키비아데스 물론입니다.

소크라테스 그럼 노래를 하는 자도 때로는 그 노래에 맞추어 키타라 연주도 하고 춤을 추기도[47] 해야 하는가?

알키비아데스 그래야 하고말고요.

소크라테스 그렇게 하는 것이 더 나을 때 그래야 하지 않겠나?

알키비아데스 그렇습니다.

소크라테스 또한 그렇게 하는 것이 더 나은 그만큼의 시간 동안 그래야 하는가?

알키비아데스 동의합니다.

소크라테스 어떤가? 노래에 맞추어 키타라 연주를 하는 경우 그리고 레슬링을 하는 경우, 그 양쪽 모두에 대해 자네가 '더 나은 것'이라는 말을 적용했으니까 묻겠는데, 키타라 연주에서 더 나은 것을 자넨 뭐라고 부르는가? 이를테면 레슬링에서 '더 나은 것'을 나는 '신체 단련에 맞는 것'[48]이라고 부르고 있네. 그럼 키타라 연주에서 더 나은 것을 자네는 뭐라고 부르는가? b

알키비아데스 생각나는 게 없습니다.

소크라테스 그럼 나를 따라 해 보게. 생각하건대 난 '모든 경우에 옳은 것'을 대답으로 내놓은 것인데,[49] 기술[50]에 따라 이루어지는 것이 확실히 옳다네. 그렇지 않은가?

알키비아데스 그렇지요.

소크라테스 그런데 이 기술은 신체 단련술 아니겠나?

알키비아데스 왜 아니겠어요?

c 소크라테스 그리고 나는 레슬링에서 더 나은 것을 신체 단련에 맞는 것이라고 말했네.

알키비아데스 그렇게 말씀하셨지요.

소크라테스 그러면 그건 훌륭하게 한 말이 아니겠나?

알키비아데스 제게는 그렇게 여겨집니다.

소크라테스 자, 그럼 자네도 말해 보게. 훌륭하게[51] 대화를 나누는 것이 어쩌면 자네한테도 어울릴 것 같아 하는 말이네. 우선 키타라를 연주하거나 노래를 부르거나 춤을 출 때 옳게 하는 것이 무슨 기술에 속하는지 말해 보게.그 기술 일체가 뭐라 불리는가? 여전히 할 수 있는 말이 없는가?

알키비아데스 정말 없습니다.

소크라테스 그럼 이런 방식으로 해 보게. 그 기술을 관장하는 건 어떤 여신들인가?

알키비아데스 소크라테스 선생님, 무사 여신[52]들을 말씀하시는 건가요?

소크라테스 그렇다네. 그럼 생각해 보게. 그 여신들의 이름을 딴 그 기술의 이름은 무엇인가? d

알키비아데스 제가 보기에 선생님께서는 '시가(詩歌) 기법'[53]을 말씀하시는 것 같네요.

소크라테스 내 말이 그 말일세. 그러면 시가 기법에 따라 옳은 방식으로 이루어지는 것은 무엇인가? 이를테면 저 경우에 나는 자네한테 신체단련술이라는 기술에 따라 옳은 방식으로 이루어지는 것을 말했네. 그러면 마찬가지 방식으로 자네는 이 경우에는 뭐라 하겠는가? 자네는 그것이 어떤 방식으로[54] 이루어진다고 하겠는가?

알키비아데스 제가 보기엔 '시가적인 방식으로'인 것 같습니다.

소크라테스 잘 말했네. 자 그럼, 전쟁을 하는 경우에도 평화를 유지하는 경우에도 더 나은 것을 자네는 뭐라 부르는가? 이를테면 각각의 경우에서 저 시가 기법의 경우에 더 나은 것을 자네가 '시가에 더 맞는 것'이라고 말하고, 또 다른 경우에 나는 '신체 단련에 더 맞는 것'이라고 했는데, 이 경우에도 더 나은 것을 말해 보게나. e

알키비아데스 드릴 말씀이 전혀 없습니다.

소크라테스 아니, 그렇다면 그건 정말 수치스러운 일[55]일세.[56] 자네가 음식과 관련해서, 저런 음식보다는 이런 음식이 지금 시점에 이만한 분량일 때 더 나은 것이라고 조언의 말을 한다고 해

보세. 그러고 나자 어떤 이가 "알키비아데스, 그대는 '더 좋은 것'으로 무엇을 말하는가?"라고 묻는다고 해 보세. 물론 자네가 의사를 자처하지는 않겠지만, 음식과 관련해서 더 좋은 것이란 '건강에 더 맞는 것'이라고 말할 수는 있을 거야. 하지만 자네가 109a 전문가를 자처하며 알고 있는 양 나서서 조언하려는 것과 관련해서, 지금 보이는 것처럼 질문을 받고도 대답을 할 수 없다면, 수치스럽지 않겠는가? 아니면 이것이 수치스럽지 않게 보이겠는가?

알키비아데스 물론 수치스러워 보입니다.

소크라테스 그러면 다음을 살펴보고서 열심히 대답해 보게. 마땅히 평화 관계를 맺어야 할 이들과 평화를 유지하는 경우 그리고 마땅히 전쟁을 해야 할 이들과 전쟁을 하는 경우에 더 좋은 것이란 무엇을 가리키는 것일까?

알키비아데스 살펴봐도 통 생각나는 게 없네요.

소크라테스 이런 것은 자네가 알고 있잖은가? 전쟁을 할 때, 우리가 무슨 일을 당했다는 걸 구실로 삼아 서로를 비방하면서 전쟁에 임하는지, 또 우리가 그것을 뭐라 칭하면서 그렇게 하는지 말일세.

b 알키비아데스 저야 알고 있죠. 뭔가 기만당해서라거나 폭행을 당해서라거나 약탈당해서라고들 하지요.

소크라테스 잠깐만. 각각의 이런 일을 어떤 방식으로 당하길래 우리가 그걸 구실로 삼아 서로 비방하고 전쟁을 벌이는 것일까? 이런저런 방식 간에 무슨 차이가 있는지 말해 보게.

알키비아데스 소크라테스 선생님, 선생님께서 이런저런 방식이라고 하실 때, '정의로운 방식'[57]과 '부정의한 방식'을 말씀하시는 건가요?

소크라테스 바로 그것일세.

알키비아데스 그야 전적으로 완전히 다르죠.

소크라테스 어떤가? 자네는 아테네 사람들더러 어느 쪽과 전쟁을 벌이라고 조언할 텐가? 부정의한 짓을 저지르는 자들을 상대로 하라고 할 텐가, 아니면 정의로운 것들을 행하는 자들을 상대로 하라고 할 텐가?

알키비아데스 선생님은 까다로운 질문을 하시는군요. 설령 어떤 이가 정의로운 것들을 행하는 자들을 상대로 전쟁을 해야 한다고 생각한다 해도, 그것*을 인정하지는 않을 테니까요. c

소크라테스 정의로운 것들을 행하는 자들을 상대로 전쟁을 하는 건 온당한 일이 아니기 때문에 그러는 것 같군.

알키비아데스 분명코 그렇습니다. 아름답지 못한 일인 것 같기도 합니다.

* 전쟁 상대가 정의로운 것들을 행한다는 것, 즉 전쟁 상대가 정의로운 자들이라는 것.

소크라테스 그러니 자네도 이런 것들*에 비추어 자네 논변을 펼쳐 보겠는가?

알키비아데스 그럴 수밖에 없겠군요.

소크라테스 그러면 전쟁을 벌일지 여부와 관련해서, 즉 누구와는 전쟁을 벌여야 하고 누구와는 그러면 안 되는 것인지, 그리고 어느 때는 그래야 하고 어느 때는 그러면 안 되는 것인지와 관련해서 내가 방금 전에 물은 '더 나은 것'이란 '더 정의로운 것'일 수밖에 없겠지? 그렇지 않은가?

알키비아데스 그야 그런 것 같습니다.

d 소크라테스 그런데, 친애하는 알키비아데스, 어찌된 일인가? 자네는 자신이 그것**을 알지 못한다는 것을 의식하지 못한 것인가? 아니면 나 모르게 배움을 얻은 것인가? 다시 말해 더 정의로운 것과 더 부정의한 것을 식별할 수 있도록 가르친 교사한테 자네가 나 모르게 드나든 것인가? 그래, 그분이 누구이신가? 내게도 알려 주게. 그래서 나도 문하생이 되게 그분께 소개해 주게.

알키비아데스 절 놀리고 계시는군요, 소크라테스 선생님.

소크라테스 나뿐만 아니라 자네의 신이기도 한 우정의 신[58]께 맹세코, 나는 자네를 놀리는 게 결코 아닐세. 그분의 이름을 걸고

* '이런 것들'은 정의로운 것, 온당한 것, 아름다운 것을 지칭한다.

** 평화 시와 전쟁 시에 더 나은 것, 즉 더 정의로운 것.

내가 거짓 맹세를 하는 법은 결코 없을 거야. 그러니 자네가 할 수 있다면 그 교사가 누구인지 말해 보게.

알키비아데스 제가 할 수 없다면요? 선생님은 정의로운 것들과 부정의한 것들에 관해서 제가 다른 방식으로 알 수 있으리라고는 생각지 않으시나 보죠? e

소크라테스 자네가 다른 방식으로 알 수도 있었겠지. 적어도 자네가 스스로 찾아냈다면 말이야.

알키비아데스 그럼 제가 찾아내지 못했을 거라고 여기시나 보죠?

소크라테스 물론 찾아낼 수 있었겠지. 적어도 자네가 탐구했다면 말일세.

알키비아데스 그러면 선생님은 제가 탐구할 수 없었을 거라고 여기시나 보죠?

소크라테스 할 수 있었을 거라고 여기네. 적어도 자네가 알지 못한다는 생각을 했다면 말일세.

알키비아데스 그러면 제가 그런 상태에 있었던 적이 없었겠습니까?

소크라테스 마침 잘 말했네. 그럼 자네는 자신이 정의로운 것들과 부정의한 것들을 알지 못한다고 생각하던 때가 언제였는지 110a 그 시기를 말해 줄 수 있는가? 자, 자네가 탐구를 하면서 알지 못한다고 생각하던 때가 작년이었나? 아니면 그때는 안다고 생각하고 있었는가? 진실을 답해 주게. 우리의 대화가 헛된 것이 되지 않도록 말일세.

알키비아데스 그때는 안다고 생각하고 있었습니다.

소크라테스 이 년 전에도 삼 년 전에도 사 년 전에도 그렇지 않았나?

알키비아데스 그랬습니다.

소크라테스 그런데 정말이지 자네는 그 이전엔 어린아이였네. 그렇지 않은가?

알키비아데스 그랬죠.

소크라테스 그런데 자네가 그 당시 이미 알고 있다고 생각하고 있었다는 것을 난 잘 알고 있네.

알키비아데스 어찌 그리 잘 아시죠?

b 소크라테스 자네가 어릴 때 학교[59]나 다른 곳에서 주사위 놀이나 다른 어떤 놀이를 할 때, 정의로운 것과 부정의한 것에 관해 어쩔 줄 몰라 하지 않고, 마주친 놀이 상대가 누구든 그를 두고서 '못돼 먹고 부정의한 자이다'라거나 '부정의한 짓을 한다'[60]고 자네가 아주 단호하게 큰소리치는 것을 내가 여러 번 들었다네. 내 말이 사실 아닌가?

알키비아데스 아니, 소크라테스 선생님, 어떤 이가 저에게 부정의한 짓을 할 때 제가 뭘 할 수 있었겠어요?

소크라테스 자네가 그 당시 부정의한 짓을 당했는지 여부를 몰랐다면 뭘 해야 했느냐[61]는 뜻으로 하는 말인가?

알키비아데스 제우스께 맹세코, 그건 아닙니다. 오히려 저는 모르는 상태가 아니었고, 제가 부정의한 짓을 당했다는 것을 분명히 알고 있었습니다. c

소크라테스 그러면 자네는 아이였을 때도 정의로운 것들과 부정의한 것들을 안다고 생각했던 것 같군 그래.

알키비아데스 저는 그랬지요. 실제로 알고 있었어요.

소크라테스 어느 시점에 찾아내어 알게 된 것인가? 적어도 자네가 알고 있다는 생각을 하던 그 시점은 틀림없이 아니었을 테니까 말일세.[62]

알키비아데스 그 시점은 분명 아닙니다.

소크라테스 그러면 자네가 모른다고 믿고 있던 시점은 어느 때였나? 생각해 보게. 어차피 그 시점을 찾아내지는 못할 거야.

알키비아데스 제우스께 맹세코, 소크라테스 선생님, 정말로 말씀드릴 수가 없네요.

소크라테스 그렇다면 자네가 스스로 찾아내어 그것들을 알게 된 것은 아닐세. d

알키비아데스 전혀 아닌 것 같습니다.

소크라테스 그런데 사실, 조금 전에 자네는 배워서 아는 것도 아니라고 말했네. 그런데 자네가 찾아낸 것도 아니고 배운 것도 아니라면, 어떻게 어디로부터 알게 된 것인가?

알키비아데스 스스로 찾아내서 안 것이라고 선생님께 말씀드린 그 답변은 아마 올바른 답변이 아니었던 것 같아요.

소크라테스 그럼 어떻게 그리된 것일까?

알키비아데스 저도 남들처럼 배운 것이라고 생각합니다.

소크라테스 다시 우리가 같은 논의로 되돌아 왔군 그래. 누구한테서 배웠나? 내게 좀 말해 주게.

e 알키비아데스 다중(多衆)[63]한테서요.

소크라테스 자네가 다중에게 그 공을 돌린다면 적어도 대단한[64] 교사들한테 의지하고 있는 것은 아닌 것이네.

알키비아데스 뭐라고요? 그들이 가르치기에 충분한 사람들이 아닌가요?

소크라테스 적어도 그들은 장기[65]의 수(手)를 내고 못 내는 사안에 있어서만큼은 충분한 자들이 아니네. 내 생각에 이런 일이 정의로운 것들보다 더 하찮은 일들이긴 하지만 말이네.[66] 뭔가?[67] 자네는 그렇게 생각지 않는가?

알키비아데스 그렇게 생각합니다.

소크라테스 그러면 그들이 더 하찮은 것들을 가르칠 수 없는데, 더 대단한 것들을 가르칠 수 있겠는가?

알키비아데스 저는 가르칠 수 있다고 봅니다. 어쨌든 그들은 장기를 두는 것보다 더 대단한 다른 많은 것을 가르칠 수 있습니다.

소크라테스 그게 어떤 것들인가?

111a 알키비아데스 이를테면 저는 그들한테서 그리스어를 말하는 법

도 배웠습니다. 저를 가르친 교사를 딱히 말씀드릴 수 없지만, 저는 선생님께서 대단한 교사가 못 된다고 한 바로 그들한테 공을 돌리겠습니다.

소크라테스 여보게, 그런 일에서는 다중이 훌륭한 교사겠지. 그래서 그런 일들[68]에 대한 가르침과 관련해서는 그들이 칭찬을 받는 것이 정당한 일일 수 있겠지.

알키비아데스 그건 왜 그렇죠?

소크라테스 그런 일들과 관련해서 훌륭한 교사라면 갖추고 있어야 할 것들을 그들이 갖추고 있기 때문이네.

알키비아데스 그건 무슨 뜻으로 하시는 말씀인가요?

소크라테스 자네는 다음과 같은 점을 알지 않나? 뭔가 가르치려 드는 자라면 가르치려는 그것을 그 자신이 먼저 알고 있어야 한다는 점 말일세. 그렇지 않은가? b

알키비아데스 어찌 그렇지 않겠습니까?

소크라테스 그리고 아는 자들이라면 의견 일치를 보고 서로 의견 차이가 없어야 하겠지?

알키비아데스 그렇습니다.

소크라테스 그런데 사람들이 어떤 것들에 관해 의견 차이가 있을 때, 자네는 그들이 그것들을 알고 있다고 하겠는가?

알키비아데스 분명코 아닙니다.

소크라테스 그런 경우에 어떻게 그들이 그런 것들의 교사일 수 있겠는가?

알키비아데스 결코 교사일 수가 없습니다.

소크라테스 어떤가? 자네가 보기에, 어떤 것이 돌인지 또는 어떤 것이 나무인지에 대해 다중들 사이에 의견 차이가 있는 것 같은가? 다중 가운데 어떤 이에게 자네가 물어본다면, 그들은 동일한 것들에 대해 의견 일치를 보지 않겠나?* 뿐만 아니라 돌을 붙잡으려 하거나 나무를 붙잡으려고 할 때면 그들은 동일한 것들로 향하지 않겠나? 그와 같은 경우는 모두 마찬가지일 것이네. 그 같은 모든 경우 역시 마찬가지일 것이네. 자네가 '그리스어를 할 줄 안다'고 말할 때 이런 것쯤을 의미한 것으로 이해하고 있기에 하는 말이네. 이런 것을 의미한 게 아닌가?

c

알키비아데스 그런 것을 의미한 것입니다.

소크라테스 그러면 우리가 말했듯이, 이런 일들에 대해 다중은 사적인 차원에서 서로와도 자기 자신과도 의견 일치를 보며, 또 나라는 나라대로 공적인 차원에서 서로 딴소리를 하면서 시비를 거는 법은 없지 않겠나?

알키비아데스 그렇고말고요.

소크라테스 그러므로 이런 일들에 대해서만큼은 당연히 다중이

* 이를테면 '돌이 어떤 것이냐?'고 물으면, 동일한 것을 두고 돌이라고 의견 일치를 본다는 말이다.

훌륭한 교사들이기도 할 것 같네.

알키비아데스 그렇습니다. d

소크라테스 그리고 이런 일들과 관련해서 어떤 사람을 아는 상태로 만들고 싶다면, 그 사람을 다중한테 보내 가르침을 받도록 하는 것이 옳지 않겠나?

알키비아데스 물론입니다.

소크라테스 그렇지만 어떤 것이 사람인지 또는 어떤 것이 말(馬)인지만 알고자 하는 것이 아니라, 그중에서 무엇이 달리기에 능하고 무엇이 못한지까지 알고자 할 경우는 어떤가?* 그런 경우에도 여전히 다중이 이것을 가르치기에 충분한가?

알키비아데스 충분하지 않은 게 분명하죠.

소크라테스 그리고 다중이 그런 일들을 알지 못하며 쓸 만한 교사도 못 된다는 것에 대한 증거로 자네한테는 이런 이유면 충분하겠는가? 다중이 그런 일들에 관해 자기 자신과 전혀 의견 일치를 보지 못한다는 이유 말일세. e

알키비아데스 제게는 그것으로 충분합니다.

소크라테스 어떤 것이 사람인지만을 알고자 하는 것이 아니라 그들 중 누가 건강한 자이고 누가 아픈 자인지까지 우리가 알고

* 인간과 말을 비교하는 질문이 아니라, 인간 중에 누가 잘 달리고, 말 중에 어떤 말이 잘 달리는가를 묻는 경우이다.

자 할 경우는 어떤가? 그때도 다중이 우리를 위한 교사로 충분하겠는가?

알키비아데스 분명코 아닙니다.

소크라테스 그리고 이런 일들에 대해 다중이 의견 차이가 있는 걸 보게 되면, 그것이 자네에게는 다중이 형편없는 교사라는 것에 대한 증거가 되겠는가?

알키비아데스 제게는 그렇습니다.

소크라테스 어떤가? 이제 자네가 보기에 사람이나 사태의 정의

112a 로움과 부정의함에 관해 다중이 자기 자신이나 서로와 의견 일치를 보는 것 같은가?

알키비아데스 제우스께 맹세코, 전혀 그렇게 생각되지 않습니다, 소크라테스 선생님.

소크라테스 어떤가? 다중은 무엇보다도 그런 것들에 관해서 의견 차이가 있는 것 같은가?

알키비아데스 그런 것들에 관해서는 의견 차이가 아주 많지요.

소크라테스 그런데 건강한 것들과 그렇지 못한 것들에 관해서 사람들이 이것 때문에 서로 싸우고 죽이고 할 정도로 그렇게까지 심하게 의견 차이가 있는 경우는 자네가 본 적도 들은 적도 없으리라고 난 여기네.

알키비아데스 확실히 없습니다.

소크라테스 하지만 정의로운 것들과 부정의한 것들에 관해서는

그런 적이 있었을 것으로 확신하네. 자네가 스스로 찾아내지는 못했다 해도 많은 이들한테서, 특히 호메로스한테서 들어 보기 b 는 했을 거야. 자네는 『오뒤세이아』도 『일리아스』도 들어 보았을 테니까.[69]

알키비아데스 물론 확실히 들어 보았죠, 소크라테스 선생님.

소크라테스 그런데 이 시(詩)들은 정의로운 것들과 부정의한 것들에 대한 의견 차이를 다루고 있지 않은가?

알키비아데스 그렇습니다.

소크라테스 그렇고말고. 아카이아 사람들[70]과 트로이 사람들 사이의 싸움과 죽음도, 페넬로페의 구혼자들과 오뒤세우스 사이의 싸움과 죽음도 이런 의견 차이 때문에 일어난 것이네.[71]

알키비아데스 맞는 말씀입니다. c

소크라테스 그리고 내가 보기엔, 타나그라[72]에서 죽은 아테네 사람들과 라케다이몬 사람들[73]과 보이오티아 사람들의 경우도, 그리고 그 이후에 코로네이아[74]에서 죽은 이들(그들 가운데는 거기서 돌아가신 자네 부친도 계시지)의 경우도, 다름 아니라 정의로운 것과 부정의한 것에 관한 의견 차이가 그들의 죽음과 싸움을 초래한 것이네. 그렇지 않은가?

알키비아데스 맞는 말씀입니다.

소크라테스 그렇다면 말이야, 자기들끼리 서로 시비가 붙어 극단적인 행동을 할 정도로 심하게 의견 차이를 보이는 그런 것들 d

에 관해 그들이 알고 있다고 해야 하는가?

알키비아데스 그건 분명 아니죠.

소크라테스 그렇다면 그들이 알지 못한다는 것을 자네 자신도 동의하고 있는 그런 교사들한테 자네가 공을 돌리고 있는 꼴이 아니겠나?

알키비아데스 그런 듯싶군요.

소크라테스 그러면 자네가 정의로운 것들과 부정의한 것들을 알고 있다는 게 어찌 있을 법한 일인가? 그것들에 관해서 자네가 그토록 헤매고, 또 어느 누구한테 배운 적도 없고 스스로 찾아낸 적도 없는 게 분명하다면 말이지.

알키비아데스 선생님이 하신 말씀에 따르자면 그럴 성싶지 않군요.

e 소크라테스 그리고 또 자네가 이런 걸 얼마나 잘못 이야기했는지 아는가,[75] 알키비아데스?

알키비아데스 어떤 것이요?

소크라테스 이런 것들을 내 쪽에서 말하고 있다는 자네 이야기 말일세.

알키비아데스 무슨 말씀이에요? 정의로운 것들과 부정의한 것들에 관해 제가 아무것도 알지 못한다는 말은 선생님 쪽에서 하지 않으셨나요?

소크라테스 그 말을 한 사람은 물론 내가 아닐세.

알키비아데스 그럼 저라고요?

소크라테스 그렇지.

알키비아데스 아니 어째서요?

소크라테스 이렇게 하면 자네가 알 수 있을 걸세. 내가 1과 2 가운데 어느 것이 더 크냐고 자네에게 물으면, 2라고 대답하겠는가?

알키비아데스 저야 2라고 대답하겠죠.

소크라테스 그건 얼마만큼 더 큰가?

알키비아데스 1만큼이요.

소크라테스 그러면 2가 1보다 1만큼 더 크다고 말하는 자는 우리 중 어느 쪽인가?

알키비아데스 접니다.

소크라테스 나는 물었을 뿐이고, 대답은 자네가 한 게 아니겠나?

알키비아데스 그렇습니다.

소크라테스 그럼 이것들에 관해 묻고 있는 내가 설마하니 말하는 자로 판명이 나는 것인가? 아니면 대답을 하는 자네가 말하는 자로 판명이 나는 것인가? 113a

알키비아데스 저로 판명이 나는 것이죠.

소크라테스 그런데 내가 '소크라테스'의 철자*가 어떤 글자로 되어 있는가를 묻고, 자네가 대답한다면, 어떤가? 여기서 말하는

* 'Sōkratēs'

자는 어느 쪽인가?

알키비아데스 접니다.

소크라테스 자 그럼, 한마디로 대답해 보게. 물음과 대답이 있을 때 말하는 자는 어느 쪽인가?[76] 묻는 자인가, 대답하는 자인가?

알키비아데스 제가 보기엔 대답하는 자입니다, 소크라테스 선생님.

b 소크라테스 그런데 이제껏 나는 줄곧 묻는 자이지 않았는가?

알키비아데스 예.

소크라테스 그리고 자네는 대답하는 자였고?

알키비아데스 확실히 그랬죠.

소크라테스 그러면 어떤가? 앞에서 언급된 말은 우리 중 어느 쪽이 말한 것인가?

알키비아데스 동의된 바에 따르자면 저인 것 같습니다, 소크라테스 선생님.

소크라테스 그렇다면[77] 앞에서 언급된 것은 이런 말이었던 셈이군? 정의로운 것들과 부정의한 것들에 관해서, 클레이니아스의 잘생긴 아들 알키비아데스는 알지도 못하면서 안다고 생각하고, 그래서 자신이 전혀 알지 못하는 것들에 관해 민회로 나가 아테네 사람들한테 조언하려고 한다는 것이지. 그렇지 않나?

c 알키비아데스 그런 것 같습니다.

소크라테스 알키비아데스, 그러니까 에우리피데스가 한 말과 같은 결과가 뒤따르는 것이네. 자네가 이런 말을 '나한테서 들은 것이 아니라 그대 자신한테서 들은 것'[78] 같다는 이야기일세. 그리고 이런 말을 하는 자는 내가 아니라 자네인데, 자네는 쓸데없이 나를 탓하고 있다는 것일세. 그렇지만 자네가 그 말을 잘하긴 했어.* 이 사람아, 자네는 배우는 일은 돌보지도 않으면서[79] 알지도 못하는 것들을 가르치겠다는 정신 나간 계획에 착수할 생각을 하고 있으니까 말일세.

알키비아데스　소크라테스 선생님, 제 생각에 아테네 사람들이나 그 밖의 그리스 사람들이 뭐가 더 정의롭고 뭐가 더 부정의한지에 대해서 숙의하는 경우는 드뭅니다. 그들은 이와 같은 건 뻔하다고 믿고 있고, 그래서 그것들에 관해서는 제쳐 놓은 채, 행위를 할 때 어느 쪽을 하는 것이 이로운가를 살필 따름입니다. 제 생각으로는 정의로운 것들과 이로운 것들이 동일한 것은 아니거든요. 오히려 제 생각에 많은 이들은 엄청나게 부정의한 짓을 저지르고서 이득을 보았는데, 그와 다른 이들은 정의로운 것들을 행하고서도 이로움을 얻지 못했습니다. d

소크라테스　다음은 어떤가? 정의로운 것들과 이로운 것들이 최대한 다른 것이라고 해 보세. 그럴 경우 사람들에게 무엇이 이롭

* 알키비아데스가 '알지도 못하면서 안다고 생각한다'고 한 113b9의 언급을 두고 하는 말이다.

e 고 왜 그런 것인지를 자네가 설마 다시 또 안다고 생각하는 것은 아니겠지?

알키비아데스 못할 까닭이 뭐 있습니까, 소크라테스 선생님? 선생님께서, '누구한테 배웠느냐'고 묻거나 '어떻게 스스로 찾아냈느냐'고 다시 또 제게 물어 오지 않으신다면 말씀입니다.

소크라테스 이건 또 무슨 짓인가![80] 자네가 뭔가 옳지 않은 말을 하고 있고, 이 점이 앞서의 바로 그 논의를 통해 입증될 수 있는데도, 자네는 이전의 논의들을 마치 너덜너덜 해진 겉옷과 같은 것으로 보고서 다른 어떤 새로운 논증에 귀 기울여야 한다고 생각하고 있군 그래. 자네는 어떤 이가 때 묻지 않은 깨끗한[81] 증거를 갖다 대지 않으면 이전 것들은 더 이상 걸치려 들지 않는 셈

114a 이네. 그럴 경우 난 맹공격을 가하는 자네 논변들은 제쳐 놓고, 그럼에도 불구하고 자네한테 다시 또 물어볼 걸세. 자네가 어디서부터 이로운 것들을 배웠길래 알고 있는 것인지, 그리고 교사는 누구인지 말일세.[82] 그리고 앞서 물어본 그 모든 것을 내가 한 가지 물음으로 물어볼까?[83] 뭐 그건 그렇고 자네는 전과 똑같은 지경에 이르게 될 것이 분명하네. 자네가 이로운 것들을 스스로 찾아내서 알게 된 것인지 아니면 배워서 알게 된 것인지를 입증하지 못할 게 분명하다는 말일세. 그런데 자네는 입맛이 까다로워서 똑같은 논의는 더 이상 즐겨하지 않을 테니까, 아테네 사람

b 들에게 이로운 것들을 자네가 아는지 모르는지 하는 이 문제는

그냥 제쳐 놓겠네. 하지만 정의로운 것들과 이로운 것들이 동일한 것인지, 다른 것인지는 왜 입증하지 않는가? 자네가 좋다면, 내가 자네한테 했듯이 나한테 물어보게. 그게 아니라면, 자네 자신의 논변을 통해 직접 죽 설명해 보게.

알키비아데스 그런데 소크라테스 선생님, 제가 선생님께 설명할 수 있을지 모르겠네요.

소크라테스 아니, 이 사람아, 나를 민회나 민중이라고 생각해 보게. 자네도 알겠지만 거기서도 자네는 한 사람 한 사람을 따로따로 설득할 필요가 있을 걸세. 그렇지 않은가?

알키비아데스 그렇습니다.

소크라테스 그런데 자신이 아는 것들과 관련해서 한 사람 한 사람 따로따로 설득하는 것도 함께 모여 있는 여러 사람들을 설득하는 것도 동일한 사람이 해낼 수 있는 것이 아니겠나?[84] 이를테면 글자들에 관해서는 아마도 문법 교사가 한 사람도 설득해 내고 여러 사람도 설득해 내네. c

알키비아데스 그렇습니다.

소크라테스 그리고 수(數)와 관련해서도 동일한 사람이 한 사람도 설득해 내고 여러 사람도 설득해 내지 않는가?

알키비아데스 그렇습니다.

소크라테스 그리고 그런 사람이 아는 자, 즉 수에 능한 자이겠지?

알키비아데스 물론 그렇습니다.

소크라테스 그러면 자네는 자신이 여러 사람을 상대로 해서 설득할 수 있는 바로 그런 것들을 한 사람을 상대로 해서도 설득해 낼 수 있지 않겠나?

알키비아데스 그야 그럴 성싶네요.

소크라테스 그리고 그런 것들*은 자네가 아는 것들인 게 분명하네.

알키비아데스 예.

소크라테스 그러면 민중 앞에서 말하는 웅변가와 우리 같은 모임에서 말하는 자 사이에 차이가 있다면,[85] 전자는 동일한 것들을 한꺼번에 설득하나 후자는 한 사람씩 따로따로 설득한다는 것, 그 정도 말고는 없겠지?

d

알키비아데스 아마 그렇겠죠.

소크라테스 자 이제, 여러 사람을 설득하는 것도 한 사람을 설득하는 것도 동일한 사람이 할 수 있는 일로 드러났으니까, 나를 통해 연습을 해서 정의로운 것이 때로는 이롭지 않다는 것을 보여 주도록 하게.

알키비아데스 소크라테스 선생님, 횡포를 부리시는군요.[86]

소크라테스 어쨌든 그 횡포 덕에, 지금 내가 자넬 설득하려고 할 수 있게 된 것일세. 날 설득하려 들지는 않고 내세우기만 하는

* 알키비아데스가 설득해 낼 수 있는 것들.

자네 주장들과 반대되는 것들을 말이지.

알키비아데스 그럼 말씀해 보시죠.[87]

소크라테스 묻는 말에 대답이나 하게.

알키비아데스 아니요, 선생님이 직접 말씀하세요. e

소크라테스 뭐라고? 정말로 설득되길 원하지 않는가?

알키비아데스 어쨌든 확실히 설득되고 싶습니다.

소크라테스 내가 하는 말에 대해 자네가 '그건 그렇습니다'는 말을 하게 되면, 자네가 정말로 설득된 것이 아니겠나?

알키비아데스 저는 그렇게 생각합니다.

소크라테스 그럼 대답해 보게. 그리고 정의로운 것들이 이로운 것들이기도 하다는 걸 자네 자신에게서 듣지 못한다면, 다른 이가 그런 말을 해도 그런 말을 해도 믿지 않도록 하게.

알키비아데스 물론 그런 말은 믿지 않죠. 제가 대답해야겠습니다.[88] 그렇게 한다고 해서 제가 해를 입게 되리라고는 결코 생각지 않으니까요.

소크라테스 자네는 예언에 능한 사람이로군!* 그럼 내게 말해 보게. 자네는 정의로운 것들 중 어떤 것은 이롭고, 어떤 것은 이롭지 않다고 말하는가? 115a

알키비아데스 그렇습니다.

* 알키비아데스가 자신이 해를 입지 않을 것이라고 예측한 것을 비꼬는 말이다.

소크라테스 어떤가? 자네는 정의로운 것들 중 어떤 것은 아름다운 것이고 어떤 것은 아름답지 않은 것이라고 말하는가?

알키비아데스 그건 어떤 의미로 물으시는 겁니까?

소크라테스 누군가가 한편으로는 추하면서도[89] 다른 한편으로는 정의로운 것들을 행한다는 그런 생각이 자네한테 든 적이 있는가 해서 물어본 것이네.

알키비아데스 저는 그런 적이 없습니다.

소크라테스 그럼 정의로운 것들은 전부 아름다운 것이기도 한 것인가?

알키비아데스 그렇습니다.

소크라테스 아름다운 것들의 경우는 또 어떤가? 그것들 전부가 좋은 것인가, 아니면 일부는 좋고 일부는 좋지 않은 것인가?

알키비아데스 소크라테스 선생님, 저는 아름다운 것들 중 어떤 것들은 나쁜 것이라고 여깁니다.

소크라테스 추한 것들이 좋은 것일 경우도 있는가?

알키비아데스 그렇죠.

b 소크라테스 자네는 이와 같은 경우를 말하는 것인가? 이를테면 전쟁터에서 동료나 친족을 구출하려다 다수는 상처를 입거나 죽은 반면, 구출하는 것이 마땅한데도 그렇게 하지 않은 자들은 무사히 빠져나오게 된 경우 말일세.[90]

알키비아데스 바로 그런 경우를 말씀드린 겁니다.

소크라테스 그렇다면 이 같은 구출이 마땅히 구출되어야 할 이들을 구해 내려는 시도라는 관점에서 자네는 이를 아름다운 것이라고 하는 것이고, 이런 시도가 용기인 것이군. 그렇지 않은가?

알키비아데스 그렇습니다.

소크라테스 반면에 죽음과 부상의 관점에서는 그 같은 구출을 나쁜 것이라고 말하는 것이군. 그렇지?

알키비아데스 그렇습니다.

소크라테스 그런데 용기와 죽음은 다른 것이 아닌가? c

알키비아데스 물론이죠.

소크라테스 그러니까 친구들을 구출하는 것이 동일한 관점에서 아름다운 것이면서 나쁜 것인 건 아니겠군?

알키비아데스 그런 것 같습니다.

소크라테스 더 나아가 그것이 아름다운 것인 한에서 좋은 것이기도 한지 생각해 보게. 지금의 경우처럼 말일세. 용기의 관점에서는 구출이 아름다운 것이라는 데 자네가 동의했으니까 말일세. 그러면 용기 바로 그것을 살펴보게. 그건 좋은 것인가, 나쁜 것인가? 이런 식으로 살펴보게나. 자네는[91] 자네한테 좋은 것들이 있는 쪽을 택하겠는가, 나쁜 것들이 있는 쪽을 택하겠는가?

알키비아데스 좋은 것들이요.

소크라테스 그리고 자네는 가장 크게 좋은 것들이 있는 쪽을 택하지 않겠나? d

알키비아데스 가능한 한 그쪽을 택할 것입니다.[92]

소크라테스 그리고 자네는 이와 같은 것들을 결여하는 쪽은, 가능한 한, 안 택할 텐가?

알키비아데스 물론입니다.

소크라테스 그렇다면 용기와 관련해서는 어찌 말하는가? 자네는 얼마만큼의 대가가 있을 때 용기를 결여하는 쪽을 택하겠는가?

알키비아데스 저는 비겁한 자로 사느니 아예 살지 않는 쪽을 택할 것입니다.

소크라테스 그러니까 자네한테는 비겁이 극단적으로 나쁜 것으로 생각되는 것이군.

알키비아데스 저한테는 그렇습니다.

소크라테스 그건 죽은 거나 다름없는 것 같군.

알키비아데스 동의합니다.

소크라테스 그런데 죽음과 비겁에 가장 대립되는 것은 삶과 용기 아니겠나?

알키비아데스 그렇습니다.

e 소크라테스 그리고 자네는 삶과 용기가 있는 쪽은 가능한 한 원하되, 죽음과 비겁이 있는 쪽은 가능한 한 안 원할 텐가?

알키비아데스 예.

소크라테스 그건, 삶과 용기는 가장 좋은 것이되 죽음과 비겁은 가장 나쁜 것이라고 믿기 때문인가?

〈알키비아데스　물론이죠.

소크라테스　그러니까 자네는 용기가 가장 좋은 것들 중 하나이고 죽음은 가장 나쁜 것들 중 하나라고 믿고 있는 것이군.〉[93]

알키비아데스　저야 그렇게 믿고 있죠.

소크라테스　그렇다면 자네가 전쟁터에서 친구들을 구출하는 것을 아름다운 것이라고 부르는 것은, 그것이 아름다운 것인 한에서, 즉 용기라는 좋은 것을 하는 행위라는 점에서인 건가?

알키비아데스　그건 그런 것 같습니다.

소크라테스　그리고[94] 죽음이라는 나쁜 것을 하는 행위라는 점에서는 그것을 나쁜 것이라고 부르고?

알키비아데스　예.

소크라테스　그렇다면 각각의 행위를 다음과 같은 방식으로 부르는 게 정당하네. 자네가 나쁜 것을 이루어 내는 한에서 그 행위를 나쁜 것이라고 부른다면, 좋은 것을 이루어 내는 한에서는 좋은 것이라고 불러야 하네. 116a

알키비아데스　전 그렇다고 생각합니다.

소크라테스　그러면 좋은 것인 한에서는 또한 아름다운 것이고, 나쁜 것인 한에서는 추한 것인가?

알키비아데스　그렇습니다.

소크라테스　그러니까 전쟁터에서 친구들을 구출하는 것이 한편으로는 아름다운 것이되 다른 한편으로는 나쁜 것이라고 자네가 말할 때, 그건 한편으로는 좋은 것이되 다른 한편으로는 나쁜 것이라고 말하는 것과 아무 차이가 없다네.

알키비아데스 소크라테스 선생님, 제가 보기에 선생님께서 맞는 말씀을 하시는 것 같습니다.

소크라테스 그러니까 아름다운 것은 어느 것이든 아름다운 것인 한에서 나쁜 것이 결코 아니요, 추한 것은 어느 것이든 추한 것인 한에서 좋은 것이 결코 아닌 것이지.

b 알키비아데스 그런 것 같습니다.

소크라테스 더 나아가 다음과 같은 방식으로도 살펴보게. 아름답게 행하는 자는 누구든 또한 잘 행하지 않는가?

알키비아데스 그렇습니다.

소크라테스 잘 행하는[95] 자들은 행복한 자들이 아닌가?

알키비아데스 왜 아니겠습니까?

소크라테스 그런데 그들은 좋은 것들을 소유한 덕택에 행복한 자들이 아니겠나?

알키비아데스 무엇보다도 그렇지요.

소크라테스 그들이 좋은 것들을 소유하게 되는 건, 잘 그리고 아름답게 행함에 의해서인가?

알키비아데스 예.

소크라테스 그러니까 잘 행하는 것은 좋은 것이겠군?

알키비아데스 어찌 그렇지 않겠습니까?

소크라테스 그러면 잘 행함은 아름다운 것이 아니겠나?

알키비아데스 아름다운 것이죠.

소크라테스 그렇다면 아름다운 것과 좋은 것이 동일한 것으로 c 또다시 우리한테 드러난 것일세.

알키비아데스 그런 것 같습니다.

소크라테스 그러니까 적어도 이 논의에 따르면, 뭐든 아름다운 것을 찾아내면 우리는 좋은 것 또한 찾아낼 것이네.

알키비아데스 필연적으로 그렇지요.

소크라테스 어떤가? 좋은 것들은 이로운가, 그렇지 않은가?

알키비아데스 이롭습니다.

소크라테스 그런데 자네는 정의로운 것들에 관해 우리가 어떻게 의견 일치를 보았는지 기억하고 있는가?

알키비아데스 정의로운 것들을 행하는 자들이 아름다운 것들을 행할 게 필연적이라는 데 의견 일치를 보았다고 생각합니다.

소크라테스 그리고 아름다운 것들을 행하는 자들이 좋은 것들을 행할 게 필연적이라는 것도 의견 일치를 보지 않았던가?

알키비아데스 그랬죠.

소크라테스 그리고 좋은 것들은 이로울 게 필연적이라는 것에 d 대해 의견 일치를 보았지?

알키비아데스 예.

소크라테스 그렇다면 알키비아데스, 정의로운 것들은 이로운 것들이네.

알키비아데스 그런 듯싶네요.

소크라테스 어떤가? 이런 것들을 말하는 쪽은 자네이고, 난 묻는 자인 것 아닌가?

알키비아데스 그런 것 같아 보이네요.

소크라테스 그러니까 어떤 이가 정의로운 것들과 부정의한 것들을 안다고 생각하면서 아테네 사람들이나 페파레토스 사람들[96] 한테 조언을 하러 나서서, 정의로운 것들이 경우에 따라서는 나쁜 것들이라고 말한다면, 자네는 그를 조롱할 수밖에 없겠지? 자네 또한 정의로운 것들과 이로운 것들이 동일한 것들이라고

e 말하고 있으니까 말일세.

알키비아데스 그런데 소크라테스 선생님, 신들에 맹세코, 저는 제가 무슨 말을 하고 있는지조차 모르겠고, 전 이상한 상태에 있는 사람을 영락없이 닮게 된 듯싶네요. 선생님께서 질문을 하시는 그때그때마다 제게는 다른 생각이 드니까요.

소크라테스 여보게, 그럼 자네는 그 이상한 상태가 어떤 것인지 모르는 것인가?

알키비아데스 정말 모르겠어요.

소크라테스 그러면 누군가가 자네한테 '당신은 눈이 두 개요, 세 개요?'라든가 '손이 두 개요, 네 개요?'라든가 또는 그와 같은 다른 어떤 물음을 던질 경우, 자네 자신이 그때그때 다른 대답을

하리라고 생각하는가, 아니면 언제나 같은 대답을 하리라고 생각하는가?

알키비아데스 이제는 저 자신에 관해 말씀드리기가 두렵지만, 저로서는 같은 대답을 하리라고 생각합니다. 117a

소크라테스 그건 자네가 알고 있기 때문이 아니겠나? 이것이 자네가 그런 생각을 하게 된 이유겠지?

알키비아데스 저로서는 그렇게 생각합니다.

소크라테스 그러니까 자네가 어떤 것들에 관해 본의 아니게 상반된 대답을 한다면, 그런 것들에 관해서는 알지 못한다는 게 분명하네.

알키비아데스 그건 그럴 것 같습니다.

소크라테스 그렇다면 자네가 정의로운 것들과 부정의한 것들, 아름다운 것들과 추한 것들, 나쁜 것들과 좋은 것들, 이로운 것들과 이롭지 않은 것들에 관해 대답을 할 때, 자네는 자신이 헤매고 있다고 말하는 것 아니겠나? 그리고 자네가 이것들에 관해 헤매는 이유는 알지 못하기 때문이라는 것이 분명하지 않겠나?

알키비아데스 제게는 그렇습니다. b

소크라테스 그러면 이렇기도 한 것인가? 즉 누군가가 뭔가를 알지 못할 때면, 그것에 관해서 그의 영혼은 어쩔 수 없이 헤매게 될 수밖에 없는 것인가?

알키비아데스 어찌 그렇지 않겠습니까?

소크라테스 어떤가? 자네는 무슨 방법이 되었든 하늘로 올라갈 방법을 알고 있는가?*

알키비아데스 제우스께 맹세코, 전 알지 못하는데요.

소크라테스 이것과 관련해서 자네가 내린 판단 또한 헤매는 것인가?

알키비아데스 그건 분명 아닙니다.

소크라테스 그렇게 판단하게 된 이유를 알고 있는가, 아니면 내가 그 이유를 말해 볼까?

알키비아데스 선생님께서 말씀해 보시죠.

소크라테스 여보게, 그건 자네가 그걸 알지 못하는 상태에서 안다는 생각을 하지 않기 때문이네.

c 알키비아데스 이번엔 또 무슨 의미로 그런 말씀을 하시는 겁니까?

소크라테스 자네도 함께 보게. 자네가 어떤 것들에 관해서 알지 못하지만, 알지 못한다는 그 점은 알고 있을 때 자네가 그런 것들에 관해서 헤매고 있는 것인가? 이를테면 자네는 음식 장만과 관련해서는 자신이 알지 못한다는 것을 분명히 알고 있겠지?

알키비아데스 물론입니다.

소크라테스 그러면 자네는 음식과 관련해서 그것을 어떤 식으로

* 알키비아데스가 모른다고 할 것이 분명한 경우를 끌어들이기 위해 이 같은 질문을 하고 있는 것이다.

장만해야 하는지를 스스로 판단하면서 헤매는가, 아니면 그걸 알고 있는 자한테 맡기는가?

알키비아데스 후자 쪽입니다.

소크라테스 자네가 배를 타고 항해를 할 경우는 어떤가? 키를 안으로 당겨야 할지 밖으로 밀어야 할지에 대해 자네가 판단을 내리고서, 알지 못하는 터라 헤매겠는가? 아니면 그걸 키잡이[97]한테 맡겨 놓고서 조용히 있겠는가? d

알키비아데스 키잡이한테 맡기겠습니다.

소크라테스 그러니까 알지 못하는 것들에 관해서, 자네가 그걸 알지 못한다는 것을 알고 있는 한에서는 헤매지 않겠지?

알키비아데스 그럴 성싶습니다.

소크라테스 그러면 행동상의 잘못들 또한 알지 못하면서 안다고 생각하는 이런 무지 탓에 있게 된다는 것을 자네는 이해하겠는가?

알키비아데스 그건 또 무슨 뜻으로 하시는 말씀입니까?

소크라테스 아마도 우리는 우리가 무엇을 행하는 것인지 안다고 생각하는 그때에 행동에 착수하겠지?

알키비아데스 예.

소크라테스 하지만 어떤 사람들은, 자신이 알지 못한다고 생각할 경우엔, 아마도 남들한테 그 일을 넘기겠지? e

알키비아데스 어찌 그렇지 않겠습니까?

소크라테스 그러면 알지 못하는 자들 가운데 이와 같은 부류의 사람들은, 자신이 알지 못하는 일에 관해서는 남들한테 맡기는 덕분에 잘못을 범하지 않고 살아가지 않겠나?

알키비아데스 그렇습니다.

소크라테스 잘못을 범하는 자들은 어떤 이들일까? 생각하건대 아는 자들은 적어도 아닐 테니 하는 말이네.

알키비아데스 분명 아니지요.

소크라테스 그러면 아는 자들도 아니고, 알지 못하는 자들 중에서 자신이 알지 못한다는 것을 아는 자들도 아니니까, 알지 못하면서 안다고 생각하는 자들 말고 달리 누가 남아 있는가?

118a

알키비아데스 없지요, 남은 건 이들뿐입니다.

소크라테스 그러니까 이런 무지가 나쁜 것들의 원인이요 가장 나무랄 만한 어리석음인 것이지?

알키비아데스 예.

소크라테스 그러면 가장 중대한 일들과 관련될 경우, 그때는 그런 무지가 가장 유해한 것이며 가장 추한 것이지 않겠나?

알키비아데스 물론입니다.

소크라테스 어떤가? 자네는 정의로운 것들, 아름다운 것들, 좋은 것들, 이로운 것들보다 더 중대한 것을 말할 수 있는가?

알키비아데스 분명코 없습니다.

소크라테스 그리고 자네가 헤매고 있다고 말하는 건 이것들에 관해서가 아니겠나?

알키비아데스　그렇습니다.

소크라테스　자네가 이것들에 관해 헤매고 있다면, 앞서 언급된 것들을 통해 보건대, 자네는 가장 중대한 것들에 대해 무지할 뿐 b 만 아니라, 그것들에 대해서 알지도 못하면서 알고 있다고 생각하고 있는 게 분명하지 않은가?

알키비아데스　그런 것 같습니다.

소크라테스　딱하군 그래, 알키비아데스, 이게 무슨 꼴인가! 내가 그것을 딱히 뭐라고 이름하긴 주저되지만, 그럼에도 우리끼리만 있으니까 말해야겠네. 잘난 친구야, 우리의 논의도 자네를 탓하고 자네 자신도 자기를 탓하고 있듯이, 자네는 어리석음을, 그것도 가장 극단적인 어리석음을 끼고 살고 있는 것이네. 그런 탓에 교육을 다 받기도 전에 자네가 정치에 달려들게 된 것이라네. 그런데 자네만 이런 꼴인 게 아니라, 나랏일을 행하는 이들 가운데 대다수 역시 그런 꼴이라네. 소수를 빼고는 말일세. 아마 자네 c 후견인인 페리클레스도 그 소수에 포함되겠지.

알키비아데스　그럼요, 소크라테스 선생님. 그리고 페리클레스 그분이 현자가 된 건 저절로 된 것이 아니고, 실은 퓌토클레이데스나 아낙사고라스와 같은 수많은 현자들과 어울림으로써 그렇게 된 것이라고들 합니다. 바로 그런 이유에서 요즘도 그분은 나이가 드실 만큼 들었음에도 다몬과 어울리고 계시답니다.[98]

소크라테스 그럼 이건 어떤가? 자신이 지혜로운 어떤 분야에서, 다른 이를 현자로 만들 수 없는 그런 현자를 자네는 이제껏 본 적이 있는가? 이를테면 자네한테 글자를 가르친 사람은 그 자신이 지혜로웠을 뿐만 아니라 자네를 비롯해 자신이 원하는 이들이면 누구라도 지혜롭게 만들었네. 그렇잖은가?

알키비아데스 그렇습니다.

d 소크라테스 그러면 그 사람한테 배운 자네도 남을 그렇게 만들 수 있지 않겠나?

알키비아데스 예.

소크라테스 키타라 교사와 체육 교사의 경우도 마찬가지인가?

알키비아데스 물론입니다.

소크라테스 뭔가를 아는 자들이 그것을 안다는 사실과 관련해서는, 그들이 다른 사람도 아는 자로 만들 수 있다는 것이 확실히 그에 대한 훌륭한 증거가 되네.

알키비아데스 제게는 그렇게 생각됩니다.

소크라테스 어떤가? 자네는 페리클레스가 자기 자식들을 비롯해 누군가를 현자로 만들었는지 말할 수 있는가?

e 알키비아데스 페리클레스의 두 아들 모두 원래 바보 천치로 태어났다면 어떤가요, 소크라테스 선생님?[99]

소크라테스 하지만 자네 동생 클레이니아스는?[100]

알키비아데스 클레이니아스는 왜 또 거론하십니까? 그 녀석은

제정신이 아닌데요.[101]

소크라테스 그러면 클레이니아스는 제정신이 아닌 상태이고, 페리클레스의 두 아들은 원래 바보 천치여서 그랬다고 치고, 자네가 이렇게 되도록 그분이 내버려 두는 건 자네의 무슨 탓으로 돌려야 하는가?

알키비아데스 제 주의력 부족 탓이라고 생각합니다.

소크라테스 그런데 노예가 되었든 자유인이 되었든, 다른 아테네 사람들이나 이민족들 가운데서 페리클레스와 나눈 교제 덕분에 더 지혜로워졌다는 평판을 얻고 있는 자를 누구든 말해 보게. 이를테면 나는 자네한테 이렇게 말할 수 있네. 제논과 나눈 교제 덕분에 더 지혜롭게 된 자는 이소로코스의 아들 퓌토도로스나 칼리아데스의 아들 칼리아스라고 말일세.[102] 이들 두 사람은 각기 제논한테 100므나[103]를 내고서 이름난 현자가 되었네. 119a

알키비아데스 제우스께 맹세코, 말씀드릴 수가 없네요.

소크라테스 좋네. 그런데 자네는 자기 자신에 관해서는 어떤 생각을 품고 있는가? 지금의 상태로 남아 있을 생각인가, 아니면 뭔가 돌볼[104] 생각인가?

알키비아데스 소크라테스 선생님, 함께 심사숙고해 보아야겠죠.[105] 그리고 정말로 선생님께서 하시는 말씀을 이해하겠고 동의도 하겠습니다. 제가 보기에 선생님 말씀은, 나랏일을 행하는 자들이 소수를 제외하고 교육을 받지 못한 자들이라는 것 같거 b

든요.

소크라테스 그래서 그게 뭐 어떻다는 건가?

알키비아데스 아마 그들이 교육을 받은 자들이라면, 그들과 맞서 싸우려는 자는 운동선수를 상대할 때처럼, 배우고 단련을 하고 난 다음 달려들 필요가 있을 겁니다. 그런데 실은 그들도 나랏일에 문외한인 상태에서 임했으니, 그들과 맞서 싸우려는 자가 단련을 하거나 배우는 일로 애를 쓸 필요가 뭐 있겠습니까? 제가 자질[106] 만큼은 이들보다 아주 훨씬 더 뛰어나다는 걸 잘 알고 있

c 거든요.

소크라테스 아이고 맙소사, 이 친구야, 어찌 그리 말하는가! 자네의 용모나 그 밖에 자네가 지닌 것에 어찌 그렇게 걸맞지 않은 말을!

알키비아데스 대체 왜, 무엇과 연관해서 그런 말씀을 하시는 겁니까, 소크라테스 선생님?

소크라테스 자네 때문에, 그리고 나 자신의 사랑 때문에 분통이 터지는군.

알키비아데스 아니 왜요?

소크라테스 자네가 자신의 경쟁 상대로 이곳 사람들이 알맞다고 여기다니 말이야.

알키비아데스 아니 그럼 누굴 상대로 하겠어요?

d 소크라테스 그게 스스로 자부심이 강하다고 여기는 사내가 물을

만한 질문인가?[107]

알키비아데스 무슨 말씀이신가요? 제 경쟁 상대가 이 사람들 아닌가요?

소크라테스 자네가, 해전을 벌일 삼단노 군선의 키잡이 노릇을 할 생각이 있을 경우, 자네는 키잡이술에 있어서 동료 수병(水兵)들 가운데 가장 훌륭하다는 것으로 만족하겠는가? 아니면 이쯤은 당연한 일이라고 여기고, 자네의 경쟁 상대로 지금처럼 전우들이 아니라 진짜 적들을 주시할 텐가? 자네가 전우들을 능가하려면 확실히 다음과 같은 정도는 되어야 하네. 그들이 자네와 맞서 싸우면 안 된다고 여기고, 오히려 자네 기세에 압도당해 자네의 전우가 되어 적과 맞서 싸우는 것이 적합하다고 여길 정도가 되어야 하는 것이지. 정말로 자네가 자네 자신뿐만 아니라 나라에 적합한 어떤 아름다운 행동을 보여 줄 생각을 품고 있다면 말일세. e

알키비아데스 다름 아니라 그런 생각을 품고 있습니다.

소크라테스 그러니까 고작해서 동료 병사들보다 더 낫다고 크게 만족하는 정도가 자네에게 적합한 일인 것이군. 적들의 지도자들보다 더 나아졌으면 해서 그들을 주시하고 경계하며 단련하는 것은 자네에게 적합한 일이 아닌 것이고 말이야.[108]

알키비아데스 소크라테스 선생님, 선생님께서는 적들의 지도자들로 누굴 말씀하시는 겁니까? 120a

소크라테스 우리나라가 라케다이몬 사람들이나 대왕*과 끊임없이 전쟁을 벌이고 있다는 걸 알지 않나?

알키비아데스 맞는 말씀이십니다.

소크라테스 자네가 이 나라의 지도자가 될 작정이라면, 라케다이몬이나 페르시아의 왕들을 자네의 경쟁 상대로 보는 게 옳지 않겠는가?

알키비아데스 아마 선생님 말씀이 맞을 것 같습니다.

소크라테스 이 친구야, 맞긴 뭐가 맞나!** 자네는 차라리 메추라기 놀이에 능한 메이디아스[109] 또는 그와 같은 다른 사람들을 주시해야 하네. 이들은 나랏일을 하려고 하면서도, 교양이 없는 탓에 아직도 영혼에 노예의 머리카락[110]을 지닌 채 그것을 미처 벗어 버리지 못한 그런 자들이네. 여인들이 함직한 표현으로 하자면 말이지. 더욱이 이들은 알아듣지 못하는 말을 하는 자들로서 나라를 다스리기 위해서가 아니라 아첨하기 위해서 온 자들일세. 자넨 바로 이런 자들에게 시선을 집중시켜야 하네. 자네 자신은 소홀히 하고 말이지. 또한 자네가 그 정도의 경쟁을 하려 한다면 배워야 할 모든 것을 배울 필요도 없고, 단련이 필요한

* 페르시아의 대왕.

** 이후의 언급은 비아냥거리는 반어법적인 표현이다. 이는 알키비아데스에 대한 소크라테스의 실망감을 담고 있다.

모든 것을 단련할 필요도 없다네. 자네는 그런 식으로 만반의 준비를 하고서 나랏일에 임해야 하는 것이네. c

알키비아데스 그런데 소크라테스 선생님, 제게는 선생님이 맞는 말씀을 하시는 것 같긴 하나, 라케다이몬의 장군들도 페르시아의 왕도 남들과 아무 차이가 없다고 생각합니다.

소크라테스 이보게, 그럼 자네가 가지고 있는 그런 생각이 어떤 것인지 살펴보게.

알키비아데스 무엇에 관해서요?

소크라테스 우선 자네가 생각하기에 자신을 더 돌보게 되는 경우는, 그들*을 두려워하면서 무서운 자들이라고 생각할 때인가, 그렇지 않은 때인가? d

알키비아데스 무서운 자들이라고 생각할 때라는 게 분명하죠.

소크라테스 그럼 자네는 자신을 돌보면 설마 뭔가 해를 입게 될 것으로 생각하는가?

알키비아데스 전혀 아닙니다. 오히려 큰 이득까지 보게 될 것으로 생각합니다.

소크라테스 그러면 이 한 측면에서 보더라도 방금 말한 자네의 생각**은 그만큼이나 나쁜 것일세.[111]

* 라케다이몬의 장군들과 페르시아의 왕.

** 라케다이몬의 장군들도 페르시아의 왕도 남들과 아무 차이가 없다는 120c3~

알키비아데스 맞는 말씀이십니다.

소크라테스 다른 한 측면에서 보자면 그런 생각은 거짓인 것이기도 한데, 그 점을 그럴듯한 일들을 기반으로 해서 살펴보게.

알키비아데스 아니 어떻게요?

소크라테스 더 훌륭한 자질이 고귀한 태생에서 생기는 게 그럴 듯 e 한 일인가, 고귀하지 못한 태생에서 생기는 게 그럴 듯한 일인가?

알키비아데스 고귀한 태생에서 생긴다는 게 분명하죠.

소크라테스 그러면 좋은 태생의 사람들이, 양육 또한 잘될 경우엔, 훌륭함[112]에 있어서 그처럼 완벽한 이들로 된다는 게 그럴듯한 일이 아니겠는가?

알키비아데스 틀림없이 그렇습니다.

소크라테스 그러면 저들의 조건에 우리들*의 조건을 견주어 살펴보되, 저들의 조건들 중에서 가문으로 볼 때 라케다이몬이나 페르시아의 왕들이 우리들의 가문보다 더 하찮은 가문 출신인지를 우선** 살펴보세. 한쪽은 헤라클레스의 후손이고, 다른 한쪽

5의 생각.

* 여기와 바로 아래 줄에 나오는 '우리들'과 121a1과 121a3에 나오는 '우리'는 그리스어로는 같은 말이다. 하지만 앞의 것은 소크라테스와 알키비아데스를 묶는 뜻이고, 뒤의 것은 각기 알키비아데스와 소크라테스의 집안을 묶는 말이라서 달리 번역했다. 이후에도 이런 경우는 계속 나온다.

** 지금은 페르시아와 스파르타의 왕들이 가진 것들 가운데 가문을 살펴보고,

은 아카이메네스[113]의 후손이며,* 헤라클레스의 가문과 아카이메네스의 가문은 제우스의 자식인 페르세우스까지 거슬러 올라간다는 것[114]은 우리가 아는 사실이지 않은가?

알키비아데스 우리 가문도 에우뤼사케스[115]로 거슬러 올라가고, 에우뤼사케스의 가문은 제우스로 거슬러 올라가거든요, 소크라테스 선생님. 121a

소크라테스 집안 좋은 알키비아데스, 우리 가문도 그 유래가 다이달로스로 거슬러 올라가고, 다이달로스는 제우스의 아들인 헤파이스토스로 거슬러 올라가지.[116] 하지만 이들 페르시아와 라케다이몬의 가문은 현재의 후손인 당사자들부터 시작해서, 거슬러 올라가면 제우스에 이르기까지 왕에서 왕으로 이어지는 가문으로서, 한쪽은 아르고스와 라케다이몬의 왕들이고, 다른 한쪽은 언제나 페르시아의 왕들이었으며, 심지어 아시아[117]의 왕이었던 적도 많았고 현재도 아시아의 왕일세. 반면에 우리들은 우리들 자신도 평민이고 아버지들도 평민이었네. 그런데 만일 자네가 자네의 조상들을, 그리고 에우뤼사케스의 조국인 살라미스나 그 b 이전 조상인 아이아코스의 조국인 아이기나를 기리는 연설[118]을

이후(121d2 이하)에는 그들의 교육에 대해서 살펴본다.

* 앞쪽은 라케다이몬, 즉 스파르타의 왕들이며, 다른 쪽은 페르시아의 왕들이다.

크세륵세스의 아들인 아르톡세륵세스[119]에게 해야 한다면, 얼마나 웃음을 사리라 보는가? 그러지 말고* 가문의 위엄과 그 밖에 또 양육 방식에서 우리가 그 사람들에게 눌리지나 않을지 보게. 혹시 자네는 라케다이몬의 왕들의 가문의 위세가 얼마나 대단한지 실감하지 못했는가? 자기들 모르게 헤라클레스의 자손 말고 다른 데서 다음 왕이 나오는 일이 가능한 한 없도록[120] 그들의 부인들을 감독관들[121]이 공적으로 지킬 정도니까 말일세.[122] 그런가 하면 페르시아의 왕은 페르시아의 왕 본인 말고 다른 사람에게서 다음 왕이 나올 수 있으리라는 의심을 어느 누구도 품지 못할 정도로 위압적이라네. 그런 까닭에 왕의 부인을 지키는 것은 오직 두려움뿐이라네.[123] 한편 왕위를 상속할 맏아들이 태어나면, 우선 왕의 지배를 받는 왕국의 모든 사람이 축제를 벌이고, 그 이듬해부터는 이날에 아시아 전체가 왕의 탄신 기념 제의를 지내고 축제를 벌인다네. 반면에 우리들이 태어나면, 희극 작가의 말마따나 '이웃 사람조차 거의 알아채지 못하네',[124] 알키비아데스. 그 이후로 왕의 아들은 하찮은 보모[125]가 기르지 않고 궁정 사람들 가운데 가장 훌륭하다고 인정받는 환관들이 기른다네. 그들은 다른 점에서도 태어난 왕자를 돌보라는 명을 받지만, 특히 아

(c, d: 여백의 스테파누스 쪽 표시)

* 자신의 선조들로 페르시아와 스파르타의 왕들을 눌러 보겠다는 생각은 하지 말라는 뜻이다.

이의 사지의 형태를 잡고 반듯이 펴서[126] 궁리껏 아이를 가장 아름답게 만들라는 명을 받는다네. 그리고 이 일은 대단히 존경받는 일이라네. 아이들이 일곱 살이 되면, 마구간에 드나들고 승마 교습을 받으며[127] 사냥하러 나가기 시작하지. 나이가 일곱의 두 배가 되면, 저들 페르시아 사람들이 왕의 사부(師傅)[128]라 일컫는 자들이 아이를 맡는다네.[129] 그들은 장년의 페르시아 사람들 중에서 가장 훌륭하다고 인정받아 선발된 네 명으로서, 가장 지혜로운 사람, 가장 정의로운 사람, 가장 절제 있는 사람, 가장 용기 있는 사람이라네.[130] 그들 중 한 사람은 호로마조스[131]의 아들인 조로아스트레스의 교의[132]를 가르치는데, 이것은 신들을 섬기는 것에 관한 내용이지. 그는 왕에 관한 것들*도 가르친다네. 가장 정의로운 사람은 평생토록 진실을 말하게 가르친다네. 또한 가장 절제 있는 사람은 어떤 즐거움에도 지배받지 않게 가르쳐 자유인다운 습성과 진정한 왕다운 습성이 붙도록 한다네. 진정한 왕은 무엇보다도 자신 안에 있는 것들을 다스리고 그것들의 종 노릇을 하지 않으니 말일세. 가장 용기 있는 사람의 가르침이란 겁을 먹는 것은 노예라는 생각을 갖게 해서 두려움 없고 겁 없게 만드는 것이라네. 반면에 알키비아데스, 자네를 위해서 페리클레스는 식솔들 가운데 늙어서 가장 쓸모없는 트라케 출

e

122a

b

* 왕이 갖추어야 할 앎, 즉 왕술 또는 치술을 말한다.

신의 조퓌로스를 사부로서 상전에 앉혔지. 경쟁자들의 다른 양육 방식과 교육 방식까지도 자네를 위해 자세히 설명했으면 좋겠지만, 그건 일이 많기도 하고, 지금 한 이 설명으로도 이에 뒤따르는 다른 것들까지 밝혀 주기에 충분할 걸세. 그런데 알키비아데스, 자네나 다른 그 어떤 아테네 사람의 출생과 양육과 교육에 관해서는 사실상 아무도 관심을 갖지 않지. 현재 자네를 사랑하고 있는 자라면 모를까. 그런가 하면 자네가 페르시아 사람들

c 의 부유함, 사치스러움, 의상, 겉옷의 치렁치렁함,[133] 향유를 바르는 것, 수행 종자들의 수와 그 밖의 호화로움에 주목할 마음을 먹는다면, 자네는 그들에 비해 자신이 얼마나 모자라는지를 실감하고 자신한테 부끄러움을 느낄 걸세. 그런가 하면 자네가 라케다이몬 사람들의 절제, 절도, 침착, 선량, 당당함, 규율, 용기, 참을성, 일 좋아함, 승부욕과 명예심에 주목할 마음을 혹시 먹는다면, 그런 모든 점에서 자네는 자신을 아이라고 여기게 될 것

d 일세. 또 그런가 하면 자네가 부에 관심이 있기도 하고 이 점에서 자네가 뭐라도 된다고 생각하기라도 한다면, 이 경우에도 나는 입을 다물지 않을 것이네. 자네 처지가 어떤지를 자네가 실감할 수 있지 않을까 해서 말이지. 왜냐하면 우선 자네가 라케다이몬 사람들의 부를 보고자 하는 마음을 먹는다면, 이곳(아테네)의 부가 저곳(라케다이몬)의 부보다 많이 모자란다는 것을 알게 될 것이기 때문일세. 왜냐하면 그들이 갖고 있는 땅 전체에 대해서

는 본래 그들 자신의 지역에 있던 것이든 메세네[134] 지역에 있던 것이든, 이곳 아테네 사람 그 어느 누구도 그 넓이와 훌륭함[135]에 시비 걸지 못할 것이고, 그런가 하면 노예, 특히 농노[136]의 보유에 대해서도 그러려니와, 말의 경우는 말할 것도 없고 메세네 전역에 방목되는 그 외 다른 가축들에 대해서도 그럴 것이기 때문일세. 하지만 이것들은 다 그만두더라도, 금붙이와 은붙이[137]는 그리스 전체에 있는 것이 라케다이몬 한 곳에[138] 있는 만큼이 안 된다네. 왜냐하면 그것들이 이미 여러 세대에 걸쳐 지금까지 그리스 전역에서 그리로 들어갔으며, 페르시아 사람들[139]의 지역으로부터도 빈번하게 들어가고는 있지만, 어디로도 나가지는 않기 때문이네. 그렇기는커녕 영락없이 이솝 우화에서 여우가 사자에게 말한 식으로,[140] 이 경우에도 라케다이몬으로 돈[141]이 들어간 흔적, 즉 그리로 향한 흔적은 뚜렷하지만, 나온 흔적은 어느 누구도 어디에서도 찾아볼 수 없을 것이네. 그러니 잘 알아야 하네. 금과 은으로 치자면 그곳의 사람들이 그리스 사람들 가운데에서 가장 부유하고, 그들 가운데에서도 왕이 그렇다는 사실을 말일세. 왜냐하면 그와 같은 것들* 중에서 규모도 가장 크고 가장 빈번하기도 한 것이 왕들이 받는 것이기 때문일 뿐만 아니라, 라케다이몬 사람들이 왕들에게 내는 왕세(王稅) 역시 적지 않기

e

123a

b

* 그리스 전역과 페르시아에서 라케다이몬으로 들어가는 금과 은.

때문일세. 그런데 라케다이몬 사람들의 것은 그리스 사람들의 부의 기준으로 보면 대단하지만, 페르시아 사람들과 저들 왕의 부의 기준으로 볼 때는 아무것도 아니라네. 언젠가 내가, 페르시아의 왕에게 가려고 내륙으로 들어갔던 사람들 중 믿을 만한 사람[142]한테서 다음과 같은 이야기를 들었다네. 그는 거의 하루 거리의 아주 넓고 아름다운 고장을 지나간 적이 있었는데, 토박이들이 그 고장을 왕의 부인[143]의 허리띠라 부른다고 말하더군. 그런가 하면 너울이라 불리는 다른 고장도 있고, 그 밖에도 그 부인의 치장을 위해서 선발된 다른 많은 아름답고도 훌륭한 지역들이 있는데, 곳곳마다 그 장신구 하나하나에서 연유하는 이름을 갖고 있다고 하더군. 그리하여 내가 생각하기로는, 만약 어떤 사람이 왕의 어머니에게, 즉 크세륵세스[144]의 부인인 아메스트리스에게 말하기를, "데이노마케의 아들이 당신의 아들과 맞설 생각을 가지고 있는데, 그의 어머니에게는 기껏해야 50므나 가격의 장신구가 있고, 그녀의 아들에게는 에르키아[145]에 300플레트론[146]이 못 되는 땅이 있습니다."라고 한다면, 도대체 뭘 믿고 알키비아데스라는 자가 아르톡세륵세스와 맞붙을 생각을 하고 있는지 그녀는 의아해할 것이고, 내 생각으로 그녀는 "이 작자가 돌봄(노력)[147]과 지혜만을 믿고서 도전하는군. 이것들이 유일하게 그리스 사람들이 내세울 만한 것이니까."라고 말할 걸세. 그렇지만 알키비아데스라는 이자가 우선 스무 살이 채 안 된 나이

이고,[148] 게다가 교양이라고는 어느 구석에도 없으면서 도전하고 있는 데다가, 그를 사랑하는 자가 그에게 말하길 '먼저 배우고 자신을 돌봐 단련하고서, 왕과 맞붙으러 가야 한다'고 말해도, 그가 응하지 않고, 지금 상태로도 너끈하다고 말한다는 사실을 그녀가 들어 알게 된다면, 내 생각에 그녀는 놀라 "그러면 도대체 그 애송이가 믿는 게 뭔가?"라고 물을 걸세. 그리하여 우리가 아름다움과 체격과 가문과 부와 영혼의 자질이라고 말한다면, 알키비아데스, 그녀는 자기들이 갖고 있는 것과 이와 같은 모든 것을 우리들의 것과 비교해 보고는 우리가 미쳤다고 생각할 걸세. 그런데 내 생각으로는 레오튀키다스[149]의 딸이자 아르키다모스[150]의 부인이요 아기스[151](이 남자들은 모두 왕위에 올랐었네)의 어머니인 람피도[152] 역시 이 점에서 자신들이 지닌 것을 보고서는 자네가 그렇게 나쁜 상태에서 그녀의 아들과 맞붙으려는 생각을 하고 있다는 사실에 어처구니없어 할 걸세.[153] 아무튼 우리가 어떤 상태에서 자기들을 공격해야 하는지에 대해 우리 자신보다 적들의 부인들이 더 나은 생각을 하고 있다면, 그것은 부끄럽게 여길 일이 아니겠는가? 속 편한 친구, 부디 나의 말과 델피에 있는 글귀를 받아들여 자네 자신을 알도록 하게.[154] 적수는 이들이지 자네가 생각하는 자들*이 아니니 말일세.[155] 돌봄과 기술(앎)이

e

124a

b

* 아테네의 정치가들.

아니라면, 다른 그 무엇으로도 그들을 능가할 수 없을 걸세. 이것들을 결여한다면, 그리스 사람들 사이에서든 이방인들 사이에서든 자네가 명성을 얻는 일 역시 결여하게 될 걸세. 내가 보기에 어느 누가 그 무엇을 사랑하는 것보다 자네가 더 사랑하는 것으로 보이는 그 명예 말일세.

알키비아데스 그렇다면 소크라테스 선생님, 어떤 돌봄을 해야 하나요? 설명해[156] 줄 수 있으십니까? 다름이 아니라 맞는 말씀을 하신 분 같기에 드리는 말씀입니다.

c 소크라테스 할 수 있지. 하지만 사실 그것은 어떤 방법으로 우리가 최대한 훌륭해질 수 있을 것인가 하는 공동의 숙의 사항[157]일세. 사실 내가 자네는 교육을 받을 필요가 있다면서 나는 없다고 말하는 것은 아니니까. 한 가지 점만 빼고는 내가 자네보다 나을 게 없거든.

알키비아데스 어떤 점요?

소크라테스 나의 후견인이 자네의 후견인인 페리클레스보다 더 낫고 더 지혜롭네.

알키비아데스 그게 누굽니까, 소크라테스 선생님?

소크라테스 신일세, 알키비아데스. 바로 그 신이 오늘 이전까지는 자네와 대화를 나누도록 허락하지 않았다네. 역시 그 신의 뜻을 믿고서 하는 말인데, 자네는 나 말고는 다른 누구를 통해서도 두각을 나타내지[158] 못할 것이네.

알키비아데스 소크라테스 선생님, 농담하시는군요. d

소크라테스 그럴지도 모르지. 하지만 우리에게 돌봄(노력)이 필요하다는 점, 물론 모든 사람에게 그렇지만 특히 우리에게는 아주 많이 필요하다는 점에서는 내가 진실을 말하고 있네.

알키비아데스 제게 필요하다는 말씀은 틀린 말씀이 아니죠.

소크라테스 내게 필요하다는 말도 틀린 말은 아닐세.

알키비아데스 그럼 어떻게 해야 하지요?

소크라테스 여보게, 주저해서도[159] 안 되고 태만해서도 안 되네.

알키비아데스 그래서야 안 되겠지요, 소크라테스 선생님.

소크라테스 그렇지. 그러니 함께 심사숙고해 봐야지.[160] 내게 말해 보게. 우리는 최대한 훌륭해지고 싶다고 말하네. 그렇지? e

알키비아데스 그렇죠.

소크라테스 어떤 훌륭함에서지?

알키비아데스 그건 분명 훌륭한 사람의 훌륭함에서죠.

소크라테스 어떤 점에서 훌륭한 사람 말인가?

알키비아데스 일을 처리하는 데 훌륭한 사람인 게 분명하죠.

소크라테스 어떤 종류의 일이지? 말에 관한 일인가?

알키비아데스 그건 아니죠.

소크라테스 그런 일이라면, 우린 말 다루는 데 능한 사람들에게 갈 테니까?

알키비아데스 예.

소크라테스 아니면 자네는 배에 관한 일을 말하는 겐가?

알키비아데스 아니오.

소크라테스 그런 일이라면, 우린 배 다루는 데 능한 사람들에게 갈 테니까?

알키비아데스 예.

소크라테스 그럼 어떤 종류의 일인가? 누가 처리하는 일인가?

125a 알키비아데스 아테네 사람들 중에서 아름답고 훌륭한 사람들[161]이 하는 일들이죠.

소크라테스 자네가 아름답고 훌륭하다는 것은 분별 있는 사람들을 두고 하는 말인가 분별없는 사람들을 두고 하는 말인가?

알키비아데스 분별 있는 사람들이죠.

소크라테스 각자가 분별 있는 분야에서 각자는 훌륭하지 않겠나?

알키비아데스 그렇죠.

소크라테스 분별없는 분야에서는 못나고?

알키비아데스 왜 아니겠습니까?

소크라테스 그러면 갖바치[162]는 신발 만드는 일에서 분별 있는가?

알키비아데스 물론이죠.

소크라테스 그러니 그 분야에서 훌륭한가?

알키비아데스 훌륭하죠.

소크라테스 그런데 갖바치는 옷 만드는 일에서는 분별이 없겠지?

알키비아데스 그렇죠.

소크라테스 그럼 그 분야에서는 나쁜가? b

알키비아데스 그렇죠.

소크라테스 그 말로만 보면, 같은 사람이 나쁘기도 하고 훌륭하기도 하군.

알키비아데스 그래 보입니다.

소크라테스 그럼 정말 자네는 훌륭한 사람이 나쁘기도 하다고 말하는 겐가?[163]

알키비아데스 그건 아니죠.

소크라테스 아니면 자네는 도대체 누구를 훌륭한 사람들이라고 말하는 겐가?

알키비아데스 저야 나라에서 다스릴 능력이 있는 사람들을 말하지요.*

소크라테스 그건 적어도 말들을 다스릴 능력이 있다는 뜻은 분명 아니라고 보는데.

알키비아데스 그건 아니죠.

소크라테스 그럼 사람들인가?

알키비아데스 그렇죠.

* 이 문장은 그리스어 자체로도 불완전한 문장이다. '무엇'을 다스리는지가 빠져 있기 때문이다. 그래서 소크라테스는 이어지는 대화에서 그 '무엇'을 알키비아데스에게 묻는다.

소크라테스 그렇다면 아픈 사람들인가?

알키비아데스 아뇨.

소크라테스 아니면 배를 타고 가는 사람들인가?

알키비아데스 아니요.

소크라테스 아니면 수확하는 사람들인가?

알키비아데스 아닙니다.

c 소크라테스 아니면 아무것도 안 하는 사람들인가, 뭔가를 하는 사람들인가?

알키비아데스 뭔가를 하는 사람들을 저는 말하는 겁니다.

소크라테스 무엇을? 나도 좀 그것이 무엇인지를 훤히 알 수 있게 한번 해 보게.

알키비아데스 그러니까 우리가 나라에서 생활하는 방식처럼 자기들끼리 협력하기도 하고 서로를 다루기도 하는[164] 사람들을 말합니다.

소크라테스 그러니까 자네는 사람들을 다루는 사람들을 다스리는 것을 그것이라 말하는 것인가?

알키비아데스 예.

소크라테스 노 젓는 일꾼들을 다루는 갑판장들을 다스리는 것 말인가?

알키비아데스 그건 아니죠.

소크라테스 이것은 선장[165]의 훌륭함이라서?

알키비아데스 그렇죠.

소크라테스 아니면 아울로스 부는 사람들[166]을 다스리는 것을 자네는 말하는 건가? 노래에서 사람들을 이끌고 합창단원들[167]을 다루는 사람들을 다스리는 것 말이야. d

알키비아데스 그건 아니죠.

소크라테스 이건 또 합창단 선생[168]의 훌륭함이라서?

알키비아데스 물론이죠.

소크라테스 아니 도대체 사람들을 다루는 사람들을 다스릴 수 있는 것이라고 자네가 말하는 게 뭔가?

알키비아데스 제 말씀은 정치 공동체에 참여해 서로 협력하는 사람들, 즉 나라에서 삶을 영위하고 있는 사람들을 다스린다는 겁니다.

소크라테스 그러면 그 기술이 무엇인가? 이건 내가 자네에게 방금 했던 질문[169]을 다시 하는 셈이긴 한데 말이지, 항해에 참여하는 사람들을 다스릴 줄 알게 하는 것은 어떤 기술인가?

알키비아데스 선장의 기술이죠.

소크라테스 방금 이야기되긴 했지만,* 노래에 참여하는 사람들을 다스리게 하는 것은 어떤 앎이 한다고? e

알키비아데스 선생님이 좀 전에 말씀하신 바로 그것, 합창단 선

* 바로 위 125d에서 한 말이다.

생의 앎이죠.

소크라테스 그런데 어떤가? 정치 공동체에 참여하는 사람들을 다스릴 줄 알게 만드는 앎을 자네는 어떤 앎이라 부르는가?

알키비아데스 숙고를 잘하는 것[170]이라 저는 부르죠, 소크라테스 선생님.[171]

소크라테스 그런데 어떤가? 선장들의 앎이 숙고를 못하는 것은 아니지 싶은데?

알키비아데스 그건 그렇죠.

소크라테스 그럼 숙고를 잘하는 것인가?

126a 알키비아데스 제게는 적어도 배를 타고 있는 사람들을 지키는 점에서는 그런 것으로 보입니다.

소크라테스 잘 말했네. 그런데 어떤가? 자네가 숙고를 잘하는 것이라 부르는 것은 어떤 점에서 그렇다는 것인가?

알키비아데스 나라를 더 훌륭하게 관리하고 지키는 점에서죠.

소크라테스 나라는 무엇이 거기에 생기거나 없어지면[172] 더 좋게 관리되거나 지켜지는가? 가령 자네가 나에게 "무엇이 거기에 생기거나 없어지면 몸이 더 좋게 관리되고 지켜지나요?"라고 물어본다고 치세. 나는 "건강이 거기에 생기는 한편, 병이 없어지면."이라고 말할 걸세. 자네도 이렇게 생각하지 않는가?

b 알키비아데스 예.

소크라테스 그런가 하면 또 자네가 "무엇이 생기면 눈이 더 좋게 관리되고 지켜지나요?"라고 내게 묻는다고 치세. 마찬가지로 나는 "시력이 생기는 한편, 눈먼 상태는 없어지면."이라 말할 걸세. 또 "귀는 귀먹은 상태가 없어지는 한편 청력이 거기 들어가게 되면[173] 더 나아지고 더 잘 보살핌을 받는다."라고 말할 걸세.

알키비아데스 옳습니다.

소크라테스 그렇다면 어떤가? 나라는 거기에 무엇이 생기고 없어지면 더 나아지고 더 잘 보살핌을 받고 관리되는가?

알키비아데스 소크라테스 선생님, 제가 보기에는 좋아함[174]이 그들 서로에게 생기는 한편 미워함과 반목함이 없어질 때면 그렇죠. c

소크라테스 그렇다면 자네는 좋아함을 생각의 일치[175]라 말하는가, 생각의 불일치라 말하는가?

알키비아데스 생각의 일치죠.

소크라테스 그러면 어떤 기술을 통해 나라들은 수에 관하여 생각을 일치시키는가?

알키비아데스 산술을 통해서죠.

소크라테스 개인들은 어떤가? 같은 기술을 통해서가 아닌가?

알키비아데스 그렇죠.

소크라테스 각자 스스로가 자기 자신과 생각을 일치시키기도 하겠지?

알키비아데스 예.

소크라테스 그런데 한 뼘과 한 완척(腕尺)[176] 중 어느 쪽이 더 큰지에 대해서는 각자가 어떤 기술에 의해서 자기 자신과 생각을 d 일치시키는가? 측정술을 통해서가 아닌가?

알키비아데스 그렇고말고요.

소크라테스 개인들도 서로서로, 나라들도 서로서로 생각을 일치시키겠지?

알키비아데스 예.

소크라테스 그런데 저울질에 대해서는 어떤가? 마찬가지가 아닌가?

알키비아데스 그렇다고 봅니다.

소크라테스 그렇다면 자네가 말하는 생각의 일치라는 것은 무엇이고 무엇에 관한 것이며, 또 어떤 기술이 그것을 마련하는가? 그리고 나라에 생각의 일치를 마련해 주는 바로 그 기술이 개인에게도 일치된 뜻을 마련해 주는가? 자신을 상대로도 다른 사람을 상대로도 말이야.

알키비아데스 아무래도 그런 듯합니다.

e 소크라테스 그러면 그것은 무엇인가? 대답하는 걸 지겨워 말고 열의를 갖고 말해 주게.

알키비아데스 저는 생각의 일치와 좋아함이란 부모가 아들을 좋아하여 생각의 일치를 이루고, 형제는 형제와, 부인은 남편과 그러는 것을 뜻한다고 생각합니다.

소크라테스 그러면 알키비아데스, 남자가 실잣기와 관련해서 여자와 생각의 일치를 이룰 수 있다고 생각하나? 실잣기를 알지 못하는 남자가 실잣기를 아는 여자와 말이지.

알키비아데스 그건 아니죠.

소크라테스 전혀 그럴 필요조차 없지. 그 배움이야 여자의 것이니까.

알키비아데스 예.

소크라테스 그런데 어떤가? 여자는 중무장 보병술을 모르는데도 127a 중무장 보병술과 관련해서 남자와 생각의 일치를 이룰 수 있다고 자네는 생각하나?

알키비아데스 그건 아니죠.

소크라테스 아마 자네는 그거야 남자의 것이라 말할 테니 말이지.

알키비아데스 그렇죠.

소크라테스 그럼 자네 말에 따르면, 어떤 것들은 여자의 배움이고, 어떤 것들은 남자의 배움이군.

알키비아데스 그렇고말고요.

소크라테스 그럼 이것들에서만큼은 여자들에게는 남자들을 상대로 한 생각의 일치가 없군.

알키비아데스 없지요.

소크라테스 그렇다면 좋아함도 없겠군. 좋아함이 생각의 일치라면 말이야.

알키비아데스 없는 것 같네요.

소크라테스 그럼 여자들이 제 일을 하는 한에서는, 남자들에 의해 좋아함을 받지도 않네.

b 알키비아데스 그렇겠군요.

소크라테스 그럼 남자들도 제 일을 하는 한에서는, 여자들에 의해 좋아함을 받지 않지.

알키비아데스 그렇습니다.

소크라테스 그럼 각자가 제 일을 하는 한에서는, 나라들이 잘 경영되지도 못하겠네?

알키비아데스 저는 된다고 생각합니다, 소크라테스 선생님.

소크라테스 무슨 말인가? 좋아함이 거기 생기지 않는데도? 좋아함이 거기 생기면 나라들이 잘 경영되고, 안 그러면 그렇지 못하다고 우리가 말하지 않았는가?

알키비아데스 하지만 그렇다고 해도, 즉 제 일들을 각자가 한다고 해도, 그들에게 좋아함이 들어갈 것이라고 저는 생각합니다. c

소크라테스 좀 전까지는 그렇게 생각하지 않았지. 그랬는데 지금 자네가 다시 하는 말은 무슨 말인가? 생각의 일치가 거기 들어가지 않아도 좋아함은 들어간다는 말인가? 아니면 어떤 사람들은 알고 어떤 사람들은 모르는 것들에 대한 생각의 일치가 거기 들어갈 수 있다는 말인가?

알키비아데스 그건 그럴 수 없죠.

소크라테스 각자가 제 일을 할 때면, 그들은 정의로운 것을 하는 건가 정의롭지 못한 것을 하는 건가?

알키비아데스 정의로운 것이죠. 어떻게 아니겠어요?

소크라테스 그러면 나라에서 시민들이 정의로운 것들을 하는 경우에, 서로를 상대로 좋아함이 거기 들어간다는 말이 아닌가?

알키비아데스 제가 보기에 이번에는 그럴 수밖에 없을 듯합니다,[177] 소크라테스 선생님.

소크라테스 자네는 우리가 훌륭한 사람이려면 좋아함이나 생각의 일치와 관련하여 지혜롭고 숙고를 잘해야 한다고 하는데, 그러면 그 좋아함이나 생각의 일치를 도대체 자네는 무엇이라고 말하고 있는 건가? 나는 그것이 무엇인지도 누구에게 있는지도 알아들을 수 없기에 하는 말일세. 자네 말로 미루어 봐서는 같은 사람들 사이에 그것들이 있을 때도 있고 없을 때도 있는 듯이 보여서 말이야. d

알키비아데스 맙소사. 신들께 맹세코, 무슨 말을 하고 있는지 저 자신도 모르겠고, 전에도 저도 모르게 너무 흉한 꼴을 보였을 것 같네요.

소크라테스 그래도 기운 내게. 만약 자네가 그것을 쉰 살을 먹고 깨달았다면, 자네 자신을 돌보기는 어려웠을 테지만, 지금 자네 나이는 그것을 깨달아 마땅할 때니 말일세. e

알키비아데스 그러면 그것을 깨달은 사람은 무엇을 해야 하나요,

소크라테스 선생님?

소크라테스 그런 사람은 질문받은 것들에 대답해야지, 알키비아데스. 그리고 만약 그것을 자네가 한다면(신이 허락하셔야 되겠지만), 게다가 내 예감이 믿어 볼 만한 구석이 있다면, 자네도 나도 더 나은 상태에 있게 될 걸세.

알키비아데스 제가 대답하는 데 달려 있기만 하다면야 그건 그렇게 되겠습니다만.*

128a 소크라테스 자, 자신을 돌본다는 것이 무엇이고(돌본다고 생각은 하면서도 정작 자신도 모르게 자신을 돌보지 않는 일이 일어나지 말라고 하는 말일세), 또 이 일을 어느 때 하는가? 자신에게 속하는 것들을 돌볼 때면, 그때 자신도 돌보는 것인가?

알키비아데스 제게는 그렇게 보이는데요.

소크라테스 그런데 어떤가? 사람은 발을 어느 때 돌보는가? 발에 속하는 것들을 돌볼 땐가?

알키비아데스 무슨 말씀인지 못 알아듣겠는데요.

소크라테스 자네가 '손에 속한다'고 하는 뭔가가 있나? 예컨대

* 바로 앞에서 소크라테스는 알키비아데스와 자신이 더 좋은 상태에 있게 될 수 있는 세 가지 조건을 들었다. 질문에 알키비아데스가 대답하는 것, 신이 허락하는 것, 자신의 예감이 맞는 것, 이 가운데 알키비아데스가 충족시킬 수 있고 확신할 수 있는 조건은 자신이 소크라테스의 질문에 대답하는 것뿐이다. 그래서 이 문장은 알키비아데스가 소크라테스의 질문에 대답할 확고한 의지가 있음을 밝히는 대목이기도 하다.

반지의 경우, 그것은 손가락 말고 한 사람의 신체 부분들 중 다른 부분에 속한다고 자네는 말하는가?

알키비아데스 그건 아니죠.

소크라테스 그러면 또 마찬가지로 발에는 신발이 속한다고 말하는가?

알키비아데스 예.

소크라테스 마찬가지로 겉옷도 담요도 신체의 다른 부분에 속하겠지?

알키비아데스 예.[178] b

소크라테스 그러면 신발을 돌볼 때, 우리는 발들을 돌보고 있는가?

알키비아데스 무슨 말씀이신지 잘 못 알아듣겠습니다, 소크라테스 선생님.

소크라테스 어떤가, 알키비아데스? 자네가 '어떤 것인가를 옳게 돌본다'고 부르는 뭔가가 있지?

알키비아데스 예.

소크라테스 그러면 누가 무엇인가를 더 낫게 만든다면, 그때 자네는 이를 '옳은 돌봄'이라 부르는가?

알키비아데스 예.

소크라테스 그러면 어떤 기술이 신발을 더 낫게 만드는가?

알키비아데스 갖바치 기술이죠.

소크라테스 그러면 우리는 갖바치 기술로 신발을 돌보는가?

c 알키비아데스 예.

소크라테스 그리고 갖바치 기술로 발까지 돌보는가? 아니면 발을 더 낫게 만드는 기술로인가?

알키비아데스 발을 더 낫게 만드는 기술로입니다.

소크라테스 발을 더 낫게 만드는 기술로 신체의 나머지 부위도 더 낫게 만들지 않겠나?

알키비아데스 제게는 그렇게 보입니다.

소크라테스 이것이 신체 단련술 아닌가?

알키비아데스 물론이죠.

소크라테스 그러면 우리는 신체 단련술로 발을 돌보는 한편, 갖바치 기술로는 발에 속하는 것들을 돌보는가?

알키비아데스 물론이죠.

소크라테스 또 신체 단련술로는 손을, 보석 세공술로는 손에 속하는 것들을 돌보는가?

알키비아데스 예.

소크라테스 또 신체 단련술로는 신체를, 직조술과 그 밖의 다른 기술로는 신체에 속하는 것들을 돌보는가?

d 알키비아데스 전적으로 그렇습니다.

소크라테스 그러니 우리는 어떤 기술로는 각각의 것 그 자체[179]를 돌보는 한편, 다른 기술로는 그것에 속하는 것들을 돌보는군.

알키비아데스 그런 듯합니다.

소크라테스 그러면 자네 자신에 속하는 것들을 돌볼 때, 자네는 자네 자신을 돌보는 것은 아니군.

알키비아데스 전혀요.

소크라테스 같은 기술로 자신도 돌보고 자신에 속하는 것들도 돌보지는 않기 때문인 것 같군.

알키비아데스 그런 것 같습니다.

소크라테스 자 그럼, 도대체 어떤 종류의 기술로 우리는 우리 자신을 돌볼까?

알키비아데스 저로서는 답변을 못 하겠는데요.

소크라테스 하지만 '우리가 우리의 것들 가운데 그 어떤 것을 더 낫게 만드는 기술이 아니라 우리 자신을 더 낫게 만드는 기술로'라는 정도까지는 합의를 보았지? e

알키비아데스 맞는 말씀이십니다.

소크라테스 그럼 정말 신발이 뭔지 몰랐다면 도대체 어떤 기술이 신발을 더 낫게 만드는지를 우리가 알았겠는가?

알키비아데스 그럴 수는 없었겠지요.

소크라테스 반지가 뭔지 몰랐다면 어떤 기술이 반지를 더 낫게 만드는지를 몰랐겠군.

알키비아데스 맞습니다.

소크라테스 그런데 어떤가? 그렇다면 도대체 우리 자신이 무엇인지를 모르면서 어떤 기술이 사람을[180] 더 낫게 만드는지를 우리가 알 수 있긴 하겠는가?

129a 알키비아데스 그럴 수는 없겠지요.

소크라테스 그렇다면 말이지, 자신을 알기란 쉬운 일이고 퓌토[181]에 있는 신전에 그 말*을 봉헌한 사람은 하찮은 사람인가, 아니면 그것은 어려운 일이고 누구나 다 하는 일은 아닌 것인가?

알키비아데스 소크라테스 선생님, 제게는 누구나 다 하는 일로 보인 적도 많았고, 더없이 어려운 일로 보인 적도 많았습니다.

소크라테스 하지만 알키비아데스, 그 일이 쉽든 쉽지 않든, 적어도 우리 처지는 다음과 같네. 그것[182]을 알면 아마 우리는 우리 자신에 대한 돌봄을 알 테지만, 모르면 결코 우리 자신에 대한 돌봄을 알지 못할 것이네.

알키비아데스 그러네요.

b 소크라테스 그럼 자, 어떤 방법으로 자체 그 자체[183]가 찾아질까? 그래야 우리 자신이 도대체 무엇인지를 우리가 밝힐 수 있을 테고,[184] 그렇지 않고 여전히 이것에 대한 무지 속에 있다면 아무래도 그러긴 불가능할 테니까 말일세.

알키비아데스 옳은 말씀이십니다.

소크라테스 그럼 잠깐만! 자네는 지금 누구에게 이야기하고 있

* '너 자신을 알라'는 글귀.

는가? 나에게 하는 거지?

알키비아데스　예.

소크라테스　그러면 나 역시 자네에게?

알키비아데스　예.

소크라테스　그러면 이야기를 하는 사람은 소크라테스지?

알키비아데스　물론이죠.

소크라테스　듣는 사람은 알키비아데스고?

알키비아데스　예.

소크라테스　그러면 소크라테스는 말로 이야기를 하지?

알키비아데스　물론입니다. c

소크라테스　그런데 내 짐작으로는 이야기를 하는 것과 말을 사용하는 것[185]을 자네는 같은 것이라 부르는 것 같군.

알키비아데스　물론입니다.

소크라테스　그렇지만 사용하는 사람과 사용되는 것은 다르지 않은가?

알키비아데스　무슨 말씀이시죠?

소크라테스　갖바치가 굽은 칼과 곧은 칼 및 다른 도구들로 자르듯이 말일세.

알키비아데스　예.

소크라테스　그러니 사용하고 자르는 사람 다르고, 자를 때 사용되는 것 다르지?

알키비아데스 왜 아니겠습니까?

소크라테스 그러니 키타라를 연주할 때 연주자가 사용하는 것과 연주자 자신은 다르겠지?

알키비아데스 예.

d 소크라테스 방금 내가 묻던 게 그걸세. 사용하는 사람과 사용되는 것은 언제든 다르게 여겨지는지 말일세.

알키비아데스 그렇게 여겨집니다.

소크라테스 그러면 우리는 갖바치에 대해 뭐라 말하지? 도구만 사용해서 자른다고 말하나, 아니면 손도 사용해서 자른다고 말하나?

알키비아데스 손도죠.

소크라테스 그러니 그는 손도 사용하는 것인가?

알키비아데스 예.

소크라테스 눈도 사용해서 신발을 만드는가?

알키비아데스 예.

소크라테스 그런데 사용하는 사람과 사용되는 것들이 다르다는 데 우리는 동의하는 것이지?

알키비아데스 예.

소크라테스 그러니 갖바치와 키타라 연주자는, 그들이 작업할 e 때 사용하는 손과 눈하고는 다르지?

알키비아데스 그렇게 보입니다.

소크라테스 신체 전부도 사람이 사용하는 것이지?

알키비아데스 물론입니다.

소크라테스 그런데 사용하는 사람과 사용되는 것이 다르다고 했지?

알키비아데스 예.

소크라테스 그러니 사람은 자신의 신체와 다르지?

알키비아데스 그런 듯합니다.

소크라테스 그러면 도대체 사람은 무엇인가?

알키비아데스 저로서는 답변을 못 하겠는데요.

소크라테스 그래도 신체를 사용하는 쪽이라는 점만큼은 자네가 말할 수 있네.

알키비아데스 예.

소크라테스 그러니까 말이야 영혼 말고 다른 무엇이 그것을 사용하겠나? 130a

알키비아데스 다른 것이 아니라 영혼이 사용하죠.

소크라테스 영혼이 다스리면서겠지?

알키비아데스 예.

소크라테스 그리고 적어도 다음과 같은 점만큼은 누구도 달리 생각하지 않을 걸세.

알키비아데스 어떤 것이죠?

소크라테스 사람은 적어도 셋 중에 하나가 아니겠는가 하는 것이지.

알키비아데스 어떤 것들 말씀인가요?

소크라테스 영혼, 신체, 그리고 이 둘이 합쳐진 전체 말일세.

알키비아데스 물론입니다.

b 소크라테스 하지만 신체를 다스리는 것은 바로 인간이라는 데는 우리가 동의했었지?

알키비아데스 동의했습니다.

소크라테스 그러면 신체가 바로 스스로를 다스리는가?

알키비아데스 전혀요.

소크라테스 그것은 다스려진다고 우리가 말하기 때문일세.

알키비아데스 예.

소크라테스 그러니 이것만큼은 우리가 찾고 있는 것이 아니군.

알키비아데스 아닌 듯합니다.

소크라테스 그렇기 때문에 둘이 합쳐진 것이 신체를 다스리며, 이것이 사람인 것인가?

알키비아데스 아무래도 그런 것 같습니다만.

소크라테스 무엇보다도 그것은 아닐 걸세. 어느 한쪽이 다스림에 참여하지 않는다면, 둘이 합쳐진 것이 다스릴 방도는 전혀 없을 테니까.

알키비아데스 옳은 말씀이십니다.

c 소크라테스 사람은 신체도, 둘이 합쳐진 것도 아니니, 내 생각에

는 아무것도 아닌 것이거나, 그것이 무엇이기는 하다면 영혼 말고 다른 게 결코 아니라는 결론이 남는군.

알키비아데스 바로 그렇습니다.

소크라테스 그러니 영혼이 사람이라는 것에 관해 이 이상 분명하게 자네에게 논증할 필요가 아직도 있겠는가?

알키비아데스 제우스께 맹세코, 필요 없고, 제게는 충분해 보입니다.

소크라테스 정확하게는 아니더라도 적당하게 되었다면, 우리한테는 만족스럽네. 많은 고찰이 필요한 탓에 방금 전에 우리가 지나쳐 간 것[186]을 찾아낸다면, 우리는 정확하게 알게 될 걸세.

알키비아데스 그것이 뭐지요? d

소크라테스 좀 전에* 대략 이야기하기를, 자체 그 자체를 맨 먼저 살펴보아야 한다고 했네. 그런데 지금껏 우리는 자체 그 자체[187] 대신에 각각의 것 자체[188]가 무엇인지를 살펴보아 왔네. 그리고 아마 그것은 만족스러울 것이네. 아마 우리는 영혼보다 더 우리 자신을 주도하는 것은 없다고 말할 것이기 때문일세.

알키비아데스 그건 그렇습니다.

소크라테스 그러면 나와 자네가 말을 사용해서 서로 사귈 때, 영혼이 영혼을 상대로 한다고 믿는 것이 좋지 않겠는가?

* 앞의 129b 내용 참고.

알키비아데스 물론입니다.

e 소크라테스 그러고 보니 이건 조금 전에도 우리가 말했던 것이군.[189] 소크라테스가 알키비아데스와 말을 사용해서 대화를 나눌 때, (내가 보기에는) 자네 얼굴을 상대로 해서가 아니라 알키비아데스를 상대로 해서 말을 한다고 말이지. 그런데 이 알키비아데스가 영혼일세.

알키비아데스 제가 보기에 그런 것 같습니다.

소크라테스 그러니 자신을 알라고 명하는 자는 우리에게 영혼을 알라고 시키는 걸세.

131a 알키비아데스 그런 것 같습니다.

소크라테스 그러니 신체에 속하는 것들 중에 무엇인가를 아는 사람은 자신에 속하는 것들을 아는 사람이지, 자신을 아는 사람은 아닐세.

알키비아데스 그렇습니다.

소크라테스 그러니 어떤 의사도, 의사인 한에서는, 자신을 알지 못하고, 어떤 체육 교사도, 체육 교사인 한에서는, 자신을 알지 못하네.

알키비아데스 그런 것 같습니다.

소크라테스 그러니 농부들과 그 밖의 다른 장인들은 자신을 아는 것과는 아주 거리가 먼 사람들일세. 왜냐하면 적어도 이들은 자신에 속하는 것들도 모르는 듯하고, 그들이 갖고 있는 기술의 측면에서만 보자면 자신에 속하는 것들보다 훨씬 떨어져 있는 것들을 알 뿐이기 때문이네. 왜냐하면 그들이 아는 것은 신체에 속하는 것들인데, 그것들은 신체가 보살핌을 받는 데 수단이 되는 것일 뿐이기 때문일세. b

알키비아데스 맞는 말씀이십니다.

소크라테스 그러니 자신을 아는 것이 절제[190]라면, 이들 중 누구도 자신의 기술에 의해 절제 있는 것은 아닐 걸세.

알키비아데스 아닌 것으로 제게 보이네요.

소크라테스 이 기술들은 비천한 손재간[191]이지 훌륭한 사람의 배움이 아니라고 사람들이 여기는 이유가 바로 이런 것들일세.

알키비아데스 물론입니다.

소크라테스 그런가 하면 신체를 보살피는 사람은 누구든 자신에 속하는 것들을 보살피는 것이지 자신을 보살피는 것은 아니지 않는가?

알키비아데스 그럴 것 같네요.

소크라테스 그런데 돈을 보살피는 사람은 자신도 자신에 속하는 것들도 보살피는 것이 아니고, 자신에 속하는 것들보다 훨씬 동떨어져 있는 것들을 보살피는 것이 아닌가?

알키비아데스 제게는 그렇게 보입니다. c

소크라테스 그러니 결국 돈을 버는 사람은 자신에 속하는 것들을 행하는 사람이 아니군.

알키비아데스 옳은 말씀입니다.

소크라테스 그러니 누가 알키비아데스의 육체[192]를 사랑하는 자가 되었다면, 알키비아데스를 사랑하게 된 것이 아니라 알키비아데스에 속하는 어떤 것을 사랑하게 된 걸세.

알키비아데스 맞는 말씀이십니다.

소크라테스 그런데 자네를 사랑하는 자는 누구든 자네의 영혼을 사랑하는가?

알키비아데스 그것은 우리의 말로부터 필연적으로 나오는 결론으로 보입니다.

소크라테스 그러면 자네의 육체를 사랑하는 자는 그것이 시들면[193] 떠나가 버리지 않겠나?

소크라테스 그렇게 보입니다.

d 소크라테스 영혼을 사랑하는 사람이야 그것이 더 나은 쪽으로 가는 한은 떠나지 않겠지?

알키비아데스 그럴 것 같습니다.

소크라테스 그렇다면 나는 떠나는 사람이 아니라, 자네의 육체가 시들어서 다른 사람이 떠나더라도 곁에 남는 사람일세.

알키비아데스 잘하시는 겁니다, 소크라테스 선생님. 떠나지 마세요.

소크라테스 그러니 영혼이 최대한 아름다울 수 있도록 분발하게.

알키비아데스 분발하고말고요.

소크라테스 자네 상황은 이렇다네. 클레이니아스의 아들 알키비아데스한테는 그를 사랑하는 자가 과거에도 현재도 딱 한 사람만 있는 듯하니, 그가 아낄 만한[194] 이 사람, 소프로니스코스와 파이나레테의 아들인 소크라테스이다.[195] e

알키비아데스 맞습니다.

소크라테스 자네가 말하기를 나는 자네보다 조금 앞질러* 자네에게 다가갔을 뿐이라고 하지 않았는가? 내가 안 그랬더라면, 무슨 이유로 나만이 떠나지 않는지를 알고 싶어 자네가 먼저 나에게 다가왔을 것이라고 했지.

알키비아데스 그랬죠.

소크라테스 그러니까 이게 그 이유일세. 나만이 자네를 사랑하는 자였고, 다른 사람들은 자네의 것들을 사랑하는 자였다란 걸세. 자네의 것들은 좋은 시절이 가고 있지만 자네는 꽃피기 시작하네. 지금도 나는, 자네가 아테네 민중에 의해 망쳐지고 더 흉하게 되지만 않는다면, 자네를 팽개치지 않을 것이네. 사실 내가 가장 걱정하는 것은 그걸세. 자네가 민중의 애인[196]이 되어서 망가지지나 않을까 하는 것이지. 아테네 사람들 중 많은 훌륭한 사람이 그와 같은 일을 당했으니 하는 말일세. "기상이 늠름한 에렉테우스의 민중"[197]은 얼굴이 잘생겼으니까. 하지만 그들의 벗 132a

* 104d에서 한 말을 두고 하는 말이다.

은 모습을 보아야 하네. 그러니 내가 이르는 신중함을 신중히 생각해 주게.

알키비아데스 어떤 것인데요?

b 소크라테스 속 편한 친구, 나랏일[198]에 나서기 위해서 배워야 할 것들을 먼저 배우고 익히되, 그러기 전에는 나서지 말게. 끔찍한 꼴을 겪지 않으려면 해독제를 가지고 나서야 하니 말이야.

알키비아데스 좋은 말씀이라 생각합니다, 소크라테스 선생님. 하지만 어떤 방법으로 우리 자신을 돌볼 수 있을지를 풀어서 설명해 주십시오.

소크라테스 그러니까 우리는 다음과 같은 정도까지는 진전을 보았네. 우리가 무엇인지에 대하여 적절하게* 합의를 보았다는 말이지. 우리는 이것을** 놓치고 우리도 모르는 사이에 우리 자신이 아니라 다른 어떤 것을 돌보지나 않을까 걱정했었네.***

알키비아데스 그렇습니다.

c 소크라테스 그리고 바로 그다음으로 합의 본 것은 영혼을 돌봐야 하고 그것을 들여다봐야 한다는 것이었네.

* 130c의 '적당하게'를 연상시키는 말이다.

** 우리가 무엇인지에 대하여 합의를 본 사항. 앞의 논의에서 영혼이라고 합의를 보았다.

*** 128a에서 한 걱정이다.

알키비아데스 분명합니다.

소크라테스 신체와 돈에 대한 돌봄은 다른 이들에게 넘겨야 하고.*

알키비아데스 물론입니다.

소크라테스 그러면 우리가 그것을[199] 어떤 방법으로 가장 확연하게** 알 수 있을까? 이것을[200] 알고 나면 우리 자신도 알 수 있을 것 같네. 그러고 보니, 신들께 맹세코, 우리는 좀 전에*** 생각해 봤던 델피의 글귀가 알려 주는 좋은 말을 이해하지 못하고 있는 것은 아닌가?

알키비아데스 무엇을 생각하시고 하시는 말씀인가요, 소크라테스 선생님?

소크라테스 나는 그 글귀의 의미이자 그 글귀가 우리에게 하는 조언이라고 내가 추측하는 것 정도를 자네에게 말하고자 하네. 그것****의 사례는 어디서나 볼 수 있는 게 아니고, 시각의 경우에만 있는 듯하네. d

알키비아데스 그게 무슨 말씀이십니까?

* 이것 역시 합의된 사항이다.

** 130c의 '정확하게'를 연상시키는 표현이다.

*** 124b1, 129a2.

**** 델피의 글귀.

소크라테스 자네도 살펴보게. 만약 그 글귀가 사람에게처럼 우리의 눈에게 '너 자신을 보라'고 조언한다면, 무엇을 충고한다고 우리는 이해하겠는가? 눈이 그것을 보게 되면 자신을 보게 되어 있는 것을 보라는 것 아니겠는가?

알키비아데스 분명합니다.

소크라테스 그러면 있는 것들 중에 무엇을 들여다보면 우리는 e 그것과 우리 자신을 동시에 볼 수 있겠는지 곰곰이 생각해 볼까?

알키비아데스 '거울과 그 비슷한 것들을 들여다봐서'인 게 분명합니다, 소크라테스 선생님.

소크라테스 옳은 말일세. 그러면 우리가 보는 수단으로 삼는 눈에도 그와 비슷한 뭔가가 있지 않겠는가?

알키비아데스 물론입니다.

소크라테스 눈을 들여다보고 있는 사람의 얼굴이 마치 거울 속에처럼 맞은편 사람의 눈동자[201] 안에 나타난다는 사실을 곰곰이 133a 생각해 본 적이 있는가? 그것은 들여다보는 사람의 영상이라서 우리는 그것을 눈부처[202]라고도 부르지.

알키비아데스 맞는 말씀이십니다.

소크라테스 그러니 눈은 눈을 보면서, 특히 눈의 가장 훌륭한 부분이자 눈이 보는 수단으로 삼는 바로 이것*을 들여다보면서, 자

* 눈동자.

기 자신을 볼 것일세.

알키비아데스 그런 듯합니다.

소크라테스 사람에 속하는 것이든 있는 것들 중 어느 것이든, 이 것과 닮은 것 말고 다른 것을 들여다봐서는 눈이 자신을 보지 못할 걸세.

알키비아데스 맞는 말씀이십니다. b

소크라테스 그러니 눈이 자신을 보려고 한다면, 눈을 들여다봐야 하고, 눈의 훌륭함이 나타나는 그 영역을 들여다봐야 하네. 이것이 눈동자겠지?

알키비아데스 그렇습니다.

소크라테스 친애하는 알키비아데스, 그러니 영혼도 자신을 알려면, 영혼을 들여다봐야 하고, 무엇보다도 영혼의 훌륭함, 즉 지혜가 나타나는 영혼의 이 영역을[203] 들여다봐야 하며, 또 이와 닮은 다른 것을 들여다봐야 하네.

알키비아데스 그럴 것 같습니다, 소크라테스 선생님.

소크라테스 그러면 영혼의 부분들 가운데 아는 것과 분별하는 것이 자리 잡고 있는 이것보다 더 신적인 것이 무엇인지를 우리가 말할 수 있을까? c

알키비아데스 말할 수 없습니다.

소크라테스 그러니 영혼의 부분인 이것이 신과 비슷하고, 어떤 사람이든 이것을 들여다봐서 신적인 것 전부, 즉 신과 분별을 알고 그렇게 해서 자기 자신도 가장 잘 알게 될 것이네.

알키비아데스 그런 듯합니다.

소크라테스 그러니 눈에 있는 반사물보다 거울이 더 분명하고 밝듯이, 그렇게 신도 우리의 영혼 속에 있는 가장 훌륭한 것보다 더 순수하고 더 밝겠지?

알키비아데스 소크라테스 선생님, 그런 듯합니다.

소크라테스 그러면 신을 들여다봄으로써 우리는 가장 아름다운 반사물을 사용할 수 있을 것이고, 인간적인 것들 중에서 영혼의 훌륭함을 들여다봄으로써 우리는 우리 자신을 가장 잘 보고 가장 잘 알 수 있을 것이네.[204]

소크라테스 그런데 자신을 아는 것이 절제라는 데 우리가 동의했지?

알키비아데스 물론입니다.

소크라테스 그러니 우리가 우리 자신도 모르고 절제 있는 것도 아니라면, 우리 자신에 속하는 우리의 나쁜 것들과 좋은 것들을 알 수 있겠는가?

알키비아데스 어찌 그런 일이 일어날 수 있겠습니까, 소크라테스 선생님?

d 소크라테스 아마 자네에게는 알키비아데스를 모르고서는 알키비아데스의 것들이 알키비아데스에게 속한다는 것을 알 수 없어 보이기 때문이겠군.

알키비아데스 물론, 제우스께 맹세코, 불가능해 보입니다.

소크라테스 그러니 우리가 우리 자신을 모른다면, 우리의 것들이 우리에게 속하는 것도 모르겠지?

알키비아데스 물론입니다.

소크라테스 그러니 우리의 것들을 모르면, 우리의 것들에 속하는 것들도 모르겠지?

알키비아데스 모를 것 같습니다.

소크라테스 그러니 어떤 사람들은 자기 자신을 모르면서 자신의 것은 아는가 하면, 심지어 또 다른 어떤 사람들은 자신의 것들에 속하는 것들까지 안다고 우리가 좀 전에 동의했을 때,* 그다지 옳게 동의한 것은 아닐세. 이 모든 것, 즉 자신, 자신의 것들, 자신의 것들에 속하는 것들을 간파하는 것은 동일한 한 사람의 한 가지 기술에 속하는 듯하기 때문일세. e

알키비아데스 그럴 것 같네요.

소크라테스 자신의 것들을 모르는 사람은 다른 사람들의 것들도 마찬가지로 모르리라고 보네.

알키비아데스 물론입니다.

소크라테스 그러면 다른 사람의 것들을 모른다면, 나라의 것들(나랏일)도 모를 걸세.

* 131a의 농부와 의사 및 체육 교사의 예.

알키비아데스 그럴 수밖에요.

소크라테스 그와 같은 사람은 정치가가 되지 못할 걸세.

알키비아데스 그건 그렇죠.

소크라테스 가장(家長)[205]조차 되지 못할 걸세.

134a 알키비아데스 그건 그렇죠.

소크라테스 그는 자기가 무엇을 행하는지도[206] 모를 걸세.

알키비아데스 모르겠지요.

소크라테스 알지 못하는 사람은 잘못하지 않겠는가?

알키비아데스 물론입니다.

소크라테스 잘못을 저지르면, 사적으로나 공적으로나 나쁘게 행동하지 않겠는가?

알키비아데스 왜 아니겠습니까?

소크라테스 나쁘게 행동하면, 비참해지지 않겠는가?

알키비아데스 대단히 비참해지겠지요.

소크라테스 이 사람의 행동으로부터 도움을 받는 사람들은 어떨까?

알키비아데스 그들도 비참하지요.

소크라테스 그러니 어떤 이가 절제 있지도 않고 훌륭하지도 않다면, 그는 행복할 수 없네.

b 알키비아데스 그렇죠.

소크라테스 그러니 사람들 중에 나쁜 이들은 비참하네.

알키비아데스 대단히 비참하지요.

소크라테스 그러니 부자가 된 사람이 비참함에서 벗어나는 게 아니라 절제를 얻은 사람이 그렇게 되네.

알키비아데스 그렇게 보입니다.

소크라테스 알키비아데스, 그러니 나라가 행복해지고자 한다면, 훌륭함 없이는 성벽도 삼단노 군선도 조선소도, 이런 것들의 많음과 큼도 소용없네.

알키비아데스 물론 소용없습니다.

소크라테스 그러니 자네가 나랏일을 정의롭고 아름답게 행하려면, 시민들에게 훌륭함을 나눠 주어야 하네. c

알키비아데스 물론입니다.

소크라테스 갖고 있지 않은 것을 누군들 나눠 줄 수 있겠는가?

알키비아데스 어떻게 그럴 수 있겠습니까?

소크라테스 그러니 자네 자신이든 다른 누구든, 사적으로 자신과 자신의 것들만 다스리고 돌보는 게 아니라 나라와 나라의 것들(나랏일)까지 다스리고 돌보고자 하는 사람은 우선 훌륭함부터 갖추어야 하네.

알키비아데스 맞는 말씀이십니다.

소크라테스 그러니 자네가 자네 자신과 나라에 갖추어 주어야 할 것은 원하는 것이면 무엇이든 할 수 있는 자유와 권력[207]이 아니라 정의와 절제일세.

알키비아데스 그런 듯합니다.

d 소크라테스 정의롭고 절제 있게 행동하면, 자네도 나라도 신들의 마음에 들게 행동하게 될 것일세.

알키비아데스 그럴 것 같습니다.

소크라테스 또한 자네들*은 앞에서 우리가 이야기했던 것처럼 신적이고 밝은 것을 들여다보면서** 행동할 것일세.

알키비아데스 그렇겠지요.

소크라테스 어쨌거나 그쪽을 들여다보면, 자네들 자신과 자네들의 훌륭한 것들을 파악하고 알 수 있을 것이네.

알키비아데스 예.

소크라테스 그러니 자네들은 옳고 훌륭하게 행동하게 되지 않겠나?

알키비아데스 예.

e 소크라테스 아무튼 나는 이렇게 행동하면 자네들이 진정으로 행복해지리라는 보증을 설 용의가 있네.

알키비아데스 그럼요, 선생님은 든든한 보증인이시죠.

소크라테스 하지만 신적이지 않고 어두운 것을 들여다보면서 정

* 앞에 나온 '자네도 나라도'를 '자네들'로 바꿔 부르고 있다.

** 이 구절은 정확하게는 앞의 133c8~13을 가리키고 있다고 볼 수 있으나, 그 구절은 후대에 삽입된 것으로 보이기 때문에, 이 구절은 느슨하게 133c4~6을 가리킨다고 볼 수 있다.

의롭지 못하게 행동할 경우에는, 자네들은 자네들 자신을 모르고서 이것들*과 닮은 것들을 행하기 십상이네.

알키비아데스 그럴 것 같습니다.

소크라테스 친애하는 알키비아데스, 원하는 것은 무엇이든 할 수 있는 자유는 있으면서 정신[208]은 갖추지 못한 개인과 나라에 생기기 십상인 결과가 무엇이겠는가? 예컨대 원하는 것은 무엇이든 할 수 있는 자유를 가졌으나 의사의 정신은 갖고 있지 않은 병자에게, 즉 누구도 그를 책망하지 못할 정도로 폭군 행세를 하는 병자에게 생기는 결과가 무엇이겠는가? 몸을 망치기 십상 아닌가? 135a

알키비아데스 맞는 말씀이십니다.

소크라테스 배의 경우에는 어떤가? 만약 좋아 보이는 것은 무엇이든 할 수 있는 자유는 있으나 선장의 정신과 훌륭함은 결여하고 있는 자가 있을 때, 그 자신과 그의 동료인 뱃사람들에게 어떤 결과들이 생길지 자네는 알겠는가?

알키비아데스 저는 알겠습니다. 모두 죽겠군요.

소크라테스 그러면 같은 식으로 나라와 온갖 권력과 자유가 훌륭함을 방기할 경우에는 나쁘게 행동한다는 것이 뒤따르지 않겠나? b

알키비아데스 그럴 수밖에 없습니다.

* 신적이지 않고 어두운 것.

소크라테스 그러니 더없이 훌륭한 알키비아데스, 자네들이 행복해지려고 한다면, 자신한테도 나라한테도 폭군의 권력이 아니라 훌륭함을 마련해 주어야 하네.

알키비아데스 맞는 말씀이십니다.

소크라테스 훌륭함을 갖기 전이라면 아이들만 아니라 어른이라도 더 나은 자에 의해 다스림을 받는 것이 다스리는 것보다 더 좋네.

알키비아데스 그런 듯합니다.

소크라테스 더 좋은 것이 더 아름답지 않은가?

알키비아데스 예.

소크라테스 더 아름다운 것이 더 적합하겠지?

알키비아데스 물론입니다.

c 소크라테스 그러니 나쁜 자는 노예 노릇을 하는 것이 적합하네. 그게 더 좋으니까.

알키비아데스 예.

소크라테스 나쁨은 노예에게 적합한 것일세.

알키비아데스 그리 보입니다.

소크라테스 훌륭함은 자유인에게 적합한 것일세.

알키비아데스 예.

소크라테스 여보게, 노예에게 적합한 것은 피해야 하지 않겠나?

알키비아데스 무엇보다도요, 소크라테스 선생님.

소크라테스 그런데 이제 자네의 상태가 어떤지 깨닫겠는가? 자유인에게 적합한가, 아닌가?

알키비아데스 자유인에게 적합한 상태가 못 된다는 것을 아주 절실하게 깨달은 것 같습니다.

소크라테스 그러면 자네가 처한 현재의 이 상태를 어떻게 벗어날 수 있을지를 알겠는가? 아름다운 사람과 관련된 경우이니, 굳이 그 명칭을 밝히지는 마세.

알키비아데스 저는 어떻게 벗어날 수 있을지 알겠습니다. d

소크라테스 어떻게지?

알키비아데스 선생님이 원하신다면, 그렇게 되겠지요, 소크라테스 선생님.

소크라테스 아름답게 한 말이 아닐세, 알키비아데스.

알키비아데스 아니면 어떻게 말해야 합니까?

소크라테스 '신이 승낙하신다면'이라고 해야지.

알키비아데스 그럼 그렇게 말하겠습니다. 하지만 이것들에 더해서 다음과 같은 말도 하렵니다. 소크라테스 선생님, 우리는 모습을 바꿀 겁니다. 저는 선생님의 것으로 선생님은 제 것으로. 오늘부터는 제가 선생님의 종복 노릇을 하지 않을 도리가 없고, 선생님은 종복인 저의 봉사를 받지 않을 도리가 없으니까요.[209]

소크라테스 고귀한 친구, 만일 자네에게 날개 달린 사랑이란 알을 낳고 나서 다시 그것에 의해 돌봄을 받는다면, 나의 사랑은 황새와 다르지 않을 것이네.[210] e

알키비아데스　하지만 사실이 그렇고, 이제부터 저는 정의를 돌보기 시작할 것입니다.

소크라테스　나는 자네가 그 일을 계속했으면 하네. 하지만 자네의 자질이 못 미더워서가 아니라, 나라의 위세를 보니 나와 자네가 나라의 다스림을 받는 처지가 되지 않을까 우려되네.

주석 I

1 **클레이니아스의 아들이여** : 알키비아데스를 가리킨다. 고대 그리스에서는 아버지가 누구냐 또는 출신지가 어디냐를 가지고 그 사람의 정체를 드러내곤 했다. 지금의 경우는 아버지 클레이니아스의 자식이라는 것을 통해 알키비아데스의 정체를 드러내고 있다.

2 **사랑한** : 사랑(erōs)과 동근어인 'erastēs'를 옮긴 말이다. 원래는 명사이기 때문에 '사랑하는 자'로 옮겨야 하지만 번역의 편의상 형용사처럼 옮겼다. 'erastēs'는 'paidika'라고 불리는 소년 애인을 쫓아다니는 장년의 남성 구애자를 일컫는다. 'paidika'는 'erōmenos'라고 표현되기도 하는데, 이때의 'erōmenos'는 수동형 표현이다. 이런 점을 고려할 때 'erastēs'는 능동적으로 사랑을 '하는' 사람이라고 할 수 있고, 'paidika'는 수동적으로 사랑을 '받는' 사람을 가리킨다. 이는 이때의 사랑이 쌍방 관계가 아니라 일방 관계에서 성립하는 것임을 뜻한다. 이에 반해 또 다른 종류의 사랑인 'philia'는 서로 좋아하는 상호성을 함의한다. 'philia'는 우정, 친애 등을 뜻하는데, 그리스에서는 호메로스 이후 나라(polis)가 형성되면서 정치적인 맥락에서 사용되기도 한다. 본 대화편에서는 'erōs'와 구별하기 위해 'philia'를 '좋아함'으로 옮겼다.

3 **나만은 그 사랑을** : 원래 'erastēs sou genomenos'가 이중으로 걸리는 구문인데, 지금의 대목을 직역하면 '나만은 자네를 사랑하는 자가 되는 걸'로 옮길 수 있지만, 간명한 번역을 택하기로 한다. 104c5에서 '사랑을 (놓는다)'는 표현이 사용된 것을 염두에 두고 번역했다.

4 **놀라고 있다** : 'thaumazein'을 옮긴 말이다. 플라톤은 『테아이테토스(Theaitētos)』 155d에서 'thaumazein'이 철학의 단초(archē)라고 말하고 있고, 아리스토텔레스 역시 『형이상학(Metaphysica)』 982b11~21에서 같은 논조의 입장을 밝히고 있다. 알키비아데스의 놀라움은 소크라테스를 두고 일어난 것인데, 이것을 철학적 문제의식으로 전환하려는 것이 소크라테스의 의도라고 할 수 있다.

5 **신령스러운 가로막음** : 'daimonion enantiōma'를 옮긴 말이다. 『소크라테스의 변론(Apologia Sōkratous)』 31d에서는 'daimonion'을 두고 이렇게 말하고 있다. "제게는 이것[영적인 것 : 인용자 삽입]이 소싯적부터 시작된 것이며, 일종의 소리로서 나타나는 것인데, 이것이 나타날 때는, 언제나 제가 하려고 하는 일을 하지 말도록 말리지, 결코 적극적인 권유를 하는 일은 없습니다."[박종현(2003)]. 이를 보면 'daimonion'의 일차적인 작용 방식은 적극적이라기보다 소극적이라고 할 수 있다. 하려고 하는 일이 잘못된 것일 경우 '가로막는' 방식으로 나타나기 때문이다. '가로막는' 방식으로 작용하는 사례는 『소크라테스의 변론』 31d3~4, 40a4~6, 40c2~3에서도 볼 수 있다. 그러나 'daimonion'이 가로막지 않는 것을 두고 오히려 적극적인 권유를 하는 것으로 소크라테스가 해석해 내는 경우도 있다(『소크라테스의 변론』 40b~c, 『테아이테토스』 151a, 『테아게스(Theagēs)』 128d~131a). 이 밖에도 플라톤 텍스트에서 'daimonion'이 등장하는 대목을 볼 수 있다[『소크라테스의 변론』 41d6, 『에우튀프론(Euthyphrōn)』 3b5~7, 『에우튀데모스(Euthydēmos)』 272e4, 『국가(Politeia)』 VI. 496c4, 『파이드로스(Phaidros)』 242b8~9, 242c2].

6 **힘** : 이 대화편에서 '힘(dynamis)'은 소크라테스와 알키비아데스를 대비하는 중요한 낱말이다. 알키비아데스가 내세우는 힘은 육체의 외모나

재산 또는 혈연적인 배경과 정치적인 배경 등의 외면적인 것인 반면, 소크라테스는 내면적인 영혼의 힘을 강조하고 있다. 그런데 외면적인 힘과 내면적인 힘 가운데 어떤 힘을 가진 자가 정치에 관여할 만한 자인지가 본 대화편에서 거론되는 핵심적인 주제 가운데 하나라는 점에서 이 같은 차이를 인식하는 것은 중요하다.

7 **낙관하고 있네** : '낙관하다'는 'euelpis'를 옮긴 말이다. 104e3~106a1를 보면, 소크라테스는 그동안 '신령스러운 가로막음'이 알키비아데스와 대화를 나누는 것을 가로막은 이유, 그리고 이 시점에서 대화를 허락한 이유를 합리적 관점에서 해석하고 있다. 따라서 여기서 소크라테스가 품고 있는 낙관에는 합리적인 측면이 있다고 볼 수 있다.

8 **기세가 당당하긴** : '기세가 당당하다'는 'megalophronein'을 옮긴 것인데, 이 낱말은 어원적으로는 '큰 마음을 가진다'는 것을 뜻한다. 그래서 자신과 관련해서는 '자신을 크게 생각하다'로, 대상과 관련해서는 '대단한 것을 생각한다'는 것을 뜻하게 된다. 그리하여 좀 더 구체적으로는 긍정적인 의미일 경우 '자부심을 가지다' 내지 '기개가 드높다'는 뜻을, 부정적인 의미일 경우에는 '거만하다' 내지 '기세등등하다' 등의 의미를 가질 수 있다. 바로 뒤의 '기세(phronēma)'와 그다음 문장의 '기고만장하다(hyperphronein)'는 모두 같은 뿌리에서 나온 말이다.

9 **나라** : '나라'는 'polis'를 옮긴 말이다. 'polis'는 '도시', '도시국가' 등으로 옮기기도 하지만, 우리는 박종현의 번역어를 따라 '나라'로 옮긴다[박종현(2005), 41~42쪽]. 그리고 '그리스'는 원래 고대 명칭으로는 '헬라스'(Hellas)이다. 서북부 헬라스에 살고 있던 'Graikoi' 족이 살던 곳을 로마인들이 'Graecia'라고 불렀고, 이것이 영어로 전해져 'Greece'로 굳어진 것이다[박종현(2001), 7~9쪽]. 따라서 여기서 '그리스'라고 하는 것이 하나의 국가(state)가 아니라는 것을 염두에 둘 필요가 있다.

10 **자네는 자기 자신이 그리스에서 가장 큰 나라인 자네 나라에서 가장 잘나가는 가문 출신이라고 믿고 있네** : 그의 모친 데이노마케와 그의 후견인 페리클레스는 유력한 '알크마이온 가문(Alkmaionidai)'의 일원이었다. 알

키비아데스의 모친인 데이노마케의 조부는 바로 아테네 민주정을 확립한 클레이스테네스였다.

11 **더없이 훌륭한** : 이 말은 'aristoi'를 옮긴 말로, '훌륭한' 내지 '좋은'을 의미하는 'agathos'의 최상급 형태이다. 이 대화편에서 중요한 주제어 가운데 하나이다. 어떤 이들이, 그리고 어떤 삶을 사는 이들이 가장 훌륭한 사람인가가 대화편의 한 주제이기 때문이다. 가문의 권세에 의지하고 있는 알키비아데스한테 'aristoi'는 실상 귀족을 가리킨다. 그리고 이런 의미의 사용이 당대에도 일반적이었다고 할 수 있다. 반면에 극중의 소크라테스는 역사적 함의를 담고 있는 '귀족'의 의미보다는 말 그대로의 '가장 훌륭한 자'가 무엇인지를 묻는다.

12 **페리클레스** : 기원전 460년경부터 사망 시기인 기원전 429년까지 아테네를 주도한 정치가이다. 알키비아데스의 부친 클레이니아스가 기원전 447년 코로네이아(Korōneia) 전투에서 사망하자, 그는 알키비아데스의 후견인이 되었다.

13 **동생** : 'adelphos'를 이렇게 옮겼다. 'adelphos'는 단순히 형제를 뜻하기 때문에 이 말만 가지고는 둘 중 누가 손윗사람인지를 알 수 없으나, 『프로타고라스(Prōtagoras)』 320a를 보면 알키비아데스보다 나이 어린 동생으로 묘사되고 있다.

14 **후견인** : 페리클레스 이외에 페리클레스의 형제인 아리프론(Ariphrōn)도 알키비아데스의 후견인이었다.

15 **생각을 품고 있길래** : '생각을 품다'는 'dianoesthai'를 옮긴 말이다. 생각이나 뜻 또는 의도를 품는 것을 의미한다. 명사는 'dianoia'이다. 이 낱말도 본 대화편의 핵심 용어 가운데 하나이다.

16 **희망** : 'elpis'를 옮긴 말이다. 앞의 103b1에서는 소크라테스의 희망을 표기하는 말로 이미 '낙관하다(euelpis)'가 등장했다. 여기서 희망으로 옮긴 'elpis'는 알키비아데스의 경우엔 야망으로 옮길 수도 있지만, 소크라테스의 희망과 대비되는 측면을 살리기 위해 일관되게 '희망'으로 옮겼다. 대화편 내에서 'elpis'는 여러 층위에서 사용되고 있다. 우선 소

크라테스가 알키비아데스와 사랑을 지속하는 이유의 차원에서 제시된다(이를테면 104c6이 그렇다). 알키비아데스는 소크라테스의 희망을 동성애 차원에서 이해하는 반면, 소크라테스 자신은 지성적 교제 차원에서 이해하기 때문에, 두 대화자는 'elpis'와 관련해서 대립된 길을 걷고 있다. 둘째로 'elpis'는 정치에 입문하려는 알키비아데스의 포부 내지 야망의 차원에서 사용된다. 이 대화편은 이 같은 알키비아데스의 희망(야망)이 잘못된 것임을 밝히는 데 목적이 있다. 이런 점에서 어떤 희망을 가지고 삶에 임하는 것이 옳은가 하는 문제가 이 대화편에서 주제화되고 있다고 볼 수 있다.

17 **애를 태우며** : 'epimelestata'에 대한 의역이다. 이 낱말은 'epimelēs'의 최상급으로 최대한의 관심과 노력을 기울이는 상태를 가리키는 부사어이다. 이 낱말의 동사형인 'epimeleisthai'와 명사형인 'epimeleia'는 본 대화편의 중반부 이후 자주 사용된다. 본 대화편은 '너 자신을 알라'는 경구의 의미가 단순히 인식론적인 맥락의 자기 인식에 국한되는 것이 아니라 도덕 및 심리적 맥락에서 '자신에 대한 돌봄(epimeleia tou heautou)'이란 차원에서 이해되어야 함을 보여 주고 있다. 이런 점에서 'epimeleia'는 본 대화편의 가장 핵심적인 주제어로 볼 수 있다.

18 **내가 어렵게 말문을 뗀 것처럼 말을 멈출 때 역시 그처럼 어려워한다 해도 놀랄 일은 아닐 거야** : 소크라테스는 평소에 논의를 좋아하는 자신의 면모를 통해 지금의 논의가 짧게 끝날 성격의 것이 아님을 암시하고 있다(소크라테스가 자신을 두고 '논의를 좋아하는 이'로 밝히는 대목은 『테아이테토스』 146a 참고). 반대로 알키비아데스를 인내심을 가지고 들으려는 자로 보고 논의하겠다는 말은 알키비아데스가 성마른 성격임을 염두에 두고 한 말이다.

19 **그것 참** : 'Ōgathe'를 옮긴 것이다. 문자 그대로는 '훌륭하신 분이시여'로 옮길 수 있지만, 영어의 'good, sir'라는 표현이 그렇듯 비난이나 조롱의 의미를 함의할 때가 있다. 여기서는 소크라테스가 곧바로 말문을 열지 않고 다른 말을 하는 것에 대해 '성마른' 알키비아데스가 불만을

표출하는 대목으로 보고 의역했다.

20 **뻣뻣하게 구는 사내** : 직역하면 '자기를 사랑하는 이들에게 굽히지 않는 사내'라고 옮길 수 있다. 그런데 여기서 '사내'라고 옮긴 'anēr'가 일반적으로 성인(成人)에 대해 사용되었다는 점을 고려하면 극중의 알키비아데스는 이미 십대를 지난 나이임을 짐작할 수 있다. 106c 이하를 보면 알키비아데스는 시민들 앞에서 연설하기 위해 연단에 오르려고 하고 있는데, 그런 연설을 할 수 있는 자격은 시민권을 얻은 후에 가능했다는 것을 고려할 때 알키비아데스의 극중 나이는 만 20세 직전이었음이 분명하다. 물론 형식적으로는 18세가 되면 아테네 시민이 되기는 하나, 그때부터 만 20세가 될 때까지 'ephēbos'가 되어 본격적인 군사 훈련을 받아야 했고, 그것이 끝난 후에야 실질적으로 시민의 권리를 행사할 수 있었기 때문이다.

21 **방금 내가 거론한 것들** : 미모, 친인척, 부와 같은 알키비아데스의 외적인 자산, 즉 외적인 힘을 가리킨다.

22 **다짐만큼은 하고 있네** : 알키비아데스가 지닌 매력 때문에 사랑을 놓는 게 쉬운 일이 아니라서 이런 말을 하는 것이리라.

23 **자네 자신을 상대로 해서** : 일상적인 의미로는 '면전에서'라고 옮길 수 있다. 대화편의 주제가 자기 자신을 찾는 것이므로 이 측면을 강조하기 위해 '자네 자신을 상대로 해서'라고 직역했다. 대화편 후반부에서 진정한 자기는 바로 자신의 영혼(psychē)으로 밝혀진다.

24 **어떤 신** : 이어지는 설명, 특히 105e를 보면 이 신은 103a의 'daimonion'을 가리키는 것이 분명하다.

25 **민중** : 'dēmos'를 옮긴 말이다. 일차적으로는 민회에 모인 사람들을 가리키며, 더 나아가 민중의 모임, 즉 민회를 가리키기도 한다.

26 **자네는 며칠 지나지 않아 자신이 아테네 민중 앞에 나서게 될 것으로 믿고 있네** : 원문의 풀이표를 빼고 번역하기 위해 의미의 손상을 가져오지 않는 한도 내에서 어순을 바꾸었다. 앞으로 드러나겠지만 여기서 민중 앞에 나선다는 것은 민중 앞에서 연설을 하기 위해 연단에 오른다는 것을

뜻한다.

27 영예를 … 받을 만하다 : 'timasthai'를 옮긴 것이다. 영예 내지 명예, 즉 'timē'를 중시하는 가치관은 호메로스 이래의 전통이다. 이와 관련된 배경은 「작품 안내 I」을 참조할 것.

28 아시아 : 소아시아를 가리킨다.

29 퀴로스나 크세륵세스 : 퀴로스와 크세륵세스는 페르시아의 왕들이다. 퀴로스는 페르시아 제국을 세운 이로 기원전 559년에서 529년까지 통치했고, 크세륵세스는 기원전 486년에서 465년까지 통치했다. 특히 크세륵세스는 2차 페르시아 전쟁을 일으킨 인물이다.

30 "아니, 소크라테스 선생님, 이게 선생님의 이야깃거리와 무슨 상관이 있습니까?" : 사본에는 이 문장 말고 그에 덧붙어 있는 문장이 있다. 그 문장을 포함해서 옮기면 다음과 같이 옮길 수 있다. "아니, 소크라테스 선생님, 뭣 때문에 저를 놓지 않는지 그걸 얘기하겠다고 하셨는데요, 그 이야기와 지금 말씀이 무슨 상관이 있습니까?" 이를 통해 본문 번역문상의 '이야깃거리'란 소크라테스가 알키비아데스를 왜 놓지 않는지 그 이유를 밝히는 것이라는 걸 알 수 있다. 그러나 그리스어 구문상의 연결이 자연스럽지 않기 때문에 거의 모든 학자들이 사본상에 덧붙어 있는 문장을 생략한다. 여기서도 이런 추세를 따른다.

31 자네가 마음에 품고 있는 이 모든 일을 나 없이 성취해 낸다는 건 불가능하다고 말이야 : 앞에서 소크라테스는 가상적인 문답을 제시하고, 이 곳에서는 'gar'로 시작해서 간접구문을 풀고 있다. 이는 알키비아데스의 가상적 질문에 대한 대답인 동시에 지금 현재 마주하고 있는 알키비아데스를 직접 겨냥해서 표현하고 싶은 말이기 때문일 것이다.

32 자네가 매달리고 있는 일 : 알키비아데스가 관심을 쏟는 일로 다름 아니라 정치를 뜻한다.

33 신께서 … 허락하지 않으신 것도 바로 이 때문이라고 믿고 있네 : 내용상 이 대목의 '신'이 103a의 '신령스러운 가로막음'을 가리킨다는 것을 쉽게 알 수 있다.

34 그처럼 나도 내가 절대적인 가치를 지닌 사람이라는 것을 … 희망을 품고 있기 때문이네 : 결국 소크라테스는 이 같은 희망 때문에 신께서 대화를 허락해 주실 날을 기다린 것이다.

35 물론 신의 도움이 있어야 … 자네와 대화하는 것을 신께서 허락하지 않으신 것 같네 : 소크라테스가 매달리고 있는 일이 철학인 만큼 알키비아데스가 어렸을 때 대화를 허용치 않았다는 것은 쉽게 이해할 수 있다. 그런데 알키비아데스가 정치적 야망을 품기 전에는 소크라테스가 말하는 철학의 힘에 관심을 둘 리 없었다는 건 무슨 말일까? 다시 말해 소크라테스는 알키비아데스가 지니고 있는 정치적 권력(힘)에 대한 관심사가 오히려 소크라테스, 즉 철학에 대한 관심으로 발전될 수 있다고 말하고 있다. 소크라테스는 자신을 통하지 않고는 알키비아데스가 열망하는 힘(권력)을 얻을 수 없다고 하고 있는데, 이는 후에 알키비아데스가 장군이 되어 아테네의 정권을 휘어잡았던 역사적 현실을 고려하면, 납득하기 어려운 대목으로 보일 수 있다. 그러나 삶에서 진정한 힘을 가져오는 것이 무엇인지, 그리고 올바른 정치적 실천이 무엇인지를 반성하고 나면, 소크라테스의 의도를 읽어 낼 수 있을 것 같다. 삶을 주도하는 진정한 힘이 앎(epistēmē)에 있으며 그런 앎을 토대로 한 정치만이 올바른 것이라고 본다면, 소크라테스의 발언은 정당화될 수 있다. 따라서 소크라테스의 언급은 삶과 정치에 대한 일정한 입장을 전제한 것이라고 볼 수 있다.

36 이상한 분 : '기인(奇人)'이라고 옮길 수도 있다. 플라톤의 『향연』 215a, 221d에서도 알키비아데스는 소크라테스의 이상함(atopia)을 언급하고 있다. 소크라테스의 생김새나 이상한 행태는 플라톤의 대화편뿐만 아니라 다른 이의 저술을 통해서도 전해지고 있다. 소크라테스가 들창코에 퉁방울눈을 지녔다는 것은 플라톤의 『테아이테토스』 143e, 그리고 크세노폰의 『향연(Symposion)』 5. 5~7에 언급되고 있다[크세노폰의 『향연』은 소크라테스가 올챙이배를 하고 있었다고 전하기도 한다(2. 19)]. 플라톤의 『향연』에서 알키비아데스는 이 같은 생김새를 염두에 두고 소크라테

스를 사튀로스(215b) 내지 실레노스(216d)에 빗대고 있기까지 하다. 그 밖에 헐어 빠진 겉옷만 입은 채(『프로타고라스』 335d) 맨발에(『파이드로스』 229a) 특유의 걸음걸이로 다녔다[아리스토파네스 『구름(Nephelai)』 362, 플라톤 『향연』 221d]는 이야기가 전해진다. 그러나 소크라테스가 당대 사람들한테 무엇보다 이상하게 보였을 것은 그가 펼친 특유의 대화술에 있다고 할 수 있을 것이다. 대화 상대자를 당혹(aporia)에 빠뜨리는 소크라테스의 면모를 두고 『메논(Menōn)』 80a에서는 '시끈가오리(narkē)'라고 빗대는 대목이 등장하며, 『국가』 337a에서는 트라쉬마코스가 소크라테스의 논법을 두고 '시치미떼기 술법(eirōneia)'이라고 비아냥거리는 대목이 등장하기도 한다.

37 **장황한 말** : 플라톤은 여러 대화편에서 소피스트 내지 당대의 웅변가(rhētōr)가 행하는 장황설(makrologia)에 대해 간결한 말(mikrologia)로 하는 자신의 대화술(dialektikē)을 대비하고 있다.

38 **자네가 품고 있다고 내가 말하는 그 생각을 자네가 실제로 품고 있다고 보고 물어봐도 되겠지?** : 106a4~7행에서 알키비아데스는 소크라테스가 자신이 품고 있는 생각에 대해 이미 판정을 내리고 있는 것 같다고 했다. 소크라테스는 그 말을 염두에 두고서, 자신이 알키비아데스의 생각으로 간주하는 것을 가지고 앞으로의 논의를 전개하겠다는 데 대해 동의를 얻어 내고 있는 것이다.

39 B 판본의 독법에 따라 'hoti' 다음의 'kai'를 생략했다. Proklos, Loeb 판, Budé 판이 그렇게 읽는다.

40 **자네가 아는 것들은 남들한테 배운 것 아니면 스스로 찾아낸 것뿐이지 않겠는가?** : 『메논』 80e에서는 쟁론적 논변(eristikos logos)이 소개되고 있는데, 이를 정리하면 다음과 같다. '사람은 자기가 알고 있는 것도, 모르고 있는 것도 탐구할 수 없다. 자기가 알고 있는 것은 이미 알고 있기에 탐구하지 않을 것이고, 모르고 있는 것은 자기가 탐구할 것이 무엇인지를 모르니까 역시 탐구하려고 하지 않을 것이다.' 탐구의 불가능성을 함의하는 이와 같은 딜레마 논증에 대해 『알키비아데스 I』은 남한테

배울 가능성과 스스로 찾아낼 가능성을 가지고 탐구의 가능성을 옹호하고 있다. 그러나 대화편 내에서 알키비아데스는 남한테 배운 적도 없고 스스로 찾아내지도 못한 자로 판명이 되며, 그 결과 배움이나 탐구를 하지 못한 이로 드러난다. 그렇지만 『알키비아데스 I』이 자기가 알지 못함을 안다는 것, 즉 무지의 지를 통해 스스로 찾아낼 단초를 쥐고 있다는 것은 시사하는 바가 크다.

41 그러면 현재 자네가 아는 것들에 대해 알지 못한다고 생각한 시기가 있었겠군? : '모른다'는 의식이 있어야 배우려는 동기가 성립된다는 것을 전제한 질문이다.

42 아울로스 연주 : 'aulos'는 고대 그리스의 관악기로 로마 시대에는 'tibia'라고 불렸다. 흔히 플루트로 오해하기도 하지만 플루트와는 달리 리드(reed)를 혀로 불어 소리를 내는 악기였다. 일반적으로 두 개를 함께 불었고 노래의 반주용으로 사용된다. 플루타르코스의 『영웅전(Bioi Parallēloi)』에 따르면 알키비아데스는 아울로스를 불 때 볼이 부풀어 오르는 모습이 흉하다고 여겨 아울로스를 배우지 않았다고 한다.

43 원래의 사본과 달리 107b8~10과 b11~c2의 순서를 뒤바꾸었다. 그렇게 해야 논의의 맥락이 자연스러워진다(Denyer도 그렇게 보고 있다). 앞의 논의에서 알키비아데스가 조언자로 나설 수 없는 분야를 언급한 뒤 그에 대한 이유를 'gar'로 제시하는 방식을 취하고 있듯이, 여기서도 건강 문제는 의사의 몫이라고 언급한 뒤 'gar' 구문에서 이유를 제시하는 것으로 보는 것이 합당하기 때문이다. 알키비아데스의 대답에서 'pōs gar ou(어찌 그렇지 않겠습니까?)'가 반복되는데, 아마 필사자들이 이 때문에 순서를 뒤바꿔 기록했을 가능성이 있다.

44 나랏일 : 직역하면 '나라에 속하는 것들'로 옮길 수 있다. 문맥에 따라 두 가지 번역어를 모두 사용했다.

45 더 좋은 : 여기서 '더 좋은'은 'ameinon'을 옮긴 것이고, 앞에서 '더 나은'은 'beltion'을 옮긴 것이다. 둘 다 'agathos(좋은)'의 비교급으로 별다른 의미 차이는 없지만, 원문이 다른 용어를 사용했기 때문에 번역에서도

구별하는 쪽을 택했다.

46 떨어져 싸워야 하는지 : '떨어져 싸우다'는 'akrocheirizesthai'를 옮긴 말이다. 이것은 '접근전을 펼치는 것(symplekesthai)'과 반대 방식으로 팔을 쭉 뻗고 거리를 두고 상대와 싸우는 것을 뜻한다.

47 춤을 추기도 : '춤을 추다'는 'bainein'을 옮긴 말이다. 정확히 말하면 박자에 맞추어 스텝을 밟는 것을 뜻한다.

48 신체 단련에 맞는 것 : 'gymnastikon'을 옮긴 것이다. 중립적인 의미는 '신체 단련에 속하는 것'이라고 할 수 있고, 확장된 의미로 '신체 단련에 좋은 것'이라고 이해할 수도 있다. 사실 다른 맥락이라면 그렇게 옮기는 것이 좋겠으나, 여기서는 레슬링에 있어서 '더 나은 것' 내지 '더 좋은 것'이 무엇이냐에 대한 답변으로 제시되고 있기에 동어반복을 피하는 번역어를 택할 수밖에 없었다.

49 '모든 경우에 옳은 것'을 대답으로 내놓은 것인데 : 앞에서 소크라테스는 문제의 대상이 해내는 일에 맞는 상태를 '더 나은 것'으로 설명하고 있다. 이때의 '더 나은 것'을 여기서는 '모든 경우에 옳은 것'으로 제시하고 있다. 철학적으로 아주 어려운 대목인데, 『국가』 I권에 제시되는 '기능'(ergon)의 관점을 적용하면, 다음과 같이 설명할 수 있을 것 같다. '더 나은 것'이란 임의적으로 설정되는 것이 아니라 문제의 대상이 가지고 있는 '기능'에 따라 규정된다. 즉 기능에 맞는(적합한) 상태가 여기서 '옳은 것'으로 표현된 것 같다. 다시 말해 한 대상의 옳은 상태는 그것의 기능을 기준으로 규정된다는 말이다. 그렇다면 '모든 경우에'라는 말은 왜 들어간 것일까? 앞의 논의를 보면 레슬링의 경우 '어떤 상대와 어느 때 얼마 동안 싸워야 하는가' 하는 물음이 제기되고 있다. '모든 경우에'는 개별적인 이런 물음들에 대해 하나하나씩 따로따로 접근하지 않고 통합적으로 접근할 것을 요구하는 한정어로 보인다. 다시 말해 개별적인 여러 상황이나 경우를 통합적으로 묶어 설명하는 개념으로 제시된 셈이다. 정리하자면, 소크라테스는 앞에서 '신체 단련에 맞는 것'이란 대답을 내놓았는데, 지금은 그 대답의 성격을 '모든 경우에 옳은 것'

을 제시한 것으로 풀고 있다. 우리의 해석이 맞는다면, 레슬링의 기능은 '신체 단련'이고, '신체 단련에 맞는 것'이란 '신체 단련과 관련된 모든 경우에 그 기능에 따른 옳은 상태'를 제시하고 있는 것이다. 결국 레슬링은 신체의 기능이 적절하게 실현되게 하는 기술로 제시되고 있다고 이해할 수 있겠고, 그 때문에 바로 이어지는 논의에서 레슬링은 '신체 단련술'로 규정된다.

50 기술 : 'technē'를 옮긴 말이다. 이 낱말이 라틴어로 'ars'로 옮겨져 영어의 'art'가 되었다. 이 낱말은 원래 뭔가를 만들어 내는 제작술을 가리키다가 외연이 확장되어 '기술' 전반을 포괄적으로 뜻하게 되었다. 그래서 이 낱말은 생산물을 만들어 내지 않는 분야에도 확장되어 사용된다. 그러니까 산술이나 기하학 같은 분야에도 적용되며, 이런 맥락에서 '학술'의 의미를 가지기도 한다. 총괄적으로는 어떤 목적을 실현하는 노하우를 뜻한다고 볼 수 있다. 우리말로는 '술(術)'이 가장 적합할지 모르겠으나, 여기서는 대표 번역어로 '기술'을 택하기로 한다.

51 훌륭하게 : 'kalōs'를 옮긴 말로, '아름답게' 또는 '멋진'으로도 옮길 수 있다. 지금의 언급은 알키비아데스의 아름다움(kalos)에 빗대어 한 표현이다(104a, 113b 참고).

52 무사 여신 : 'Mousa'(복수는 Mousai). 보통 영어로는 'Muse'라고 표현된다. 고대 그리스인들은 시를 시인 자신이 쓰는 것으로 보기보다 무사 여신이 시인을 통해 노래하는 것으로 보곤 했다. 이런 점에서 시와 관련된 기술을 관장하는 이로 무사 여신들을 끌어들이는 것은 당대에는 자연스러운 관념이었다.

53 시가 기법 : 시가 기법은 'mousikē'를 옮긴 말. 표현 자체에서 드러나듯이 'mousikē'는 무사(Mousa)에서 온 말이다.

54 어떤 방식으로 : 'pōs'를 옮긴 말이다. 이어지는 논의에서는 '방식'의 문제가 주제로 부각된다.

55 수치스러운 일 : 'aischron'을 옮긴 말이다. 이 낱말이 객관적인 사태에 대해 쓰일 때는 '추한 것'을 뜻하기도 한다.

56 Budé 판과 Loeb 판에 따라 'Alla mentoi aischron ge' 다음에 쉼표를 넣어 읽었다.

57 **정의로운 방식** : 'dikaiōs'를 옮긴 말이다. 이 말은 우리말로 옮기기가 참으로 어렵다. 영어로는 흔히 'justly'라고 옮기고, 이 말의 명사 'dikaiosynē'는 'justice'라고 옮기지만, 플라톤의 'dikaiosynē'는 사회정의의 측면뿐만 아니라 도덕적 올바름을 포괄하고 있다. 이런 까닭으로 '올바름'으로 옮길 수도 있지만, 이 낱말이 『알키비아데스 I』의 논의 출발점에서는 주로 정치적 차원에서 사용되기 때문에 편의상 '정의(正義)'라고 옮기기로 한다.

58 **우정의 신** : Zeus Philios. 즉 제우스 신을 가리킨다.

59 **학교** : 실상 당대에는 딱히 학교란 것이 있지는 않았다. 정확히 옮기면 '교사의 집(oikos)'이 되겠다.

60 **'부정의한 짓을 한다'** : 이러 상황에서 부정의한 짓을 한다는 건 속임수를 썼다는 것을 뜻한다.

61 Denyer를 따라 'chrēn'을 'echrēn'으로 읽었다.

62 **어느 시점에 찾아내어 알게 된 것인가? 적어도 자네가 알고 있다는 생각을 하던 그 시점은 틀림없이 아니었을 테니까 말일세** : 찾아낸다는 행위가 성립하려면 탐구하고자 하는 동기가 성립되어야 한다. 그런데 소크라테스는, 자신이 모른다는 것을 자각해야 탐구의 동기가 성립될 수 있다는 인식심리학적인 논변을 펼치고 있다. 따라서 자신의 무지를 깨닫는 '무지의 지'가 없으면 탐구가 성립될 수 없기 때문에, 소크라테스는 알키비아데스한테 무지를 깨달은 시점을 캐묻고 있는 것이다.

63 **다중(多衆)** : 다중(hoi polloi)과 소수(hoi oligoi)의 대비는 플라톤 대화편 곳곳에서 등장하고 있다. 플라톤은 철학이 소수에게만 가능하다고 생각하고 있는데, 이런 생각이 『국가』의 철인치자(哲人治者) 사상과 결합되면 엘리트주의로 귀결된다. 흔히 플라톤 철학과 관련해서 포퍼(K. Popper)와 같은 이는 이런 측면만 부각시키고 있다. 그러나 플라톤이 다중과 소수를 대비할 때 다중의 무비판성, 그리고 그로 인해 중우정

(衆愚政)으로 전락할 위험에 대해 철학적 비판의 칼날을 세우고 있다는 것은 곧잘 무시된다. 우리의 대화편에서 보듯이 플라톤은 철학을 가지고 당대의 정치 상황을 비판하고 있다. 이는 『소크라테스의 변론』에서 보이는 소크라테스의 모습과 일치된 것이라고 볼 수 있다.

64 대단한 : 'spoudaios'를 옮긴 말이다. 'spoudaios'는 진지함과 훌륭함의 의미를 지니는 동시에 중대하다는 의미도 가지고 있다. 그리스어에는 이 두 가지 의미가 중의적으로 들어가 있지만, 번역상으로는 어느 한 쪽을 택할 수밖에 없었다.

65 장기 : 여기서 '장기'로 옮긴 'petteia'는 고대 그리스의 보드 게임으로, 『정치가(Politikos)』 292e에서는 'petteia'의 고수는 천 명 중 채 오십 명이 되지 않는다는 언급을 하고 있다. 이를 보면 아주 고차원적인 놀이였음에 틀림이 없다. 『정치가』에서는 '왕도적 치술(basilikē)'이 이보다 더 어려운 것으로 거론되고 있다.

66 내 생각에 이런 일이 정의로운 것들보다 더 하찮은 일들이긴 하지만 말이네 : 다중이 하찮은 일에 대해 충분한 자들이 못 된다는 것이 드러났다고 해서, 다중이 대단한 교사가 아님이 충분히 드러난 것은 아닐 수도 있기 때문에 이 같은 양보 구문의 표현을 하고 있는 것이다.

67 뭔가? : 문맥상 소크라테스는 알키비아데스가 자신의 말에 대해 불만스러워 하는 것을 눈치 채고 이런 말을 하는 것으로 보인다.

68 그런 일들 : 'autōn'은 다중을 가리키는 말이 아니라 앞의 'toutou'를 일반화해서 사용한 용법으로 보았다. 즉 다중이 가르침을 주는 주제가 되겠다. 뒷 문장의 소크라테스의 언급에서 'peri auta'의 'auta'와 연관 지으려면, 이렇게 보아야 한다. Lamb(Loeb 판)이 그렇게 옮기고 있다.

69 들어 보았을 테니까 : 고대 그리스는 미케네 문명이 멸망하고 나서 한동안 문자 없이 말만 사용하게 된다. 이때 형성된 것이 구술 문화(oral culture)의 전통이다. 호메로스의 서사시는 이런 전통의 소산이며, 소크라테스 당대에도 호메로스는 낭송의 형태로 회자되고 있었기에 '읽는다'가 아니라 '듣는다'는 표현이 사용된 것이다.

70 아카이아 사람들 : 『일리아스』에 등장하는 그리스인들 대부분이 아카이아 사람들이기 때문에 『일리아스』에서는 그리스인을 통칭하는 말로 곧잘 사용된다.

71 페넬로페의 구혼자들과 오뒤세우스 사이의 싸움과 … 일어난 것이네 : 오뒤세우스가 트로이 전쟁에 참여하는 바람에 이타케를 떠나 있는 동안 그의 부인 페넬로페는 구혼자들의 구애에 시달렸는데, 나중에 귀향한 오뒤세우스는 그 구혼자들을 잔혹하게 살해한다.

72 타나그라 : 아테네인들은 기원전 458년 타나그라에서 스파르타와 보이오티아 연합군에 패한다.

73 라케다이몬 사람들 : '라케다이몬'이라는 이름은 스파르타를 둘러싼 지역 전체를 가리키는 말이다. 하지만 일반적으로 스파르타를 가리키는 표현으로도 사용된다. 다만 넓은 의미에서 '라케다이몬 사람들(Lakedaimonioi)'이라는 말은 스파르타 도시에 거주하는 스파르타인과 주변 지역에 거주하는 페리오이코이(perioikoi)를 가리키는 표현이기도 하다는 점을 염두에 둘 필요가 있다. 따라서 이 번역에서는 라케다이몬을 스파르타로 풀지 않고 원문 그대로 음역했다[험프리 미첼(2000) 참고].

74 코로네이아 : 아테네인들은 기원전 447년 코로네이아에서 보이오티아인들에게 패배한다. 미주 12도 참고.

75 자네가 이런 걸 얼마나 잘못 이야기했는지 아는가 : 바로 앞의 대답을 보면 알키비아데스는, 자신이 정의와 관련해서 아는 자일 성싶지 않다는 결론을 소크라테스의 말(주장)로 보고 있다. 소크라테스는 바로 이것이 잘못된 것이라고 보고, 이후의 논의를 통해 알키비아데스가 무지한 자로 판명 나게 된 것은 다름 아니라 알키비아데스 자신의 말들에서 귀결된 것임을 보여 준다.

76 말하는 자는 어느 쪽인가? : 지금까지의 논의를 통해 시사되고 있듯이, 여기서 '말하다'는 '주장한다'는 의미로 사용되고 있다.

77 그렇다면 : 여기서 '그렇다면'으로 옮긴 'oukoun'은 일종의 결론적 추론을 도출하는 논리적 기능을 하고 있다. 말한 자가 소크라테스가 아니라

알키비아데스였다는 관점에서 이전의 말이 함의하는 것을 들추어 보면, 알키비아데스는 자신의 무지를 모른 채 정치에 나서려 하고 있다는 말을 한 셈이 된다는 것이다.

78 **'나한테서 들은 것이 아니라 그대 자신한테서 들은 것'** : 여기서 플라톤은 『히폴뤼토스(Hippolytos)』 350~53행에 등장하는 표현을 각색해서 사용하고 있다.

79 **돌보지도 않으면서** : '돌보지 않다'는 'amelein'을 옮긴 말로, 'epimeleisthai'의 반대말이다. '관심을 두지 않다'로 옮길 수도 있는데, 번역어의 일치를 꾀하기 위해 어색함을 감수했다.

80 **이건 또 무슨 짓인가!** : '누구한테 배웠느냐' 또는 '어떻게 스스로 찾아냈느냐'는 질문을 못하게 하는 알키비아데스의 처사에 대해 비난하는 어조이다.

81 **때 묻지 않은 깨끗한** : 바로 앞에서 겉옷에 비유한 것을 계속 적용해서 한 표현이다.

82 OCT 판은 114a3에서 'didaskalos' 다음을 쉼표로 보고 있으나 우리는 방점으로 읽고 옮겼다.

83 **앞서 물어본 그 모든 것을 내가 한 가지 물음으로 물어볼까?** : 텍스트는 이 한 가지 물음이 무엇인지 직접적으로 제시하고 있지 않다(Denyer는 이 물음을 '알키비아데스가 정의로운 것들과 정의롭지 못한 것들에 대한 앎이라고 한 것이, 이로운 것과 해로운 것에 대한 알키비아데스의 앎에 적용되는가' 하는 물음으로 보고 있다). 소크라테스가 이렇게 논의를 끌고 가는 것은 앞에서 알키비아데스를 비판할 때 했던 논의를 쓸데없이 반복하지 않기 위해서인 것 같다.

84 **자신이 아는 것들과 관련해서 … 해낼 수 있는 것이 아니겠나?** : 플라톤은 기술(technē)이나 지식(epistēmē)이 사적인 영역에서나 공적인 영역에서나 동일하다고 본다. 지금의 질문은 그런 배경에서 나온 것이다. 플라톤이 이런 견해를 견지한다는 것은 이를테면 후기 대화편 『정치가(Politikos)』 258e8~259a5 같은 곳에서도 확인할 수 있다. 아리스토텔레

스가 『정치학(Politica)』 I권 1장에서 이런 견해를 비판하는 것을 두고 볼 때, 기술 내지 지식에 대한 이런 견해 차이야말로 플라톤과 아리스토텔레스의 정치철학이 달라지는 근원으로 볼 수 있다.

85 **민중 앞에서 말하는 웅변가와 우리 같은 모임에서 말하는 자 사이에 차이가 있다면** : '민중 앞에서'란 공적인 자리를 뜻하고, '우리 같은 모임'이란 사석을 뜻한다.

86 **횡포를 부리시는군요** : 'hybristēs'를 옮긴 말로, '횡포를 부리는 분'이라고 해야 할 것을 풀어서 옮겼다. 이 말은 '횡포(hybris)'에서 온 말이다. 'hybris'는 오만무례하며 전횡을 일삼는 것을 뜻하는데, 당대의 그리스 사람들은 극단적으로 비도덕적인 행태를 가리킬 때 이 낱말을 사용했다. 『향연』 215b에서도 알키비아데스는 소크라테스를 가리켜 'hybristēs'란 표현을 쓰고 있다.

87 **그럼 말씀해 보시죠** : 설득해 보라는 뜻이다.

88 **물론 그런 말은 믿지 않죠. 제가 대답해야겠습니다** : 105a7~b1에서 소크라테스는 알키비아데스가 아테네 민중 앞에 나서게 될 것으로 믿고 있다고 보고 있다. 114 대목에서는 이런 점을 고려해서 알키비아데스가 여러 사람을 설득할 생각을 가지고 있음을 전제하고 논의를 이끌고 있다. 그리고 소크라테스는 알키비아데스가 여러 사람을 설득하듯이, 한 사람인 소크라테스 자신도 설득해 달라고 요구한다. 즉, '정의로운 것들이 이롭지 않다'는 것을 보여 달라는 것이다. 이에 대해 알키비아데스는 소크라테스가 횡포를 부린다고 이의를 제기한다. 그러나 '진정한 의미에서 설득되려면 자기 자신의 내면적 동의에 기반 해야 한다'는 소크라테스의 언급을 부정하지 못하고, 결국 물음에 답하는 역할을 받아들이게 된다. 이런 논의 속에 함축되어 있는 중요한 점은, 문답법이 대화 상대자 자신의 실질적 동의를 이끌어 내는 절차라는 것이다.

89 **추하면서도** : 'aischra'를 옮긴 말이다. 미주 55에서 지적했듯이, 이 낱말은 행위자의 주관적 맥락에서 느끼게 되는 '수치스러움'을 뜻하기도 하나, 객관적 사태를 형용할 때는 '추함'을 뜻하기도 한다. 108e 이하의

맥락에서는 알키비아데스가 느끼게 되는 수치의 맥락에서 제시되었기에 '수치스러운'으로 옮겼지만, 여기서는 아름다움에 대비되어 사용되기 때문에 추함으로 옮겼다. 여기서 '추하다'는 건 내용상 '불명예스럽다'는 것을 함의한다.

90 **전쟁터에서 동료나 친족를 구출하려다 … 무사히 빠져나오게 된 경우 말일세 :** 이 사례는 곧바로 『향연』 200d~221b의 언급을 연상케 한다. 포테이다이아 전투에서 소크라테스는 위험을 무릅쓰고 알키비아데스를 구해 냈다.

91 우리말 번역상으로는 차이가 없지만, 원문의 'sy'를 살리는 쪽(OCT 판, Budé 판)도 있고 빼는 쪽(Loeb 판, Denyer)도 있다. 보통 'poteron … ē'의 구문이라면 'sy'가 없는 것이 일반적이나 그렇다고 'sy'를 넣어서 강조하는 표현방식이 지나친 파격이라고 보기도 어렵다. 그래서 우리는 'sy'를 살려 놓는 쪽을 택한다.

92 내용 이해에는 큰 차이를 가져오지 않지만, 이 부분의 텍스트 독법에는 논란이 많다. OCT 판과 Budé 판은 Dobree에 따라 알키비아데스의 대답으로 〈Nai〉(115d2)를 삽입한다. 그러나 OCT 판의 Burnet과 같은 노선은 필경사들이 누락하기 어려운 낱말을 삽입한 것이라는 점에서 설득력이 약하다[물론 Burnet은 실수에 의한 누락이 아니라 손상(lacuna)에 의한 누락으로 간주하기 때문에 그런 독법을 취한 것이리라]. 그래서 Denyer와 Hutchinson은 소크라테스의 질문에 등장하는 'malista'가 알키비아데스의 대답으로 다시 표현된 것으로 보고 'malista'를 삽입한다. 한편 Johnson은 115d1의 'malista'를 소크라테스가 언급한 것에 귀속시키지 않고 알키비아데스의 대답으로 보는데, 이 독법은 전승되는 텍스트에 대해 임의적인 삽입을 하지 않는다는 점에서 장점이 있다. 그래서 우리는 Johnson의 독법에 따라 읽었다.

93 **〈알키비아데스 : 물론이죠. … 믿고 있는 것이군.〉 :** Burnet(OCT 판본)을 비롯해 대부분의 학자들이 스토바이오스(J. Stobaios)에 따라 B와 T 사본에는 없는 115e5~7을 삽입한다(번역 본문에서는 〈 〉에 넣어 옮긴 부분임). 스토바이오스가 삽입한 부분이 없으면 논의 진행에 부자연스러움이 있

는 것이 사실이기 때문이다. 그렇지만 독자 입장에서는 스토바이오스가 삽입한 부분이 없는 채로 논의가 진행되었을 가능성을 함께 염두에 두고 읽을 수도 있겠다. 이 번역본에서는 텍스트에 대한 두 가지 독법이 가능하다는 것을 드러내기 위해 스토바이오스의 삽입 부분을 살려 놓기로 한다.

94 **그리고** : OCT 판은 T 사본에 따라 'de ge'로 읽고 있으나, 우리는 B 사본에 따라 'de'로 읽었다.

95 **잘 행하는** : 잘 행동함 내지 잘 삶을 뜻하는 'eu prattein'은 당대의 그리스 사람들한테 행복, 즉 'eudaimonia'와 같은 것으로 간주되었다. 플라톤의 『국가』 I. 335a에서 같은 논의가 보이며, 아리스토텔레스의 『니코마코스 윤리학(Ethica Nicomachea)』 I권에서도 동일한 논조의 설명이 제시된다.

96 **페파레토스 사람들** : 페파레토스는 테살리아 해안가의 작은 섬이다. 여기서 페파레토스를 거론하는 이유는, 지금 하는 논의가 아테네와 같이 커다란 폴리스의 경우든 페파레토스와 같이 작은 폴리스의 경우든 마찬가지로 적용된다는 점에서이다. 이에 대해서는 Denyer의 설명을 참고할 것.

97 **키잡이** : 플라톤은 『국가』에서 통치자를 키잡이에 유비하고 있다. 이런 점에서, 결정적이지는 않더라도, 『알키비아데스 I』이 『국가』와 거의 비슷한 시기에 쓰였을 것이라고 생각해 볼 수 있다.

98 **페리클레스 그분이 … 퓌토클레이데스나 아낙사고라스와 같은 … 다몬과 어울리고 계시답니다** : 퓌토클레이데스와 다몬은 시가 분야의 유명한 소피스트였다. 다몬은 시가와 관련해서 페리클레스한테 조언을 주었다고 하는데, 플라톤의 『라케스(Lachēs)』 180c~d에서는 소크라테스가 다몬을 교사로 추천하는 대목이 나온다. 아낙사고라스와 관련해서 플라톤의 대화편에서 주목할 만한 대목은 크게 두 군데이다. 하나는 『파이돈』 97~98의 대목으로 거기서 소크라테스는 한때 그의 사상에 굉장한 기대를 걸었다가 실망한 이야기를 전하고 있다. 그리고 아낙사

고라스가 페리클레스와 교제를 했다는 이야기는 『파이드로스』 270a에 나온다.

99 **페리클레스의 두 아들 … 소크라테스 선생님?** : 『프로타고라스』 319e~320a에서는 페리클레스가 자기 자식들을 제대로 가르치는 데 실패했다는 이야기가 나온다.

100 OCT 판은 마침표로 읽고 있으나, 우리는 Denyer를 좇아 물음표로 읽었다.

101 **클레이니아스는 왜 또 거론하십니까? 그 녀석은 제정신이 아닌데요** : 클레이니아스에 대해서는 거의 알려진 바가 없으며, 알키비아데스가 자신의 동생에 대해 왜 이렇게 표현하고 있는지도 분명치 않다. 다만 플라톤의 『프로타고라스』 320a~b를 보면, 클레이니아스가 알키비아데스 때문에 타락할까 걱정이 된 페리클레스는 그를 안티폰한테 부탁을 했으나, 안티폰은 6개월이 지난 후 다시 클레이니아스를 알키비아데스한테 되돌려 보냈다는 이야기가 소개되고 있다.

102 **제논, 퓌토도로스, 칼리아스** : 제논은 파르메니데스의 유명한 제자이다. 플라톤의 『파르메니데스(Parmenidēs)』를 보면 파르메니데스와 제논이 퓌토도로스의 집에 모여 대화를 나눈 것으로 장면 설정이 되어 있다. 한편 칼리아스는 432년 포테이다이아 전투에서 장군으로 참여해 전사한 인물이다.

103 **100므나** : 1므나는 100드라크메. 아테네 노동자의 하루 임금은 1~2드라크메였다고 한다.

104 **돌봄** : '돌보다'와 '돌봄'으로 각기 번역한 'epimeleisthai'과 'epimeleia'는 같은 어근을 갖는 동사와 명사이다. 또한 『알키비아데스 I』에서 가장 중요한 개념이자 가장 번역하기 어려운 말이기도 하다. 일차적으로 이 말은 '~에 관심을 쏟음'이란 뜻이다. 하지만 여기서 파생하여 '배려', '노력', '사명', '탐구' 등의 뜻을 갖기도 한다. 이 대화편에서도 맥락에 따라 '노력', '돌봄', '관심'의 뜻으로 사용되었다. 독자를 위해서는 맥락에 맞게 번역어를 바꾸는 것이 좋은 방법일 수도 있겠지만,

이 말이 본 대화편에서 차지하는 중요성과 파생된 뜻들의 연관성 때문에 대표 번역어를 택하기로 했다. 그래서 문맥에 따라서는 다소 어색한 경우도 있는 '돌봄'을 이 말의 번역어로 택했다. 그리고 문맥에 더 맞는 번역어는 괄호 안에 넣기로 한다.

105 **함께 심사숙고해 보아야겠죠** : 이 말은 'koinē boulē'를 옮긴 것이다. 여기서 심사숙고로 옮긴 'boulē'는 아테네 민회의 자문기관인 '협의회(boulē)'와 같은 말이다. 협의회는 자유민 성인 남자 모두로 구성된 아테네 최고 결정 기관인 민회(ekklēsia)에서 토론할 의제를 결정해 주는 기구였다. 106c 이하에서 알키비아데스가 민회에 조언하러 나설 참이라는 언급과 관련하여 의도적으로 사용한 표현으로 보인다. 같은 표현이 124c에 등장한다.

106 **자질** : 'physis'를 옮긴 말이다. 'physis'는 '본성'이나 '본질'이라고도 번역되는 말인데, 이 대화편의 부제인 '인간의 본질에 관하여'라고 할 때의 본질도 'physis'를 옮긴 말이다. 본문에서 'physis'를 '본질'로 번역한 경우는 없지만, 대화편 전체의 맥락에서 보면 알키비아데스는 자신의 타고난 자질에 자만심을 갖고 있다가, 소크라테스에게 논박을 당한 후, 인간의 본질 자체에 눈을 뜬다고 볼 수 있어서, 'physis'의 이 두 의미는 본 대화편 안에서 밀접하게 연관되어 있다.

107 **그게 스스로 … 질문인가?** : Budé 판에 따라 의문문으로 읽었다.

108 **적들의 지도자들보다 더 나아졌으면 해서 그들을 주시하고 경계하며 단련하는 것은 자네에게 적합한 일이 아닌 것이고 말이야** : 소크라테스가 이런 언급을 하는 까닭은, 바로 앞에서 경쟁 상대로 전우들을 주시하고 있다고 알키비아데스가 표명했기 때문이다. 경쟁 상대로 적들의 지도자들을 주시해야 한다는 것이 소크라테스의 취지이다.

109 **메이디아스** : 메이디아스는 아테네의 정치가로, 곧잘 희극의 조롱거리가 되곤 했다. 이를테면 아리스토파네스는 『새(Ornithes)』 1297~1299에서 메이디아스를 조롱하고 있다. 그는 메추라기 머리에 알밤을 먹이는 놀이에 능했다고 한다. 이 놀이는 내기에 참가한 한쪽이 널빤지

위에 메추라기를 올려 놓으면 다른 쪽이 메추라기 머리에 알밤을 먹여 주눅이 들게 하는 놀이로, 이때 메추라기가 버티면, 그 주인이 내기에 이기는 놀이이다[천병희(2000), 180쪽 참고]. 아리스토파네스는 메이디아스를 메추라기라고 부르고 있는데, 이는 알밤을 먹은 메추라기처럼 멍한 사람이라고 비아냥거리는 것으로 볼 수 있겠다. 아마 이 대목에서 플라톤도 같은 조롱을 하고 있는 것으로 보는 것이 자연스러울 것이다.

110 **노예의 머리카락** : 노예는 일을 할 때 머리카락이 거추장스럽지 않도록 하기 위해서, 그리고 노예라는 것을 표시하기 위해 이마에 그려진 문신이 드러나도록 짧은 머리를 하게 되어 있었다. 반면 알키비아데스와 같은 자유인은 머리카락을 길게 늘어뜨리는 것이 유행이었다. 여기서 노예의 머리카락을 한다는 것은 자유인답지 못한 상태를 비유한 것이다.

111 **이 한 측면에서 보더라도 방금 말한 자네의 생각은 그만큼이나 나쁜 것일세** : 라케다이몬의 장군들과 페르시아의 왕을 별것 아니라고 여기면, 자기 자신을 돌보지 않게 될 것이니까, 그런 생각이 나쁜 것이라는 뜻이다.

112 **훌륭함** : 'aretē'를 옮긴 말이다. 'aretē'는 영어 'virtue'에 대응하는 그리스어이다. 이런 점에서 '덕(德)'으로 옮길 수 있는 말이다. 하지만 원래의 의미는 특정한 기능에 있어서의 '탁월함(excellence)'을 뜻하며, 이런 점에서 플라톤 텍스트에서는 'aretē'를 비도덕적 능력으로 이해하는 쪽과 진정한 인간적인 탁월함을 도덕적인 것으로 보는 소크라테스(및 플라톤) 사이에 긴장 관계가 성립되곤 한다. 'aretē'를 '덕'으로 옮기면, 이런 긴장 관계가 잘 드러나지 않기 때문에 여기서는 '훌륭함'으로 옮긴다.

113 **아카이메네스** : 마케도니아의 알렉산드로스 왕이 정복하기 전까지 페르시아를 지배한 단일 왕조의 설립자. 그렇기 때문에 121a7에 '언제나 페르시아의 왕들이었다'라는 말이 나올 수 있다.

114 헤라클레스의 가문과 아카이메네스의 가문은 제우스의 자식인 페르세우스까지 거슬러 올라간다는 것 : 전설에 따르면 헤라클레스는 제우스의 아들이지만, 소크라테스는 라케다이몬과 페르시아의 가문을 페르세우스에서 갈린 가문으로 묶기 위해 일부러 그의 어머니 쪽 가계에 초점을 맞추고 있다. 헤라클레스의 어머니는 알크메네로 페르세우스의 아들인 엘렉트뤼온의 딸이다.

115 에우뤼사케스 : 에우뤼사케스는 아이아코스의 증손자고, 아이아코스는 제우스의 아들이다. 에우뤼사케스는 살라미스의 왕이었는데, 아테네 사람들에게 살라미스를 넘기고 아테네 시민이 되어 멜리테에 정착했다. 거기서 그는 영웅으로 숭배 받게 되었다.

116 우리 가문도 그 유래가 … 거슬로 올라가지 : 소크라테스의 아버지인 소프로니스코스는 석공이었다고 하고, 다이달로스는 전설적인 명공이요, 헤파이스토스는 장인(匠人)을 대표하는 신이다.

117 아시아 : 여기서 아시아는 현재 터키의 일부인 소아시아를 가리키며, 페르시아는 그 세력의 부침에 따라 이 지역을 차지하기도 하고 빼앗기기도 했다.

118 연설 : 'epideixis'를 옮긴 말이다. 통상 소피스트들이 자신들의 말재주를 보여 주기 위해 하는 연설로 많이 알려져 있는 말이다. '뽐내기 연설'이라고도 번역한다. 하지만 여기서는 소피스트에 국한된 말이기보다는 아테네에서 행해지던 일반적인 연설의 형태를 가리킨다고 보아서 '연설'로 번역했다. 아테네에서는 매년 전몰 용사들을 위한 추도 연설을 하는 관례가 있었고, 이 연설자를 평의회에서 추첨으로 뽑았다. 이 연설은 통상 전몰 용사의 선조들을 기리는 내용으로 시작하는 것이 관례였다. 자신의 조상을 기린다는 점에서 전몰 용사의 추도 연설과 차이가 있기는 하지만, 대중 앞에서 조상을 기리는 연설을 의무적으로 해야 한다는 발상은 이 상황에서 빌려 온 듯하다. 플라톤의 『메넥세노스(Menexenos)』 237a~b에서도 전몰 용사를 기리기 위해서는 그들이 어떤 조상한테서 태어났는지부터 밝혀야 한다는 취지로 추도

연설을 시작하고 있다. 이 대화편에서 페르시아와 라케다이몬에 대한 긴 이야기가 펼쳐지는 것도 이런 추도 연설의 형식을 본뜬 것으로 보인다. 『알키비아데스 I』의 형식과 연설의 상관관계에 대한 자세한 설명은 Denyer(2001), p. 175와 관련 주석을 참고.

119 **아르톡세륵세스** : 기원전 464년부터 424년까지 페르시아를 통치한 왕. 그리스어로 'Artaxerxēs'로 하는 표기도 같이 사용되고 현대에는 그 발음이 더 알려져 있으나, 『알키비아데스 I』에는 'Artoxerxēs'로 되어 있어, 그렇게 읽었다.

120 **자기들 모르게 … 가능한 한 없도록** : 이러한 스파르타 왕실의 노력이 '가능한 한'에서밖에 이루어지지 못했다는 증거가 여럿 있다. 그중 하나로 스파르타의 왕 아가톤이 자신의 아들 데마레토스가 친자식이 아니라고 의심하는 대목이 헤로도토스의 『역사(Historia)』 6권 63절에 나온다. 또한 아기스 왕의 아들 레오튀키다스는 알키비아데스의 아들이라는 의심이 있어 왕위를 계승하지 못했다고 한다[크세노폰, 『헬레니카(Hellēnika)』 3. 3. 2 참고].

121 **감독관들** : 'ephoros'는 '행정관'으로도 옮기는데, 여기서는 문맥에 맞게 '감독관'이라고 옮겼다. 이들은 모두 다섯으로 자유민 가운데 성인 남자로 구성된 민회에서 매해 선출되었다. 경찰권과 외교권, 민회와 원로회의의 회의 주재 권한을 갖고 있어서 사실상 두 왕과 28명의 원로들로 구성된 스파르타의 원로회의(gerousia)를 견제 · 감독하는 역할을 했다.

122 **공적으로 지킬 정도니까 말일세** : 아테네 사람들 사이에서는 스파르타의 여자들이 정숙하지 못하다는 통설이 지배적이었다고 한다. 이는 스파르타 여자들이 남자들과 어울려 웃통을 벗고 체력 단련을 하는 풍조 때문에 빚어진 통설로 보인다. 알키비아데스 본인도 스파르타의 왕비와 간통했고, 거기서 난 그의 자식이 스파르타의 왕이 될 뻔한 적이 있다는 보고가 있다. 감독관들의 보호가 그다지 성공적이지 못했던 듯하다[Denyer(2001), pp. 176~177].

123 왕의 부인을 지키는 것은 오직 두려움뿐이라네 : 스파르타와 페르시아의 정통성이 감시와 두려움에 의해 지켜진다는 지적은 플라톤이 합리적 설명에 의한 설득을 중요하게 생각한 철학자라는 점과 잘 대비된다(『법률』 783a, 『국가』 554d).

124 '이웃 사람조차 거의 알아채지 못하네' : 기원전 460년에서 389년 사이에 살았던 아테네의 희극 작가인 플라톤이 쓴 작품 중에 처음 나와서 속담이 된 말. 지금 이 작품은 전해지지 않는다.

125 보모 : 알키비아데스는 아뮈클라(Amykla)라는 이름의 스파르타 출신 보모가 길렀다고 한다.

126 형태를 잡고 반듯이 펴서 : 마사지, 포대기로 감싸기 등의 방법이 있었다고 한다. 이와 관련된 언급이 『법률』 789d~790a에 나온다.

127 마구간에 드나들고 승마 교습을 받으며 : 말을 타도 좋다는 허락을 받고 승마 교사에게 승마를 배운다는 뜻이다.

128 사부(師傅) : 원문의 'paidagōgos'는 우리말로 일률적으로 번역하기 어렵다. 본래 'paidagōgos'는 아이들이 학교에 다니거나 외출할 때 뒤를 따라다니며 보호자 노릇을 했던 노예다. 그러나 여기서는 품격이 한껏 높아져 사부라고 할 만하다. 특히 사부로 옮기게 된 데에는 고려와 조선 시대에 왕세자의 교육을 담당한 직위를 사부로 부른 데 착안했다. 자세한 내용은 『두산백과사전』의 '사부(師傅)' 항목 참고.

129 나이가 일곱의 두 배가 되면 … 아이를 맡는다네 : 페르시아에서 일곱 살과 열네 살을 교육상으로 의미 있는 시기로 본다는 발상은 사실과는 무관하고, 오히려 인생의 시기를 나누는 그리스인들의 관점에서 비롯된 것으로 보인다[Denyer(2001), p. 178].

130 그들은 장년의 … 용기 있는 사람이라네 : 이 네 명의 사부들이 각기 대변하는 덕(aretē)은 플라톤이 자신의 대화편 여러 곳에서 밝히고 있는 주요 덕목들이다. 플라톤은 이 네 덕을 다 갖추어야 완전한 덕의 상태가 된다고 말하고 있다(『국가』 427e, 441c~442d, 『파이돈』 69b, 『향연』 196d, 『법률』 631c~d, 965d 등). 페르시아 왕의 교육에 관한 이런 언급은 역사

적인 것이라기보다는 다분히 플라톤의 각색인 듯하다. 또한 페르시아와 스파르타의 양육과 교육에 관한 플라톤의 언급은 순전히 긍정적이라고만 볼 수도 없고 비판을 위한 과장된 각색도 있어 보인다.

131 호로마조스 : 호로마조스는 아후라 마즈다(Ahura Mazda)다. 조로아스트레스의 친부라기보다는 조로아스드레스 교도들이 믿는 서로 대립하는 두 신 중 선한 신을 가리킨다.

132 교의 : 'magos'는 본래 페르시아의 전통 종교 조로아스트레스교의 사제에 의해서 집전되는 제의 및 그 절차에 관한 내용을 말한다. 그리스인들이 보기에 이 제의가 낯설면서도 강력해 보인 탓에 훗날 이 말은 마술(magic)이라는 뜻을 갖추게 되었다.

133 겉옷의 치렁치렁함 : 그리스어는 '히마티온(himation)'으로, 우리가 익히 알고 있는 그리스 사람들의 복장이다. 이 옷의 길이는 대개 무릎 언저리였다고 하고, 그 이상 길어지면 자긍심과 자만의 표현으로 여겨졌다 한다[한스 리히트(2003)].

134 메세네 : 메세네 지역은 기원전 700년경 스파르타에 합병되었고, 이 지역에 살던 원주민들은 농노(heilotai)나 페리오이코이가 되었다.

135 넓이와 훌륭함 : 이 말들은 양과 질로 옮길 수도 있다. 하지만 그리스어의 '넓이(plēthos)'는 그저 객관적인 양을 나타내는 말이 아니고 '넓다'는 뜻을 갖고 있으며, 훌륭함(aretē) 역시 그저 객관적인 질이 아니라 질의 훌륭함을 나타내는 말이라는 점에서 이렇게 옮겼다. 또한 훌륭함으로 옮긴 'aretē'는 단지 토질의 훌륭함만이 아니라 온갖 사물들을 포함해서 사람의 훌륭함, 즉 덕(virtue)을 나타내는 용어로서, 플라톤 철학의 핵심 용어임을 알아둘 필요가 있다.

136 농노 : 농노로 번역한 'heilitikos'는 집합명사로, 통상은 '헤일로타이(heilotai)'라고 한다. 이들은 국가에 소속된 농노이며, 국가로부터 토지를 할당받은 주인한테 일정 정도의 소출을 바쳐야 하는 의무를 지고 있었다. 라케다이몬은 자유민인 주인보다 이 농노의 수가 압도적으로 많았기 때문에 정치적으로 상시적인 불안 요소를 안고 있었다.

137 **금붙이와 은붙이** : 주로 금과 은으로 된 화폐.

138 **한 곳에** : 'idiai'를 옮긴 말이다. 이 말은 보기에 따라 '사적으로'라고도 옮길 수 있다. Denyer(2001)는 스파르타가 펠로폰네소스 동맹국으로부터 기부금을 물건 대신 화폐(금화, 은화 등)로 받은 것이 기원전 370년대 이후라는 점을 들어 이 구절을 '라케다이몬 사람들이 사적으로 갖고 있는 만큼'이라고 번역해야 한다고 제안한다. 여러 번역자들이 이 두 가지 중 하나를 택했으나, 우리는 라케다이몬 한 곳과 그리스의 다른 지역 전체가 대비되는 것이 문맥에 어울린다고 보아 본문처럼 번역했다.

139 **페르시아 사람들** : 당시 그리스 사람들의 귀에는 페르시아 말이 '바르바르' 하는 소리로 들렸다고 해서, 페르시아 사람들을 'barbaroi'라고 불렀다고 한다. 후에 페르시아에 대한 적대감과 그리스 문화에 대한 자긍심으로 이 말은 '야만인'이란 뜻으로 바뀌었지만, 여기서는 그런 문맥이 아니라고 보아 페르시아 사람으로 옮겼다.

140 **여우가 사자에게 말한 식으로** : 이솝 우화에 나오는 이야기. 노쇠한 사자가 꾀를 내어 병이 들었다고 소문을 내고 문병 온 동물들을 잡아먹었는데, 다른 동물들이 사자의 동굴 속으로 들어간 흔적은 있으나 나온 흔적이 없음을 알아챈 여우만은 밖에서 병문안을 하고 돌아간다고 사자에게 말했다는 이야기다.

여기서 라케다이몬을 사자에 비유한 것은 플라톤 철학에 비추어 보면 의미심장하다. 『국가』에서 플라톤은 당시의 정치체제들의 순위를 매기는데, 그중 가장 나은 정치체제가 라케다이몬의 정치체제로, 이를 플라톤은 '명예지상정체(timokratia)'라 부른다(544c~545b). 그리고 이 정치체제는 플라톤이 구분하는 영혼의 세 부분 중 '격정적인 부분(tymoeides)'이 강조된 정치체제로, 이 부분을 플라톤은 사자에 비유한다(588c~589b). 그런데 이 '명예지상정체'는 타락하여 "부자들이 통치하고 가난한 사람은 통치에 관여하지 못하는" '과두정체(寡頭政體, oligarchia)'가 되는데, 이는 '명예지상정체'에서는 재산을 모으기만 하고 소비하지 않아 축적된 재산을 개인들이 사용하고자 하는 욕구가 발생하여 법률을 왜곡하고 따르지 않게 되기 때문이라고 한다(550c~551b). 이렇게 보면 여우와 사자가 등장하는 이솝 이야기는 라케다이몬의 부패에 대한 플라톤의 비판으로 보인다. Denyer(2001)는 한술 더 떠서 여우가 그리스어로 알로펙스(alōpēx)이고 소크라테스의 출신 고장은 아테네의 알로페케(Ālōpekē)로 발음이 유사한 점을 들어 소크라테스가 여우로 비유되고 있으며, 또한 알키비아데스 역시 사자로 비유되었던 다른 문헌들의 예를 들어 이 이야기가 라케다이몬뿐만 아니라 알키비아데스까지 겨냥하고 있다는 점을 밝히고 있다[Denyer(2001), p. 186].

141 돈 : 당시 돈은 금, 은 등의 금속으로 만들어졌다.

142 페르시아의 왕에게 가려고 내륙으로 들어갔던 사람들 중 믿을 만한 사람 : 『아나바시스(Anabasis)』를 쓴 크세노폰을 이르는 게 분명하다. 다만 크세노폰이 이 작품을 쓴 것은 기원전 371년으로 소크라테스가 죽은 지 한참 후이다. 따라서 대화편의 설정 연대와는 맞지 않는다. 플라톤의 대화편에는 이렇게 대화 자체의 설정 연도와 맞지 않는 사실이 끼어 있는 경우가 의도적이든 실수든 사이사이에 보인다.

143 왕의 부인 : 이야기를 전하는 사람을 크세노폰으로 봤을 때는, 이 여자가 다레이오스 2세의 부인이겠으나, 플라톤이 여기서 인용하는 맥락상 페르시아의 왕비로 보면 되겠다.

144 크세륵세스 : 크세륵세스 1세.

145 에르키아 : 아테네 동쪽에 있는 구.

146 300플레트론 : 1플레트론은 1만 제곱피트, 평수로는 280평 정도. 당시에 이 정도 땅을 가진 사람에 대한 기록은 별로 보이지 않는다고 한다. 또한 알키비아데스가 이만한 땅을 소유했던 것이 사실일 가능성도 별로 없다. Denyer(2001) 참고.

147 돌봄(노력) : 미주 104에서도 언급했듯이, '돌봄'으로 번역한 'epimeleia'는 이 대화편의 핵심 개념 중 하나라서 대표 번역어를 '돌봄'으로 놓고

이 문맥에 맞는 뜻인 '노력'은 괄호에 넣었다.

148 **이자가 우선 스무 살이 채 안 된 나이이고** : 이 대화편의 대화가 이루어진 때를 433년경으로 추정하게 하는 대목이다.

149 **레오튀키다스** : 레오튀키다스 2세. 기원전 491부터 469까지 재위한 스파르타의 왕.

150 **아르키다모스** : 아르키다모스 2세. 기원전 469년경부터 427년까지 재위한 스파르타의 왕. 레오튀키다스 2세의 첫 번째 부인 소생의 아들로, 레오튀키다스 2세의 손자. 레오튀키다스 2세와 그의 두 번째 부인 사이의 딸인 람피도와 결혼해서 아기스 2세를 낳았다.

151 **아기스** : 아기스 2세. 그가 아르키다모스 2세의 뒤를 이어 스파르타의 왕이 된 것은 기원전 427년 이후다. 따라서 앞의 대화 추정 연대와 어긋나는 점이 있다.

152 **람피도** : 스파르타의 왕인 레오튀키다스 2세의 두 번째 부인에서 난 딸. 레오튀키다스 2세의 첫 번째 부인에서 난 아들의 아들, 즉 손자인 아르키다모스와 결혼했다.

153 **어머니인 람피도 역시 … 어처구니없어 할 걸세** : 페르시아 왕비에서 스파르타의 왕비로 가상의 대화 상대자를 바꾸면서 이번에는 스파르타 왕가와 알키비아데스를 비교하고 있다.

154 **자신을 알도록 하게** : '너 자신을 알라(gnōthi sauton)'는 소크라테스의 유명한 말이 『알키비아데스 I』에 처음 등장하는 장면이다. 이제는 잘 알려져 있듯이, 이 말은 본디 소크라테스가 한 말이 아니라 델피 신전 입구에 새겨져 있던 말이라고 한다. 하지만 소크라테스가 알키비아데스에게 이르는 자신의 충고와 델피 신전의 말을 사실상 동일시하는 데서도 알 수 있듯이, 이 말은 소크라테스가 철학 활동을 하면서 자주 썼던 말이기도 하고 소크라테스의 철학을 압축해서 잘 보여 주는 말이기도 하다. 그래서 플라톤의 대화편 중에 이 말은 여러 차례 나온다. 우선 어떻게 해서 델피 신전에 이 말이 새겨지게 되었는지는 『프로타고라스』 343a에 나온다. 소크라테스의 철학 활동의 핵심이 자

기 자신을 아는 데 있다는 말은 『파이드로스』 229e에 나오며, 소크라테스 이전의 자연철학과 소크라테스 자신의 철학을 이 말로 구별하는 내용은 『필레보스(Philēbos)』 19c에 나온다. 또한 자기 자신을 모르는 상태에 대한 설명이 역시 『필레보스』 48d 이하에 나오며 델피 신전의 이 글귀의 의미를 자신의 철학, 특히 절세(sōphrosynē)와 연관 지어 설명하고 있는 내용은 『카르미데스(Charmidēs)』 164c 이하에 나온다. 광기와 자기 자신을 아는 것을 대비시키는 설명은 『티마이오스』 72a에 나오며, 『법률』 923a에서는 임종을 앞둔 자의 상황과 관련하여 이 말을 인용하고 있다. 플라톤의 대화편 말고도 이 말을 소크라테스와 관련해 언급하고 있는 문헌으로는 아리스토텔레스의 『단편(Fragments)』 3, 크세노폰의 『소크라테스 회상(Apomnēmoneumata)』 3.9.6, 4.2.24, 『퀴로스의 교육(Kyrou paideia)』 7.2.20~5, 아리스토파네스의 『구름』 840~2 등을 들 수 있다. 일단 『알키비아데스 I』의 이 대목에서는 알키비아데스가 처한 상황을 이해하라는 뜻으로 나오지만, 대화가 진행되면서 이 말은 인간의 본질인 영혼을 이해하라는 뜻으로 그 의미가 깊어진다.

155 **적수는 이들이지 자네가 생각하는 자들이 아니니 말일세** : 바로 앞의 문맥과 다소 동떨어져 보이는 이 말은 전몰 용사 추모 연설의 형식을 본떠서 소크라테스가 이 장광설을 펼치게 된 이유를 다시 떠올리게 하려고 한 말이다. 119a8 이하에서 소크라테스는 자신의 경쟁 상대를 아테네의 정치가들로 생각하고 있는 알키비아데스를 일깨우는 말을 하고, 진정한 경쟁 상대인 페르시아와 스파르타의 지도자들이 어떤 상태인지를 알려주는 연설을 120e6 이하부터 지금까지 해 왔다.

156 **설명해** : '설명하다'는 'exēgeisthai'를 옮긴 말로, 이 말은 신탁과도 관련 있는 말이다. 델피의 아폴론 신전에서 내리는 신탁의 경우, 무녀인 퓌티아가 접신 상태에서 신의 뜻을 전하면, 그것을 일반인이 알아들을 수 있는 말로 번역하는 일을 맡은 사제가 있었는데, 이를 엑세게테스(exēgētēs, 해석자)라고 했다. 또한 아테네의 관직 중에는 종교적

인 사안에 대한 해설을 하는 관직이 있었는데, 이 역시 엑세게테스라고 불렀다. 『에우튀프론』 4c에는 바로 이 율법해석자인 엑세게테스의 명칭이 등장한다. '설명하다'로 번역된 'exēgeisthai'가 '종교적인 사안을 해석하다' 또는 '신탁을 해석하다'라는 뜻을 갖기 때문에, 이 구절은 다분히 종교적인 의미를 갖고 있기도 하다. 게다가 소크라테스가 인용한 '너 자신을 알라'라는 말이 델피의 아폴론 신전 앞에 새겨진 문구라서 플라톤이 다분히 종교적인 색채가 있는 말을 사용한 듯하다.

157 **공동의 숙의 사항** : 119b에서도 나왔던 말이다. 거기서는 문맥에 맞게 '함께 심사숙고해 보아야겠죠'로 옮겼다.

158 **두각을 나타내지** : '두각을 나타내다'는 그리스어 'epiphaneia gignesthai'를 번역한 말이다. 그런데 이 말은 앞의 '설명하다'(exēgeisthai)와 맞물리는 종교적인 의미를 갖고 있는 말이다. 'epiphaneia'에는 '두각'과 '명성'이라는 뜻도 있지만, '신성의 출현'이라는 뜻도 있기 때문이다. 따라서 뒤의 뜻을 취하면 이 구절은 '신의 뜻이 드러나다'라는 뜻으로 해석할 수도 있다. 이는 앞의 124b7에서 '설명하다'를 '신의 뜻을 해석하다'로 해석할 경우, 소크라테스가 해 주겠다는 약속의 확인으로 연결할 수 있게 된다.

159 **주저해서도** : 'apoknēteon(주저해야 하다)', 'aporrēteon(금지해야 하다)', 'aporēteon(의문시해야 하다)' 중에서 맨 앞의 것을 택했다.

160 **함께 심사숙고해 봐야지** : 'skopteon koinēi'를 옮긴 말로, 이 말은 124c의 '공동의 숙의 사항(koinē boulē)'이라는 말과 연결되는 말이다. 또한 이 말들은 소크라테스와 플라톤이 철학하는 정신을 잘 드러내 주는 말이기도 하다. 소크라테스가 대화를 통해서 철학을 하고 플라톤이 철학 저술의 형태로 대화 형식을 택한 것은 대화를 통하여 진리 탐구를 공동으로 해나갈 수 있으며, 그렇게 해서 찾은 진리가 진정한 진리라고 보았기 때문이다. 이런 뜻을 담은 다른 표현으로 '공동 탐구(syzētein)'를 들 수 있다. 이 표현이 등장하는 곳으로는 『히피아스 I (Hippias Meizōn)』 295b, 『메논』 90b, 『크라틸로스(Kratylos)』 384c 등을

들 수 있다.

161 **아름답고 훌륭한 사람들** : 사람을 칭찬하는 그리스어의 일반적인 표현인 '아름답다(kalos)'와 '훌륭하다(agathos)'가 합쳐진 표현. 육체적으로 훌륭하다는 칭찬은 주로 '아름답다'로, 행동이 칭찬받을 만하다는 뜻은 '훌륭하다'로 표현되지만, 서로 그 뜻이 겹치기도 하는 표현이다. 아무튼 어느 정도 겹치는 두 표현을 합쳐 외모나 가문과 같은 외적인 측면과 행동과 심성 등 내적인 측면이 모두 훌륭하다는 뜻으로 사용한다. 따라서 박종현(2005)은 '훌륭하디 훌륭한'이라고도 옮긴다[박종현(2005), 163쪽, 해당 주석 참고]. 또한 이 표현은 가문이 좋고 부유한 사람들을 가리키는 표현이기도 해서 이중적인 의미를 갖고 있기도 하다[Dover(1994), pp. 41~45].

162 **갖바치** : 그리스어의 'skytotomos'를 옮기기에는 가장 적합한 우리말이다. 'skytotomos'는 가죽을 가지고 하는 일체의 제조업에 종사하는 사람이라는 뜻과 그중 특히 신발을 만드는 사람이라는 뜻을 가지고 있다. 바로 갖바치는 가죽(갖)으로 여러 물건, 특히 신발을 만드는 백정(바치)이라는 뜻을 갖고 있어서 번역어로 채택했다.

163 **아테네 사람들 중에서(125a1) … 나쁘기도 하다고 말하는 겐가?** : 125a1부터 시작해서 여기까지 한 논변은 궤변처럼 보인다. 나쁘거나 훌륭할 수 있는 관점을 생략한 채 '나쁘다'와 '훌륭하다'를 병렬해 모순을 만들어 낸 논변으로 보이기 때문이다. 이와 같은 논변은 플라톤의 대화편에서 소크라테스가 자주 쓰는 논변이기도 하다(『에우튀데모스』 등 참고). 하지만 이 논변을 그저 궤변 정도로 치부할 수는 없다. 여기 사용된 핵심 용어인 '분별 있다(phronimos)'나 '훌륭하다(agathos)'가 갖는 이중적인 의미가 이 논변의 정당화에 중요한 요건으로 작용하기 때문이다. 얼핏 우리말로도 '분별 있다'거나 '훌륭하다'는 말은 특정 분야에서 그렇다고 할 때, 다소 어색하면서도 그런대로 또 이해가 되기도 한다. 당시 그리스 사람들에게도 이 말들은 그런 식이어서 특정 분야에서 분별 있거나 훌륭하다는 말도, 일반적인 상황에서 좋음과 나쁨

에 대한 분별과 행위 능력을 갖추었다는 말도, 둘 다 그런대로 이해되기도 했다. 이 논변에서 알키비아데스는 이 두 가지 용법 사이에서 혼동을 일으켜 소크라테스의 논변에 이끌려 왔고, 결정적으로 '같은 사람이 나쁘기도 하고 훌륭하기도 하다'는 결론에 이르러, 같은 사람이 좋고 나쁨에 대하여 행동 능력을 갖추었으면서 그렇지 못하다는 말은 모순이 된다는 것을 알아차리게 된 상황으로 보인다. 따라서 소크라테스의 논변은 형식적인 오류를 은폐하고 상대에게 모순을 범하게 하여 상대를 곤경에 빠뜨리는 궤변이 아니라 상대의 무반성적인 생각이 갖는 불합리함을 들춰내어 자각에 이르게 하는 논변으로 보는 게 정당하다.

164 **자기들끼리 협력하기도 하고 서로를 다루기도 하는** : 이 문맥에서는 '협력한다'는 말과 '다룬다'는 말은 같은 뜻이다. '서로를 다루다'라는 말은 곧 '서로 협력한다'는 뜻이기 때문이다. 그러나 바로 다음 질문에서 소크라테스는 이 말을 슬쩍 '사람들을 다루다', 즉 '부리다'라는 뜻으로 바꿔 버린다. 그렇게 해서 알키비아데스가 말하는 훌륭한 사람은 '나라에서 분업과 거래를 하며 사는 사람을 다스리는 자'에서 '중간 관리자들을 다스리는 자'로 바뀐다. 하지만 이어지는 소크라테스의 논변에 의해 이것은 훌륭한 사람 고유의 기술이 아님이 밝혀지게 된다. 이에 따라 알키비아데스는 자신이 무의식적으로 받아들인 소크라테스의 수정된 정의를 다시 고쳐 본래 자신의 정의로 고쳐 놓는다. 이 논변에서도 소크라테스가 알키비아데스의 말을 왜곡한 것은 의도적인 것으로 보이며, 이는 '훌륭하다'는 말이 갖는 '좋은 것' 일반에 대한 행위 능력이 어떤 것인지를 알키비아데스에게 일깨워 주기 위한 방도로 보인다.

165 **선장** : 같은 말을 앞에서는 '키잡이'라고도 했다. 작은 배의 경우 키잡이가 선장 역할을 하므로 키잡이는 선장이라는 뜻으로도 쓰이기 때문이다. 여기서는 '선장'이 우리가 이해하기에 적합한 말이라서 그렇게 옮겼다.

166 **아울로스 부는 사람들** : 문맥에서 알 수 있듯이 합창단에서 아울로스 연주자는 갑판장이 노 젓는 일꾼들을 부리듯이 합창단을 이끄는 역할을 했다.

167 **합창단원들** : 'choros'는 그냥 단체로 노래만 부르는 것이 아니라 단체로 추는 춤도 곁들였기 때문에 합농가무라고 해야 정확하겠지만, 현재 문맥에서는 '합창'이라고 해야 자연스럽기 때문에 'choros'와 그에 관련된 단어들은 '합창'을 붙여서 번역했다.

168 **합창단 선생** : 그리스에서 합창단 선생은 지휘자와 작곡자의 역할을 겸했다고 한다.

169 **방금 했던 질문** : 125c8. 같은 질문이라고는 하지만 앞의 질문은 중간관리자를 다스리는 기술, 뒤의 질문은 참여자들을 직접 다스리는 기술을 답으로 요구하는 질문이라는 점에 차이가 있다.

170 **숙고를 잘하는 것** : 'euboulia'를 옮긴 말이다. 'euboulia'는 풍부한 함의 때문에 적절히 번역하기 어려운 말이다. 106c3 이하의 맥락에서 보면 민회에서 정치 지도자로서 민회의 의제와 관련해서 탁월한 자문을 해줄 수 있는 능력 또는 그런 앎이라 할 수 있다. 하지만 다른 한편 이 말은 조언을 하기 위해 깊이 생각하는 능력을 뜻하기도 한다. 이 앎은 『국가』 428b~d에도 나온다. 거기서 소크라테스는 국가를 지혜롭게 만드는 것은 각 구성원의 전문적인 앎이 아닌 통치자들의 앎이라고 하고, 그 기술을 수호술(phylakikē)이라고 소개한다.

171 **숙고를 잘하는 것이라 저는 부르죠, 소크라테스 선생님** : 108b~d 사이에서 소크라테스의 대답에 어려움을 겪었던 알키비아데스에 비하면 이 장면에 와서는 알키비아데스가 논의를 따라가는 능력에서 현저한 진전을 보이고 있음을 알 수 있다.

172 **거기에 생기거나 없어지면** : '생기다'와 '없어지다'로 옮긴 'paragignesthai'와 'apogignesthai'는 본래 '~의 곁에 있게 되다(또는 '~에 있게 되다')'와 '~로부터 떨어져 있게 되다'라는 뜻이다. 그런데 'paragignesthai'는 플라톤이 형상과 개별 사물들의 결합 방식을 나타내는 표현 중 하

나인 'parousia'와 관련되어 있는 말이다. 'parousia'는 독일 철학 용어를 빌리면 '현전(現前, Dasein)'이라고도 할 수 있을 말이지만, 그 용어를 그대로 빌려 올 수도 없다. 그래서 번역은 이 말들의 본래 의미에 가까운 '거기에 생기다'와 '거기서 없어지다'로 했다. 공간적인 발상이 남아 있어 자칫 형상을 공간적인 것으로 오해하게 할 우려가 있는 번역이기는 하지만, 일단 어원에 충실하고자 했다. 다만 이 문맥과 플라톤 철학의 맥락에서 이 개념들은 형상 내지는 추상적 개념들이 개별적인 사물에 들어가고 나오는 방식으로 개별적인 사물과 관련을 맺는다는 뜻이라는 점은 알아 둘 필요가 있다[박종현(2003), 409쪽, 주석 328 참고].

173 **거기 들어가게 되면** : 이 번역은 박종현의 『파이돈』 105b의 번역어를 응용했다. 박종현의 해당 부분 주석에도 나오듯이 '들어가 있게 되다'라고 번역한 'engignesthai'는 플라톤이 'paragignesthai'와 거의 같은 뜻으로 사용하는 용어다. 다만 그 용례가 동일하지 않아서 같이 옮기지 못하고 'paragignesthai'는 '거기에 생기다'로 옮겼고, 'engignesthai'는 이미 있던 번역어를 응용해서 '거기에 들어가다'로 했다.

174 **좋아함** : 'philia'를 옮긴 말이다. 'philia'는 우리말로 마땅히 옮기기 어려운 말이다. 보통 '우정'이나 '우애', 또는 '사랑', '애정'이라고 할 수 있지만, 이 모든 뜻을 다 합친 의미를 지니고 있어서 어느 하나로 하기에는 어색한 경우가 많다. 우리말의 '우정'과 '사랑'이 결합된 의미에 가까워서 '친애(親愛)'가 가장 가까운 뜻이지만, 우리말에는 이 말의 용례가 부족해 번역어로 택하지 못했다. '좋아함'은 부모 자식 사이에 성립하는 '애정'이란 의미의 'philia'의 뜻에서는 다소 약한 표현이고, 공동체의 성원들끼리 갖추어야 할 '동지 의식'이라는 뜻을 가진 'philia'의 또 다른 뜻에서도 부족한 표현이지만 두 측면 모두에 걸쳐 있다는 생각에서 이렇게 번역했다.

175 **좋아함을 생각의 일치** : 이와 비슷한 이야기를 『국가』 431d~432b에서 소크라테스가 한다. 거기서 소크라테스는 '생각의 일치'란 '나라에 있

어서나 한 개인에 있어서 성향상 한결 나은 쪽과 한결 못한 쪽 사이에 어느 쪽이 지배를 해야 할 것인가에 대한 합의'라고 말한다. 『알키비아데스 I』에서는 알키비아데스가 이 '생각의 일치'가 어느 차원에서 이루어지는지를 정확하게 파악하지 못하고, 전문적인 지식에 의해서 이루어지는 것으로 이해하기 때문에 난문에 빠지고 만다.

176 **완척(腕尺)** : 고대의 척도로, 팔꿈치에서 가운뎃손가락 끝까지의 길이로 43~53cm에 상당한다.

177 **그러면 나라에서 시민들이 정의로운 것들을 … 제가 보기에 이번에는 그럴 수밖에 없을 듯합니다** : 『국가』 433b에서 소크라테스는 "'제 일을 하는 것'이 어떤 식으로 실현되는 게 '정의로운 상태'(정의)"라고 말한다.

178 **마찬가지로 겉옷도 담요도 … 예** : B와 T 사본에는 없고, 스토바이오스에 있는 것이다. 앞의 115e5~7의 경우와는 달리 이 부분은 빠지는 게 더 자연스러워 보이기는 하지만, 모든 편집본이 본문에 싣고 있어서 우리도 그렇게 하였다.

179 **각각의 것 그 자체** : 'auto hekaston'을 옮긴 말로, 여기서 '그것에 속하는 것'들과 대비되어 나오지만, 표현만 놓고 보면 130d의 '각각의 것 자체'와 일치한다. 따라서 해석의 방향은 둘로 나뉠 수 있다. 하나는 130d의 '각각의 것 자체'를 이 대목의 '각각의 것 그 자체'와 같은 것으로 보고, 이 대목을 해석하는 맥락에서 그 대목도 해석하는 방식이다. 다른 하나는 이 두 대목이 서로 맥락이 다르다고 보고 각기 달리 해석하는 방식이다. 번역자와 연구자들마다 다른 해석 방식을 보이고 있으나 일단 이 번역에서는 직접 연결되는 것을 보류하도록 했다.

180 **사람을** : 'auton'을 'anthrophon'으로 고친 Denyer(2001, p. 210)의 수정을 받아들였다.

181 **퓌토** : 델피가 있는 지역. 델피 자체를 이르기도 한다.

182 **그것** : 해석의 논란이 있지만, '그것'은 '자체(heauto)'를 가리키는 것으로 보았다. 좁은 문맥에서는 '너 자신을 알라'의 '자신'이 자아이겠지만, 사람뿐만 아니라 사물 자체도 포괄하는 것으로 봐서 '자체'로 봤다.

183 **자체 그 자체** : 이 구절의 본문은 'auto to auto'로도 'auto tauto(같은 것 자체)'로도 읽을 수 있다. 그러나 어떻게 읽든 130d4의 'auto to auto'와 같은 것을 가리킨다고 봐서 Denyer의 제안에 따라 이 부분도 'auto to auto'로 읽었다. '자체 그 자체(auto to auto)'의 해석과 관련해서는 크게 두 가지로 갈래지을 수 있다. 플라톤의 형상 이론과 직접 연결 짓는 방식과 직접 연결을 피하는 방식이다. 앞의 해석의 경우 '자체 그 자체'는 좁은 문맥에서는 '사람의 형상' 또는 '영혼의 형상'이 될 것이고, 넓은 문맥에서는 '사물의 진정한 형상'이 될 것이다. 반면에 '자체 그 자체'를 형상론과 무관하게 이 대화편의 문맥에 맞추어서 이해할 수도 있다. 133b에 가면 '자체 그 자체'는 우리의 영혼 중에서 지혜가 나타나는 영역으로 밝혀진다. 달리 말하면 '자체 그 자체'는 한 사물의 핵심 중의 핵심이라고 할 수 있다.

184 **그래야 우리 자신이 도대체 무엇인지를 우리가 밝힐 수 있을 테고** : 우리 자신은 사람으로서 우리인 것 자체이기 때문.

185 **사용하는 것** : '사용하다'는 'chrēsthai'를 옮긴 말이다. 이 말이 125c이하에 나올 때는 '다루다'라고 했다. 이곳과 125c는 내용상 연결되기 때문에 한 단어로 번역해야 옳지만, 우리말의 '사용하다'가 사람과 사물을 상대로 할 때 각기 어감이 달라 달리 번역할 수밖에 없었다.

186 **방금 전에 우리가 지나쳐 간 것** : 129b1~3.

187 **자체 그 자체** : 원문에는 'ho auto'로 되어 있으나 문맥상 'auto'가 앞에 생략되어 있는 것으로 봐서, '자체'를 넣었다.

188 **자체 그 자체 대신에 각각의 것 자체** : 이 부분의 원문에 대해서는 논란이 많다. Budé 판과 OCT 판은 스테파누스(H. Stephanus)의 수정을 받아들여 'anti tou autou auto hekaston'이라고 하고 있으나, 사본 B와 T에는 'anti tou autou auton hekaston'으로 되어 있다. Denyer는 원문을 대폭 수정하여 'anti autou tou autou auton hekaston'으로 하고 있다. 그러나 Denyer의 말대로 일단 기본 문맥은 분명하기에 번역에 문제는 없어 보인다. 따라서 여기서는 Budé와 OCT의 편집을 따

랐다. 다만 이 구절을 어떻게 해설할지는 논란이 따른다. '자체 그 자체'를 형상 이론과 관련지어 해석하느냐 무관하게 해석하느냐[미주 182 참고]에 따라 '각각의 것 자체'의 해석이 달라지기 때문이다. 그러나 해석의 논란에도 불구하고, 여기서 '각각의 것 자체'는 알키비아데스나 소크라테스와 같은 개별적인 사람의 영혼인 것은 분명하다. 그렇다면 과연 영혼은 형상인가, 아닌가? 형상이 아니라면 개별적인 사람의 본질인 영혼은 모든 사람에게 공통되는 본질로서 영혼인가, 개별적인 개성을 갖추고 있는 영혼인가? 플라톤이 영혼을 형상으로 보고 있는지에 대한 논란은 대표적으로 『파이돈』 102a~107b의 영혼의 불멸성에 대한 마지막 논변에서, 특히 106d~e 부분에서 이루어진다. 많은 학자들이 이 부분에서 플라톤이 영혼을 형상으로 보고 있거나, 형상으로 착각한다고 본다. 하지만 영혼이 불멸한다고 해서 반드시 형상이라고 볼 필요는 없겠다. 플라톤 철학에서 불변하면서도 형상의 부류에 들지 않는 것으로 '수학적인 것들(ta mathēmatika)'도 있기 때문이다. 다른 한편 개별적인 사람의 본질로서 영혼을 볼 경우, 그 영혼이 개성을 가진 영혼인지 보편적인 영혼인지에 대한 논란이 있다. 이에 대해서는 『알키비아데스 I』이 대화의 주제를 알키비아데스의 개인적인 사정을 살펴보는 데서 알키비아데스의 진정한 본질로 점차 보편화해 간다는 점에 비추어 보편적인 영혼으로 보는 게 합당해 보인다. 물론 이 대화편이 진정한 자신을 돌보는 철학의 길로 알키비아데스를 인도하려는 권유의 성격을 지니고 있기에 대화 상대자인 알키비아데스의 개인적인 사정에서 출발할 수밖에 없다는 점도 잊어서는 안 된다. 다만 문맥에 비추어 보면, 133b에서 '그것인 것 자체'가 영혼 중에서도 지혜가 나타나는 영역으로 밝혀지는 점으로 미루어 '각각의 것 자체'는 핵심 중의 핵심인 지혜의 영역 이전의 핵심, 즉 육체와 대비하여 육체를 지배하는 영역으로서 영혼을 가리키는 표현이라고 볼 수 있다. 물론 이 표현들이 모두 형상에 관련된 표현이라고 이해하는 길도 열려 있다.

189 조금 전에도 우리가 말했던 것이군 : 129b10~14.

190 절제 : 『국가』에서 플라톤은 이상적인 정치체제가 갖추어야 할 덕목으로 지혜 · 용기 · 절제 · 정의(올바름)를 꼽고 있다. 그중에서 지혜(sophia)는 통치자가 갖추어야 할 덕목으로 『알키비아데스 I』에서는 '숙고를 잘하는 것(euboulia)'이라고 부른다. 정의(dikaiosynē)에 관해서 『국가』에서는 '나라의 계층들이 제 할 일을 하는 상태'라고 하는데, 비록 이 대화편에서는 알키비아데스가 곤경에 빠지기는 했지만 126a~127d 사이에서 이에 가까운 결론에 도달했었다. 이 대화편에서는 『국가』에서 넓은 의미의 수호자 계급이 지녀야 할 덕목으로 꼽고 있는 용기에 대해서는 별다른 언급이 없다. 마지막으로 『국가』에서 '다스릴 쪽과 다스림을 받을 쪽에 대한 합의'라 부르는 '절제'가 바로 이 대목에서 설명되고 있다. 따라서 용기를 제외하고는, 나라의 지도자가 되고자 하는 알키비아데스가 알아야 할 덕목들이 여기에 이르러 다 열거된 셈이다. 'sōphrosynē'는 '절제'로도 옮기지만, 때에 따라서 '자제(self-control)' 또는 '신중함'이라고도 옮긴다. 'sōphrosynē'의 어원적인 뜻이 '마음의 건전함(soundness of mind)'임을 생각해 보면, 위의 뜻들이 연결될 수 있음을 알 수 있다. '절제'가 자세하게 언급되는 또 다른 플라톤의 대화편으로는 『카르미데스』가 있다.

191 비천한 손재간 : 이 말의 원어인 'banausos'는 손으로 물건을 만드는 기술 내지는 직업이지만 거의 같은 뜻으로 쓰이는 'dēmiourgos(데미우르고스, 장인)'와는 달리 그 속에 천한 일이라는 어감이 같이 들어 있는 말이다.

192 육체 : 'sōma'를 옮긴 말이다. 바로 앞의 '신체'나 이곳의 '육체'는 그리스어로는 같은 말이나, 우리말로는 어감이 달라 달리 번역했다.

193 시들면 : 육체의 아름다움을 꽃이 활짝 피어 있는 상태에 비유하고, 나이가 드는 것을 시듦에 비유하고 있다.

194 아낄 만한 : 『일리아스』 2권 365의 "사랑받는 단 하나의 [아들]"(mounos eōn agapētos)을 암시하는 표현. 알키비아데스를 사랑하는 자들 중에

서 아낄 만한 사람은 소크라테스뿐이라는 말이다. 'agapētos'에는 '사랑받는', '만족할 만한', '아낌 받는' 등의 뜻이 있다. 사실 이 표현은 사랑하는 쪽(erastēs)이 아니라 사랑받는 쪽(erōmenos)에 어울리는 표현이다. 이 대화편 135d8~e3에서 정확하게 나오겠지만, 소크라테스와 알키비아데스의 관계는 여느 그리스의 연인 관계, 특히 동성애 관계와는 다르다. 이 관계는 대화편이 진행되면서 밝혀지는데, 이미 앞의 106b4에도 암시되어 있다. 동성애 관계에서 사랑받는 쪽이 사랑하는 쪽의 도움을 받는 것이 정상적인데, 그 구절에서는 소크라테스가 알키비아데스의 도움을 요청하는 내용이 들어 있기 때문이다. 이 대화편과 플라톤의 다른 대화편에서 소크라테스와 알키비아데스의 사랑(erōs)이 갖는 특이성에 대해서는 136d8~e3의 해당 주석 참고.

195 **클레이니아스의 아들 알키비아데스한테는 … 소프로니스코스와 파이나레테의 아들인 소크라테스이다** : 대화체가 아니라 선언 투의 문장이라서 번역도 그렇게 했다.

196 **민중의 애인** : 플라톤의 조어로 보인다. 본래 이와 유사한 표현으로는 '민중의 벗(philodēmos)'이 있는데, 중년 남성이 동성 애인의 비위를 맞추기 위해 자신을 망치듯이 민중의 변덕을 좇아가다가 자신을 망칠 수 있다는 의도를 담기 위해 말을 만든 것으로 보인다.

197 **"기상이 늠름한 에렉테우스의 민중"** : 『일리아스』 2권 547에 나오는 표현과 동일하다. 다만 그곳에서는 'dēmos'가 '영지(領地)'라는 뜻이다. 에렉테우스는 아테네의 전설상의 왕.

198 **나랏일** : 이 부분은 앞의 논의와 직접 관련이 없어서 '나랏일'로 번역했지만, 사실은 128a부터 시작된 '~에 속하는 것', '~의 것'의 논의와 연관된 것이다. '나랏일'로 번역한 그리스어 'ta tēs poleōs'는 일반적으로 공적인 일에 속하는 '나랏일'이지만 말 그대로는 '나라에 속하는 것들' 또는 '나라의 것들'이기 때문이다.

199 **그것을** : 슐라이어마허가 수정하고 OCT 판과 Loeb 판이 따른 'auto'를 받아들였다. Budé 판은 이 부분을 'au to auto(다시 그 자체)'로 고치고,

Denyer는 B, T 사본의 'auta'를 받아들여 각기 '이번에는 그 자체를', '그것들을'이라고 번역한다. 그러나 Budé 판의 번역은 내용상 틀리지 않으나 바로 앞의 문맥과는 다소 동떨어지고 130c까지 거슬러 올라가야 하는 문제가 있고, Denyer의 번역은 영혼과 육신, 재물 등을 모두 포괄해서 아는 방법을 알아야 우리 자신을 알 수 있다는 뜻이 되는데, 이 설명은 이 대화편의 내용으로 봐서는 별다른 지지를 받을 수 없어 보인다. 슐라이어마허의 약한 수정을 받아들여서 사본의 'auta'를 'auto'로 고치더라도 'auto'는 바로 앞의 '영혼'을 받는다고 보고, 그 영혼은 130b에서 '적당하게' 밝혀진 'auto hekaston'이 아니라 '가장 확연하게' 밝혀진 영혼이라, 133b의 '영혼의 영역 중 지혜가 나타나는 영역'으로 볼 수 있다. 그것은 물론 129c에서부터 미루어진 '자체 그 자체(auto to auto)'이다.

200 **이것을** : 논란이 있지만, 앞의 'auto'를 받는 'touto'로 보는 게 적절하다. 다른 번역으로는 바로 앞에서 제기된 '어떤 방법으로'를 'touto'로 받는 방식이 있다. 하지만 뒤의 논의가 방법론에 대한 논의가 아니라 '자체 그 자체'를 밝히는 논의임에 비추어 그런 번역은 적절하지 않다.

201 **눈동자** : '눈동자'로 번역하긴 했지만 'opsis'는 그 밖에 '시각', '시선', '시력' 등의 뜻을 가지고 있다. 여기서는 뒤의 'korē'와 대비된다고 봐서 '눈동자'로 번역했다.

202 **눈부처** : 그리스어 번역에 '부처'란 번역이 어색하긴 하지만 달리 번역할 길이 없어 '눈부처'로 번역했다. 이와 유사한 표현으로 '동인(瞳人)'이나 '동자부처'라는 말이 있다. '눈부처'로 번역한 'korē'는 본래 여자아이, 또는 여자 인형이란 뜻이다. 라틴어 'pupilla'에 어원을 둔 영어의 'pupil(눈동자)'도 같은 뜻이다. 이 말들은 모두 본문에 있듯이 '들여다보는 사람의 영상'이 상대편 눈동자에 비치는 데 착안한 말이다. 『알키비아데스 I』이 위작 시비에 휘둘리는 와중에도 모든 학자가 이 부분에 대해서는 플라톤다운, 플라톤이라야 가능한 뛰어난 비유라고 보고 있다. 사람의 영혼을 눈에, 눈동자는 그중에서도 지혜의 부분에

할당하는 솜씨나, '너 자신을 알라'를 눈에 적용하여 눈동자까지 논의에 끌고 들어가는 솜씨는 플라톤이 아니고서는 흉내 낼 수 없어 보이기 때문이다. 우리가 『알키비아데스 I』을 플라톤의 진작 또는 적어도 플라톤 철학에 대한 특급 해설서로 보는 이유는 이 대화편의 이와 같은 탁월함에 기인한다.

203 **영혼의 훌륭함, 즉 지혜가 나타나는 영혼의 이 영역을** : 영혼의 영역을 구분하고, 그중에 지혜가 나타나는 영역을 구분하는 논의는 『국가』에서 플라톤이 말하는 영혼의 삼분설을 연상시킨다. 여기서 플라톤은 영혼이 지성(nous, 정신), 기개(thymos), 욕구(epithymia)로 나뉜다고 보고, 지성의 훌륭함은 지혜, 기개의 훌륭함은 용기(andreia)라고 말한다. 욕구에 필요한 훌륭함은 절제라고 할 수도 있겠으나 절제는 욕구의 부분만이 아닌 영혼의 모든 부분에 필요하다는 점에서 다른 훌륭함과는 다르다.

204 **그러니 눈에 있는 반사물보다 거울이 더 분명하고 밝듯이, … 가장 잘 알 수 있을 것이네** : 다른 필사본에는 없고 에우세비오스(Eusebios)의 책에만 있다. 이 부분이 문맥에 일치하는지는 논란이 된다. 우리는 이 부분을 후대 학자들의 견해로 보지만 다른 번역본의 관례에 따라 본문에 넣어 두었다.

205 **가장(家長)** : 여기서는 가장으로 옮겼지만, 그리스어 'oikonomos'는 직역하면 '가정을 경영하는 자'라고 해야 맞겠다. 근대 이후 가정을 경영하는 것이 여자의 일이 되었지만, 고대 그리스에서는 가정을 경영하는 일은 남자의 일이었다. 그리고 경제(economy)라는 말은 바로 '가정을 경영하는 일(oikonomia)'에서 왔다.

206 **행하는지도** : '행하다'로 옮긴 'prattein'은 그리스어에서 자주 쓰이는 말이고, 이 문맥에서는 이 말을 중심으로 논의가 벌어지지만, 한 가지 뜻으로 옮기기는 힘들다. 따라서 '행하다'를 기본 번역어로 해서 '행동하다', '활동하다', '처리하다' 등으로 문맥에 맞추어 번역했다.

207 **권력** : 권력(archē)은 아테네라는 나라의 차원에서 볼 때 페르시아 전

쟁 이후부터 스파르타와 펠레폰네소스 전쟁을 벌이기 전까지 아테네가 델로스 동맹국가들에 휘두르던 권력, 즉 아테네 제국주의의 패권을 암시하기도 한다.

208 정신 : 'nous'는 플라톤 철학에서 일반적으로는 '지성'으로 번역했다. 그런데 이 문맥에서는 오해를 일으킬 여지가 있어 '정신'으로 번역했다. 왜냐하면 뒤이어 나오는 '의사의 정신'이나 '선장의 정신'을 '~의 지성'으로 할 경우, 선장이나 의사가 갖는 전문적인 식견이 아니라 그들이 인간으로서 공통적으로 갖는 높은 단계의 지적 능력으로 오해할 여지가 있기 때문이다. 따라서 통용되는 '지성'이라는 전문 번역어를 사용하지 않았다.

209 제가 선생님의 종복 노릇을 … 저의 봉사를 받지 않을 도리가 없으니까요 : 여기서 알키비아데스와 소크라테스의 관계는 일반적인 동성애 관계와는 완전히 뒤바뀐 관계가 된다. 이와 비슷한 이야기가 『향연』의 알키비아데스 연설에서 나온다.

210 황새와 다르지 않을 것이네 : 그리스에서는 황새의 새끼가 성장하면 자신의 부모를 돌본다고 알려져 있다. 아리스토파네스의 『새』 1353~1357 참고.

작품 안내 I

소크라테스는 평생 한 줄의 글도 남기지 않았다. 그럼에도 우리가 소크라테스를 위대한 철학자로 칭송하게 된 것은 그의 제자인 플라톤 덕이라고 할 수 있다. 그래서 소크라테스의 제자 하면 플라톤을 거론하기 마련이지만, 생전에 소크라테스한테는 제자가 여럿 있었다는 것 또한 유념할 필요가 있다. 무엇보다도 소크라테스가 기소되어 사형선고를 받게 된 죄목 가운데 하나가 바로 젊은이들을 타락시켰다는 것이기 때문이다. 이런 점에서 『알키비아데스 I』은 주목할 만한 대화편이다. 소크라테스가 타락시킨 대표적인 젊은이로 당대에 거론되던 이가 바로 알키비아데스였기 때문이다. 사실 두 사람의 관계가 어떠했는지에 대해서는 이미 고대부터 각기 다른 이야기들이 전승되고 있는데, 소크라테스가 동성연애자였다는 이야기도 모두 알키비아데스와의 관계를 두고 나온 말이라는 점에서 『알키비아데스 I』은 독자들의 흥미를 끌기에 모자람이 없다.

이 대화편은 알키비아데스가 막 정치에 입문하려는 시기를 극중 시점으로 잡고 있다. 이런 알키비아데스를 붙잡고서 철학적 자기 인식 없이 정치를 하려는 것은 잘못된 것이라는 점을 소크라테스는 누누이 강조하고 있다. 이런 논의를 할 때 소크라테스가 사용하는 모토가 바로 '너 자신을 알라'는 델피(Delphoi)의 글귀이다. 흔히 이 글귀가 소크라테스와 연관해서 회자되고 있지만, 정작 그것의 의미가 무엇인지는 일반인뿐만 아니라 철학 전공자들까지도 피상적으로 알고 있는 경우가 많다. 그런데 그 글귀와 관련된 소크라테스의 주장과 그 면모가 가장 적극적으로, 그리고 가장 세부적으로 그려지는 대화편이 바로 『알키비아데스 I』이다. 이런 점에서 소크라테스의 철학 정신을 이해하려 할 때 『알키비아데스 I』은 빼놓을 수 없는 중요한 대화편이다.

그런데 『알키비아데스 I』을 읽는 독자라면 '너 자신을 알라'는 소크라테스의 핵심적 모토가 왜 다른 이가 아니라 알키비아데스와 나누는 대화를 통해 논의되는가를 처음부터 의식할 필요가 있다. 여기서 소크라테스가 설득하려고 한 상대는 다름 아닌 알키비아데스이기 때문이다. 물론 소크라테스와 알키비아데스의 대화는 대화편이라는 '철학적 드라마' 속에서 이루어지기 때문에 역사적 실재를 그대로 반영한 것이라고 보기는 어렵지만, 플라톤이 대화편을 쓴 의도가 당대의 현실을 비판하고 나아가 극복하고자 하는 데 있다면, 그가 텍스트 밖의 현실을 고려하면서 대화편을 썼다고 보는 것이 합리적이다. 이런 점에서 알키비아데스가 역사적으로 어떤 인물이었는지를 알지 못하면 대화편에서 소크라테스와 알키비아데스가 나누는 대화의 성격도 정확히 이해하기 어려울 수밖에 없다. 실제로 알키비아데스는 당대의 유명한 정치적 풍운아였고, 『알키비아데스 I』의 저자인 플라톤 또한 이 사실을 잘 알고서 대화편을 썼다는 점에서 알키비아데스의 역사적 행각이 어떠했는지를 아는 것은 이 대화편을 이해하는 데 적잖은 도움이 될 것이다. 그래서 알키비아데스의 생애를 먼저 자세히 다루어 본다.

1. 알키비아데스의 생애[1]

알키비아데스는 클레이니아스와 데이노마케의 아들로 기원전 450년에 출생하였다. 세 살 때 전쟁 영웅인 아버지가 보이오

1 알키비아데스의 일생에 관한 자료는 일차적으로는 투퀴디데스(Thoukydidēs)의 『펠로폰네소스 전쟁사(Historiai)』와 크세노폰의 『헬레니카(Hellēnika)』에 전한다. 이를 토대로 플루타르코스는 다른 소소한 자료들을 첨부해 『알키비아데스』를 썼다. 여기서는 주로 이 세 책을 참조했다.

티아군과의 전투에서 전사한 뒤, 친척이자 당대의 대정치가였던 후견인 페리클레스와 가문의 명성과 부를 배경으로 성장하였다. 그는 외모가 출중하여 어릴 적에는 잘생긴 외모로 아테네의 뭇 남성들의 마음을 사로잡아 부인네들을 독수공방하게 만들었고, 동성애의 대상이 되는 연령을 벗어나서는 그리스 여성들의 인기를 독차지해 남편들을 전전긍긍하게 만들었다고 한다.[2] 그는 외모뿐만 아니라 운동 경기에서도 자신의 능력과 가문의 부를 유감없이 뽐내서 기원전 416년의 올림피아 경기에는 7대의 경주 마차를 출전시켜 1, 2, 4등(혹은 1, 2, 3등이라고도 한다)을 차지하였다. 또한 비록 'r'과 'l'의 발음(영어 발음으로 치면)을 제대로 구별하지 못해 놀림을 받았다고는 하나, 그의 설득력 있는 연설 솜씨에 감탄하지 않는 사람이 없었다고 한다. 하지만 그는 사치를 즐기고 성격까지 오만해서 그를 따르던 사람들에게 숱한 모욕을 가하곤 했다.

그런 그가 소크라테스를 만난 때는 그의 나이 18세 전후로 보이며(기원전 432년경), 당시 그가 소크라테스와 함께 포테이다이아(Poteidaia) 전투에 참가했던 기록이 플라톤의 『향연(Symposion)』[3]에 전한다. 다른 사람에게는 무례하기 그지없던 알키비아데스가

2 Diogenēs Laertios(1925), 「Biōn」 49절.

3 『향연』 220a 이하.

소크라테스를 만난 후로는 그를 따르고 그가 권하는 철학과 삶의 방식에 열중하였다고 한다.[4] 그러나 그는 자신을 충분히 연마하고 정치에 나서라는 소크라테스의 충고를 끝내 지키지 못하고 정치 무대에 뛰어들었다.[5] 가문의 부와 후광, 그리고 타고난 재능을 발휘해 뛰어난 연설 솜씨로 세를 모으고 전쟁에 나서서는 연전연승하여 알키비아데스는 아테네의 영웅이 되었다. 이러한 그를 따르는 사람도 많았지만 시기하는 사람도 많았다. 그가 정치적으로 두각을 드러낸 것은 시칠리아 원정군을 조직하면서였다(기원전 415년). 그는 아테네 민회를 설득하여 니키아스(Nikias, 아테네의 장군)가 스파르타와 맺었던 평화협정을 깨고 스파르타와 동맹을 맺고 있던 시칠리아를 공격하는 원정군을 조직하게 했으며, 또 그 원정군의 장군으로 임명되었다. 그러나 그가 떠나기 전날 밤 벌어진 신성모독 사건이 알키비아데스 일파의 소행이라는 소문과 모함이 확산되어 시칠리아 원정지에서 민회의 부름을 받고 소환되던 중 적국인 스파르타로 도망하기에 이른다(기원전 415년).

스파르타에서 그는 과두정체 신봉자임을 자처하면서 시칠리

4 『향연』 215a 이하.

5 이와 같은 생각은 『향연』의 알키비아데스 연설 부분에, 그리고 『알키비아데스 I』, 『알키비아데스 II』에 암시되어 있는 플라톤의 생각이기도 하다.

아 원병 파견을 망설이던 스파르타인들을 독려하여 원병을 파견케 하는 한편, 아테네에서 북쪽으로 18킬로미터 떨어진 데켈레아(Dekelea)에 요새를 구축하게 하여 아테네의 자금줄을 끊게 하는 등 군사적 조언을 아끼지 않았다. 그러나 스파르타의 왕 아기스(Agis) 2세가 원정을 나간 사이에 왕비 티마이아(Timaia)와 간통하여 레오튀키다스(Leōtykidas)를 낳게 했다는 의심을 받게 되었다. 이오니아(Iōnia, 지금의 소아시아 지역)에서 일어난 델로스(Delos) 동맹 탈퇴의 움직임을 도우러 스파르타 군과 함께 원정을 떠난 알키비아데스는 그곳에서 아기스 2세가 자신을 살해하려 한다는 소식을 듣고 다시 사르디스(Sardis)의 총독이자 페르시아의 귀족인 티사페르네스(Tissapernēs)한테 망명하였다(기원전 412년). 스파르타를 위시한 펠로폰네소스 동맹군을 조력하라는 임무를 받고 있던 티사페르네스의 환심을 산 알키비아데스는 스파르타와 아테네가 서로 힘을 쏟다가 양쪽이 다 피폐해지도록 어느 쪽도 돕지 말라는 조언을 티사페르네스에게 하고, 티사페르네스는 그 말을 옳게 여겨 양쪽으로부터 거리를 유지한다.

한편 당시 사모스(Samos)에 해군력을 집결하고 있던 아테네는 곤경에 처해 다시 알키비아데스를 아쉬워하게 되었다. 사모스의 주둔군 내부의 과두정 지지자와 내통하던 아테네 본토의 과두정 지지자들은 알키비아데스의 복귀와 사모스 주둔군의 지지를 믿고 기원전 411년에 과두정 혁명에 성공하였다. 그러나 그사이 민주정 지지자들이 장악한 사모스 주둔군은 본토의 과두정 혁명에 분개하며 알키비아데스를 장군으로 앉혔다. 그러나 알키비아데스는 본토 귀환과 민주정 회복을 요구하는 군을 달래는 한편, 본토 스스로 민주정을 회복할 것을 요구하여 관철하였다. 그 후 그는 소아시아 지역에서 크고 작은 전투에서 승리하여 명성을 회복한 후 아테네로 금의환향하였다(기원전 407년).

아테네에서 그는 자신이 스파르타에 한 조언 때문에 끊겼던 엘레우시스 축제 행렬의 육로 탈환을 통해 절정의 인기를 누리다가 다시 스파르타와 해전을 벌이려 안드로스(Andros) 섬으로 출정하였다. 그러나 그가 잠시 부대를 비운 사이에 부하 장수인 안티오코스(Antiōchos)가 스스로 벌인 전투에 패하고, 본토에서 알키비아데스의 인기를 두려워하던 정적들에 의해 패전의 책임이 알키비아데스에게 전가되자, 다시 조국 아테네를 떠나 이오니아에서 용병을 조직하여 세력을 만들었다. 그 후에도 그는 아테네가 헬레스폰토스(Hellespontos) 근처 아이고스포타모이(Aigospotamoi)에 해군력을 집결한 것을 보고 그 지휘관들을 찾아가 지형의 불리함을 충고하였지만, 지휘관들은 그의 충고를 받아들이지 않았다(기원전 405년). 결국 아테네는 그 전투에서 치명적인 패전을 당했고, 그 여세를 몰아 아테네를 공격한 스파르타의 장군 뤼산드로스(Lysandros)에 의해 함락되었으며, 이로써 펠로폰네소스 전쟁은 끝이 났다(기원전 404년).

그리스 본토와 해상권을 장악한 스파르타를 두려워한 알키비아데스는 페르시아의 왕 아르톡세르세스(Artoxerxēs)를 직접 찾아가기로 결심하고, 헬레스폰토스 근처 프뤼기아(Phrygia)의 총독이었던 파르나바조스(Parnabazos)에게 몸을 의탁했다. 한편 아테네를 함락한 스파르타에 의해 세워진 30인 과두정에서는 아테네의 황금 시절과 알키비아데스를 그리워하는 민심을 간파하고, 30인 과두정의 우두머리이자 소크라테스의 제자이기도 했던 크리티아스(Kritias)의 주도 아래 뤼산드로스에게 알키비아데스를 살해할 것을 건의하였다. 이런 와중에 스파르타 본국에서도 선왕 아기스와 알키비아데스 사이의 해묵은 원한을 풀기 위해 뤼산드로스에게 알키비아데스의 살해를 명했다. 이에 뤼산드로스는 알키비아데스를 보호하고 있던 프뤼기아의 총독 파르나바조스에게 이를 의뢰했다. 상황을 저울질한 파르나바조스는 알키비아데스의 살해를 결정하였고, 알키비아데스는 프뤼기아의 작은 마을에서 그의 애첩 티만드라(Timandra)와 같이 있다 살해당했다고 한다(기원전 404년). 30인 과두정을 무너뜨리고 집권한 민주정 아래 벌어진 재판에서 소크라테스가 사형을 언도받고 죽기 바로 5년 전이었다.

아테네 민중들은 알키비아데스의 미모를 사랑하듯 그의 영광을 사랑하였고, 동시에 그가 공언하던 아테네의 미래를 사랑하였다. 알키비아데스가 자신의 일신에 위기가 닥칠 때마다 조국 아테네를 손쉽게 배신하면서도 그 주위를 맴돌았듯이, 아테네 민중들도 알키비아데스에게 여러 차례 사형을 언도하면서도 그에 대한 미련을 버리지 못했다. 투퀴디데스는 이와 같이 얽혀 있는 아테네 민중과 알키비아데스의 기묘한 관계의 종말을 다음과 같은 말로 정리했다. "아테네 민중들은 알키비아데스의 상식을 넘어선 사생활의 문란함과 무도함, 그리고 기회 있을 때마다 행동으로 보여 준 야망의 크기에 두려움을 느끼고, 그가 독재자가 될 야심이 있다는 생각을 하고는 그에게 적대적이 되었다. 비록 그가 공적으로는 최고의 장군이었으나 사적으로는 민중들 개개인이 그가 하는 일에 염증을 냈기 때문에 그가 아닌 다른 사람에게 아테네의 운명을 맡겼다. 그리고 그 후 얼마 되지 않아 아테네는 패망했다."(『펠로폰네소스 전쟁사』 6권 15장 4절)

2. 줄거리 및 철학적 논의거리

『알키비아데스 I』은 전통적으로 '알키비아데스'라는 원제 이외에 '인간의 본질(physis)[6]에 관하여'라는 부제가 붙어 있었다. 이 부제는 아마도 플라톤 사후에 붙여진 것으로 보이는데, 이 대화

6 본문에서 'physis'는 문맥에 따라 '자질'로 옮기기도 했다.

편의 성격을 적절하게 보여 주는 부제라 할 만하다. 기본적으로 『알키비아데스 I』은 알키비아데스가 자신을 돌보지도 못하면서 정치에 입문하려는 것을 비판하는 데 일차적인 초점을 맞추고 있다. 극중의 소크라테스는 자신을 제대로 돌보려면 자신이 무엇인지를 알아야 함을 역설하면서, 이 같은 '자기' 인식을 바로 본질의 차원에서 논의한다.

그러나 이 같은 골격만을 염두에 두고 『알키비아데스 I』에 달려들면 낭패를 보기 쉽다. 『알키비아데스 I』은 플라톤의 다른 대화편에서 이미 다룬 여러 주제가 마치 처음 다루어지는 양 등장하고 있기 때문에 언뜻 보이는 것보다 복잡한 영역에 걸쳐 있다. 이를테면 사랑, 윤리학, 정치학, 인식론, 심리철학 등의 주제가 모두 다루어진다.[7] 이런 점에서 그 같은 여러 주제가 어떻게 하나의 대화편 속에서 일관되게 통합될 수 있는가를 살펴보는 것도 이 대화편을 읽는 그 나름의 재미가 될 것이다. 우리는 이 같은 재미를 세부적으로 찾는 일은 독자의 몫으로 놔두고 『알키비아데스 I』의 논의에서 핵심적인 것과 철학적 중요성을 가지는 것 위주로 몇 가지 해설을 제시해 보도록 하겠다. 대체로 텍스트의 논의 순서를 따라가겠지만 관련된 주제를 포괄적으로 논의할 때

7 이를 두고 포드[Steven Forde(1987), p. 222]는 만화경과도 같은 대화편이라고 한다.

는 이런 순서를 벗어나는 것도 무방하리라.

플라톤의 텍스트는 대화체로 된 일종의 철학적 드라마 형식을 취하고 있다. 따라서 드라마의 형식과 내용 간의 상관관계를 분석하는 것이 플라톤 철학을 이해하는 데는 결정적인 중요성을 가진다. 그래서 대화편마다 장면 설정을 어떻게 하느냐는 것을 주목해서 볼 필요가 있지만, 『알키비아데스 I』의 경우는 오히려 장면 설정을 하는 논의가 전혀 없다는 것이 특징적이다. 플라톤이 이런 구성을 한 것은, 소크라테스와 알키비아데스의 관계에 대한 이야기를 그리스인 특히 아테네인이라면 누구나 알고 있기 때문에 굳이 특별한 상황 설정을 할 필요가 없었기 때문일 것이다.

그러나 도입부에서 『알키비아데스 I』의 작가(플라톤)가 소크라테스와 알키비아데스의 관계를 어떻게 설정하는가는 눈여겨볼 필요가 있다. 나중에 소크라테스가 기소될 때의 죄목 가운데 하나가 바로 젊은이들을 타락시켰다는 것이고, 그런 젊은이로 대표적인 이가 알키비아데스였음을 고려할 때 더더욱 그렇다. 이런 이유 때문인지 크세노폰은 소크라테스와 알키비아데스의 관계를 그다지 밀접하지 않았던 것으로 떼어 놓고자 애를 쓴다.[8] 그러나 플라톤의 대화편을 보면 소크라테스가 실제로 알키비아데

8 『소크라테스 회상(Apomnēmoneumata)』, I. ii. 12~40 참고.

스를 아끼는 마음이 상당했음을 쉽게 짐작할 수 있다. 『향연』의 알키비아데스 연설 부분을 보면 알키비아데스가 소크라테스에 대해서 애증이 교차할 정도의 애타는 심정을 토로하고 있으며, 『고르기아스(Gorgias)』 481d를 보면 소크라테스는 철학에 대한 사랑을 밝히는 동시에 알키비아데스에 대한 사랑도 함께 거론하고 있을 정도이다. 따라서 우리가 플라톤의 전언을 좀 더 신뢰한다면, 소크라테스와 알키비아데스의 관계는 상당히 밀접했다고 보아야 할 것이다.

대화편 초입에서 소크라테스는 다른 이들은 단념했는데도 자신만은 알키비아데스에 대한 사랑을 놓지 않고 있음을 밝히면서 알키비아데스가 이를 놀라워하고 있을 것이라는 말로 이야기를 시작한다. 그런데 알키비아데스가 놀라워하는 이유는 당대의 에로스(사랑)가 어떠했는가를 알아야 제대로 이해할 수가 있다. 당대의 에로스는 소년을 상대로 한 동성애적인 것으로 스무 살이 될 무렵인 알키비아데스는 이미 소년으로서의 매력을 잃을 시점이기 때문에 다른 이들이 그 곁을 떠나는 것은 당연한 일이었다. 그러나 그 전까지는 말조차 걸지 않던 소크라테스가 아직도 사랑을 놓지 않고 있다 하니 알키비아데스로서는 당연히 의아함을 품을 수밖에 없는 일이라 하겠다.

이에 대한 소크라테스의 답변은 대화편 말미에 가서 밝혀지는데, 131d 이하에서 소크라테스는 자신을 가리켜 "[알키비아데스의] 육체가 시들어서 다른 사람이 떠나더라도 곁에 남는 사람"으로 표현하면서, 그러는 이유를 알키비아데스의 육체를 사랑하는 게 아니라 영혼(psychē)을 사랑하기 때문이라고 밝히고 있다. 결국 소크라테스는 진정한 사랑이란 육체에 대한 사랑이 아니라 영혼에 대한 사랑이라고 주장하고 있는 셈이다. 이는 당대의 에로스관(觀)과는 상치되는 것으로 소크라테스가 젊은이와의 교제를 성적인 교제(synousia)가 아닌 지성적 교제로 전환하려 하고 있음을 알 수 있다.

사랑에 대한 소크라테스와 알키비아데스의 태도 차이는 그것에만 머무는 것이 아니라 인생의 희망(elpis)에 대한 태도 차이와도 연관된다. 알키비아데스는 이제 곧 연단에 올라 아테네인들한테 조언을 하고자 하는 정치적 야망(희망)을 가지고 있는데, 이는 그리스 전역에서 힘(권력)을 얻기 위함이다. 이 같은 알키비아데스의 가치관에서 우리는 권력에 대한 강한 동경을 읽어 낼 수 있다. 그런데 소크라테스는 자신의 도덕적 관점을 직접적으로 맞세워 제시하지 않고, 오히려 알키비아데스가 관심을 가지고 있는 '힘'에 대한 동경을 가지고 논의를 끌고 간다. 알키비아데스가 그 같은 힘(권력)을 얻으려면 소크라테스 자신을 통하지 않으면 안 된다는 것이다(105d).

소크라테스의 이런 주장은 알키비아데스뿐만 아니라 현대의 독자한테도 낯설고 기이한 주장으로 비칠 가능성이 높다. 그러나 삶을 주도하는 진정한 힘은 육체적 아름다움이나 재산 또는 가문의 배경과 같은 외재적인 데 있는 것이 아님을 소크라테스는 지속적으로 역설하고 있다. 이는 대화편의 후반부 초입(121 이하)에서 스파르타나 페르시아의 왕들의 조건에 비하면 알키비아데스의 조건이 웃음거리에 지나지 않는다고 이야기하는 것을 통해서도 확인된다. 진정한 힘은 외면적인 데 있는 것이 아니라 행위자 자신의 내면에 기초해야 한다는 것이 소크라테스의 일관된 입장이다.

그런데 이런 힘의 원천을 앎에서 찾는 것이야말로 소크라테스적인 입장이다. 특히 이러한 앎을 기술(technē)의 맥락에서 이해하고자 시도하는 것이 『알키비아데스 I』의 핵심적 특징 가운데 하나라고 할 수 있다.[9] 그런데 이렇게 기술을 중시했던 것은 소크라테스나 플라톤에 국한되는 일이 아니라 오히려 당대 그리스의 역사적 추세가 그러했다고 보아야 한다. 이는 히포크라테스와 같은 의사 집단이 기술로서의 의술을 중시했다는 점을 통해서도 짐작해 볼 수 있는 일이다.[10] 이런 배경을 알고 보면 『알키비아데스 I』에서, 그리고 플라톤의 여러 대화편에서 기술을 중점적으

9 해석상의 논란이 많지만, 이는 플라톤의 초기 대화편에서 나타나는 핵심적인 경향이기도 하다.

10 흔히 '예술은 길다'로 알려진 문구는 잘못 옮겨진 것으로, 이때의 예술이란 'technē(기술)', 좀 더 정확히 말하면 의술을 뜻한다.

로 논의하는 것은 의아한 일이 아닐 것이다. 그러나 현대의 우리가 유의해야 할 것은 플라톤이 기술을 논의할 때 현대의 우리와는 다른 접근을 하고 있다는 점이다. 우리는 기술을 욕망을 충족시켜 주는 도구로 생각하는 경향이 있지만, 플라톤이 『알키비아데스 I』에서 내놓고 있는 것은 삶 전반을 통합하는 기술 개념이다.

구체적으로 살펴보자면, 『알키비아데스 I』 106~108까지의 논의에서 소크라테스는 문법, 뤼라 탄주, 레슬링 등등의 분야를 거론하면서 기술에 대한 논의를 펼치고 있다. 그리고 그런 분야에서 조언을 할 수 있는 자격을 가진 자는 '아는 자'라는 동의를 얻어 낸다. 그런데 108a의 대목에서 소크라테스는 노래하는 것과 키타라 연주를 하는 것과 춤을 추는 것이 하나의 기술에 의한 것임을 강조한다. 이는 개별적인 경우마다 다른 기술을 대응시키는 방식이 아니라 일종의 통합적 기술을 제시하려는 의도로 이해할 수 있을 것 같다. 소크라테스가 왜 이렇게 통합적 기술을 강조하는가는 대화편의 후반부인 133d~e의 언급을 보면 납득할 수 있다. "이 모든 것, 즉 자신, 자신의 것들, 자신의 것들에 속하는 것들을 간파하는 것은 동일한 한 사람의 한 가지 기술에 속하는 듯하기 때문일세." 소크라테스는 자기 자신, 그리고 자신의 것들, 자신의 것들에 속하는 것들 그 모두를 관장하는 기술을 한 가지 기술로 통합하고 있다. 즉 소크라테스는 전체를 관통하는 통합적 기술을 지향하며, 그것을 바로 철학적 앎으로 간주하는 것으로 보인다. 이는 기술을 삶의 영역에 따라 파편화하는 우리의 기술 개념과는 상치된다. 플라톤이 『국가(Politeia)』에서 이상적인 (통)치술을 철학적인 앎(epistēmē)과 동일시하는 것도 이런 맥락에서 이해해 볼 수 있겠다.

그런데 아쉽게도 『알키비아데스 I』에서는 이와 같이 전체를 관통하는 통합적 기술의 구체적인 성격이 어떠한지 더는 설명하지 않는다. 그렇지만 기술과 관련해서 다른 대화편에서 보기 힘든 언급이 제시되고 있기는 하다. 기술의 대상에 있어서 '더 나은 것(좋은 것)'은 (그 대상과 관련되는) '모든 경우에 옳은 것'이며, 이 같은 옳은 것이 바로 기술에 따른 것이라는 언급이 바로 그것이다(108b 이하). 그리고 이 같은 옳은 것은 옳은 방식으로 해야만 가능하며, 그때의 옳은 방식을 가능하게 해 주는 것이 바로 기술이라는 설명이 이어지는데, 이런 논의를 이해하기란 결코 쉽지 않다. 그러나 '방식'의 문제에 초점을 맞추면, 몇 가지 중요한 시사점을 얻어 낼 수 있을 것 같다.

우리는 어떤 목적을 실현하기 위해 어떤 수단을 사용하곤 한다. 그런데 극단적인 결과주의의 노선에 서면 목적을 실현하는데 어떤 수단을 사용하든 문제가 되지 않는다.[11] 결과만 좋으면

11 이를테면 공리주의가 '최대 다수의 최대 행복'이란 논리에 설 때 노예제의 부

되니까. 그리고 이런 노선에서는 수단이 목적에 대해 외재적이기 때문에 어떤 수단을 어떤 '방식'으로 사용해야 하느냐는 문제는 아예 제기되지 않는다. 그런데 소크라테스는 (대상의) 옳은 상태를 실현하는 데는 일정한 옳은 방식이 있을 수밖에 없다고 말한다. 이런 기술관에서는 수단 및 그것의 사용이 목적에 대해 내재적인 관계를 맺게 될 것이다. 『알키비아데스 I』에서 기술을 정치의 영역에 적용하고 나아가 삶의 전 영역으로 확장시켜 논의하고 있음을 고려할 때, 소크라테스는 행위의 목적과 행위 방식이 내재적인 연관을 맺는 행위 모델을 선호하고 있는 것으로 볼 수 있다. 이런 관점에 설 때 '잘 사는 것', 즉 행복(삶의 목적)을 실현하는 데 있어서 (삶의) 방식 문제가 중요한 문제로 부각된다고 할 수 있다. 이렇게 보면 『알키비아데스 I』의 기술 개념은, 선용과 악용의 가능성에 열려 있는 일상적인 기술 개념과는 다른 것이라고 할 수 있으며, 바로 이것이 현대의 기술 개념과 근본적으로 단절되는 지점일 것이다.

한편 『알키비아데스 I』은 인식론적 측면에서도 중요한 논의를

당성을 옹호할 수 없다는 롤스(J. Rawls)의 비판도 같은 맥락의 비판이다. 공리주의(와 같은 결과주의)는 목적이 모든 수단을 정당화한다고 보는데, 노예제와 같은 수단까지도 정당화할 수밖에 없기 때문에 문제가 된다는 것이다. 이런 비판은 목적과 수단의 가치 관계를 다시 생각하게 해 준다고 할 수 있다.

담고 있다. 앞에서 이미 거론했듯이 조언을 하는 자는 아는 자이어야 한다는 데 알키비아데스는 동의를 했다. 그런데 109d 이하에서 소크라테스는 알키비아데스가 아는 자인가를 검토하기 시작한다. 소크라테스는 아는 자가 알게 되는 인식의 경로를, '자신이 스스로 알아내는 경우와 남한테 배우는 경우' 두 가지밖에 없다는 타당한 전제를 통해 논의를 진척해 나간다. 이는 앎을 발생적 관점에서 따져 보는 대목이 되겠다. 즉 앎이 어떻게 어떤 연원에서 생기는가를 따지는 대목이다. 앎을 얻을 수 있는 두 가지 가능한 길과 관련해서 알키비아데스는 다중(多衆)한테 배웠다는 주장을 펼치지만, 정작 다중이 가르칠 만한 이들이 못 된다는 것이 소크라테스에 의해 드러난다. 그런데 철학적으로 더 중요한 길은 스스로 알아내는 길이다. 소크라테스는 109e에서 (그리고 116~119에서) 자기가 알지 못한다는 생각을 해야 탐구가 가능하다고 말하는데, 이는 앎을 인식심리학적 차원에서 다루는 것이라고 할 수 있다. 풀어서 말하자면 자신이 안다고 생각하는 한에서는 알고자 하는 마음(탐구의 동기)이 생길 수 없고, 이런 경우에는 스스로 알아낸다는 것이 불가능하다는 것이다.

이런 논의가 소크라테스와 플라톤 철학에서 가지는 의미는 상당하다. 흔히 소크라테스의 철학적 방법을 '논박(elenchos)'의 방법이라고들 하는데, 이것이 소피스트의 쟁론술(eristikē)과 다른 점은 논박에 의해 대화 상대자로 하여금 자신의 무지를 자각케

하며 이를 통해 탐구의 동기를 자극한다는 데 있다. 따라서 논박된 일차적 결과는 파괴적이지만, 탐구의 동기를 형성시킨다는 인식심리적 측면에서는 긍정적인 의미를 가진다고 할 수 있다. 상대방을 이기고자 논박하는 소피스테스의 심리적 동기는 경쟁의 맥락에서 성립되며 궁극적 목적이 승리에 있는 반면, 소크라테스의 논박의 동기는 무지의 자각을 통해 앎을 궁극적 목적으로 지향한다는 점에서 진리를 추구하는 인식론적 의미가 있다고 할 수 있다. 『알키비아데스 I』은 바로 그런 소크라테스의 태도를 잘 예시해 주는 대화편이라고 할 수 있다.

『알키비아데스 I』에 나타나는 정치학적 논의는 대체로 『국가』의 논조와 닮았다. 126~127의 논의를 보면 소크라테스는 정치의 문제를 역시 기술의 관점에서 접근한다. 특히 125d에서 정치를 키잡이술에 유비하는 대목은 『국가』와 완벽히 일치된다. 그런데 이 대목(125c)에서 정치'술'이 다른 기술과 근본적으로 다른 성격의 것으로 제시된다는 점에 주목할 필요가 있다. 정치술은 '자기들끼리 협력하기도 하고 서로를 다루기도 하는 사람들'을 대상으로 한다. 그래서 다른 기술의 경우는 기술의 다스림을 받는 대상의 능동성이 문제가 되지 않지만, 정치술의 경우는 기술을 지닌 존재나 그 기술의 대상이 되는 존재나 같은 사람들이기 때문에 고려해야 할 문제가 다를 수밖에 없다. 이런 이유로 해서 폴리스의 일원들, 즉 시민들 간의 관계를 통솔하는 앎이 중요할 수밖에 없게 되는데, 126d에서 소크라테스는 이를 나라와 시민들 사이에 서로 상충되지 않는 '생각의 일치(homonoia)를 마련해주는 기술'로 규정하고 있다(그리고 이런 논의는 『국가』의 논의 방식과 정확히 일치한다). 여기서 '생각의 일치'란 일종의 정치적 필리아(philia : 우애, 좋아함)라고 할 수 있는 것으로, 소크라테스는 알키비아데스가 가문 중심의 귀족주의적 필리아 개념[12]을 가지고 있는 것을 비판하고, 이를 폴리스 차원의 것으로 확장한다.

그런데 이런 논의가 이루어진 뒤 알키비아데스는 이제는 자신이 무슨 말을 하는지를 모르겠다고 고백한다(127d). 이 대목이야말로 알키비아데스가 무지를 자각하는 순간이라고 할 수 있다. 소크라테스는 이런 고백을 듣고서 본격적으로 '자신을 돌보는 것'에 대한 논의를 시작한다. 이미 알키비아데스의 조건과 스파르타 및 페르시아의 조건을 비교할 때 소크라테스는 '돌봄(epimeleia)과 기술'이 아니면 알키비아데스가 그들을 능가할 수 없다고 선언했는데(124b), 127에 와서 이 논의가 구체화되고 있는 셈이다. 소크라테스는 자신을 돌본다는 것의 성격을 정확히 하기 위해 '자신에게 속하는 것들'과 '자신'을 구별하는 시도를 한다. 그리고 이 논의에서 결정적인 계기로 작용하는 것이 '사용' 개념이다. 소크라테스는 영혼이 몸을 사용한다는 점에서 몸은

12 이런 개념은 호메로스적 전통의 유산이라고 할 수 있다.

자신에게 속하는 것이요, 진정한 자기는 영혼이라는 동의를 얻어 낸다. 플라톤의 대화편들 가운데 심신이원론을 명확히 제시한 대화편은 『파이돈(Phaidōn)』이라고 할 수 있겠으나, 그렇게 나누는 근원적인 이유를 『알키비아데스 I』처럼 명확히 제시했다고 보기는 어렵다. 따라서 서양 철학사에서 심신이원론의 효시가 플라톤이라면, 이원론의 근거를 명확히 제시하는 최초의 논의가 『알키비아데스 I』에 들어 있다는 것은 철학사적으로도 의미심장하다고 하겠다.

그런데 124a~b 대목에서 소크라테스는 '너 자신을 알라'는 델피의 글귀를 언급하며 이를 '돌봄'과 연관 짓고 있다. 사실 소크라테스적인 정신이 '너 자신을 알라'는 모토로 제시된다는 데 대해서는 누구도 이의를 제기하지 않는다. 그러나 그동안에는 그것의 본질적인 의미를 진리 탐구라는 인식론적 맥락에 국한해서 이해하는 경향이 지배적이었다. 하지만 『알키비아데스 I』을 보면, '너 자신을 알라'의 의미가 인식론적인 의미를 넘어 심리적 차원으로, 더 나아가 윤리적 차원으로까지 확장된다. 이런 점에서 현대 프랑스 철학자인 푸코가 『주체의 해석학』에서 자기 인식의 의미를 '자신에 대한 돌봄'이라는 윤리적 차원에서 재해석하는 것은 의미 있는 통찰이라고 할 수 있다.[13] 그런데 그동안 '너

13 M. Foucault(2001).

자신을 알라'의 이 같은 의미 차원이 무시되었던 것은『알키비아데스 I』이 위작으로 간주되면서『알키비아데스 I』에 녹아 있는 소크라테스 · 플라톤적인 정신 또한 함께 시야에서 사라지게 되었기 때문으로 보인다.[14] 이런 점에서『알키비아데스 I』을 읽는 것은 소크라테스와 플라톤의 정신을 새로운 차원에서 재음미할 수 있는 결정적인 계기를 제공한다.

그 밖에도『알키비아데스 I』의 고유성을 드러낼 수 있는 것으로 두 가지 정도를 더 들 수 있다. 하나는『소크라테스의 변론(Apologia Sōkratous)』을 빼고는 다른 어느 대화편보다도 '다이모니온(daimonion : 신령스러운 것, 영적인 것)'에 대해 적극적인 언급을 하고 있다는 점이다. 플라톤의 대화편들을 보면, 소크라테스에게 다이모니온이 다가올 때는 가로막는 반대의 목소리로 다가오는 것이 일반적이다. 그러나『알키비아데스 I』을 보면 소크라테스는 다이모니온의 가로막음이 없음을 오히려 적극적인 권유로 해석하는 듯하다. 또한 다이모니온에 대한『알키비아데스 I』의 언급을 보면, 다른 대화편에서 보지 못한 언급을 하는 대목이 나온다. 대표적인 경우가 바로 다이모니온을 후견인(epitropos)으로 표현하는 대목이다. 전통적으로는 이를 두고 흔히 자기 자신을 지켜 주는 '수호자' 개념으로 이해하기도 했는데

14 이에 대한 세부적인 논의는「작품 안내 I」'3. 진위 논쟁' 참고.

이는 정당한 이해 방식일 수 있다. 어쨌든 이런 측면들을 고려할 때, 『알키비아데스 I』의 논조는 소크라테스의 다이모니온을 새롭게 해석할 수 있는 차원을 시사하는 것으로 보인다.

한 가지 더 언급하자면, (극중의) 소크라테스는 자기 인식을 권유하기 위해 눈이 눈동자의 눈부처를 보는 것에 빗대고 있는데, 이는 정말 플라톤이 아니라면 하기 어려운 탁월한 유비인 것 같다. 그리고 앞에서 이야기했듯이 『알키비아데스 I』의 논의 수준은 상당히 높은 편이다. 무엇보다도 그렇게 많은 주제들을 소크라테스와 알키비아데스의 긴장 관계를 통해 일관되게 구성하는 것은 그런 주제들에 대한 깊은 통찰이 없으면 불가능한 일일 것이다. 그리고 이런 점에서 아무래도 『알키비아데스 I』은 진작일 가능성이 높은 듯하다. 그러나 지금까지 이에 대한 논쟁이 워낙 분분하기 때문에 『알키비아데스 I』의 진위 문제는 따로 논의할 필요가 있다.

3. 진위 논쟁

『알키비아데스 I』은 오랫동안 주목을 받지 못한 대화편이다. 그렇게 된 이유는 19세기 초반 슐라이어마허(F. Schleiermacher)가 이 대화편을 위작으로 간주한 이래 서양 고전학계의 주류가 이런 해석을 받아들였기 때문이다.[15] 그러나 이와 같은 텍스트 비평의 전통은 전적으로 근현대에 국한된 현상이라는 것에 유의할 필요가 있다. 서양 고대, 특히 헬레니즘 시기에는 『알키비아데스 I』이 플라톤 텍스트 중에서도 크게 주목을 받는 대화편 가운데 하나였다.[16] 오히려 고대에는 이 대화편을 위작으로 간주하는 경우가 아예 없었다 해도 과언이 아니다. 어떤 이는 고대에는 텍스트 비평의 날카로운 시선이 부족했기 때문이라고 지레짐작할지도 모르나, 이미 고대에도 플라톤의 이름으로 일컬어지는 텍스트 가운데 위작이 있다는 전언이 있는 것을 보면,[17] 이런 시선은 말 그대로 지레짐작에 지나지 않는다.

사실 진위 논쟁의 대상이 되고 있는 플라톤 텍스트 가운데 몇몇 대화편은 공방이 치열한 만큼이나 양쪽 다 결정적인 근거를 내놓지 못하는 경우가 있다. 대표적인 경우가 바로 『일곱째 편지(Epistolē VII)』이다. 그동안 『알키비아데스 I』은 이 같은 치열

15 이를테면 버넷(J. Burnet), 테일러(A. E. Taylor), 블룩(R. S. Bluck), 브룅쉬빅(J. Brunschwig), 블라스토스(G. Vlastos) 등 이름만 들어도 알 수 있는 고대철학 연구의 대가들이 이 대화편을 위서로 간주했다. 『알키비아데스 I』과 관련해서 어떤 학자들이 위서로 보고, 어떤 학자들이 진서로 보는가에 대해서는 플라마리옹(Flammarion) 시리즈의 부록 1(pp. 219~220)을 참고.

16 Diogenēs Laertios(1925), III 참고.

17 Diogenēs Laertios(1925), III. 62 참고.

한 공방 밖에 놓여 위작으로 간주되고 관심의 대상이 되지 못했다. 그러나 이 대화편을 위작으로 보는 이들의 근거를 들여다보면 나름대로 설득력이 있긴 하나, 그것을 결정적이라고 하기는 어려운 것 같다. 이를테면 슐라이어마허는 이 대화편이 알키비아데스를 생동감이 없게 묘사하고 있다는 것을 근거로 내세우는데, 이는 해석자에 따라 얼마든 달리 볼 수 있는 문제이다. 문체통계학(stylometrics)에 따른 논쟁도 있는데, 『알키비아데스 I』이 특정 시기의 표현을 쓰기보다 플라톤의 초기뿐만 아니라 중 · 후기에 자주 쓰는 표현을 두루 사용한다는 점을 가지고 위작으로 보는 경우도 있다. 그러나 『향연』의 경우처럼 플라톤이 여러 가지 다른 글쓰기 방식을 자유자재로 구사할 수 있는 훌륭한 극작가였다는 점을 고려할 때 문체통계학의 근거만을 가지고 진위서 논쟁에 종지부를 찍기는 어려워 보인다.

철학적인 측면에서 문제가 되는 것은 『알키비아데스 I』의 집필 시기를 언제로 잡을지가 참으로 막연하다는 데 있다. 그런 까닭은 『알키비아데스 I』이 다루는 내용이 너무 포괄적이기 때문이다. 실제로 『알키비아데스 I』의 논의를 곱씹어 보면, 플라톤의 초기뿐만 아니라 중기 및 후기 대화편과 연관되거나 일치되는 대목이 상당히 많다. 몇 가지 눈에 띄는 대목만 거론해도 유사성을 쉽게 찾아볼 수 있다. 이를테면 영혼에 대한 돌봄을 강조하는 것은 『소크라테스의 변론』(29e, 30b, 36b~c)과 거의 일치하며, 자기 자신에 대한 앎을 절제와 연결 짓는 것은 『카르미데스(Charmidēs)』와 일치한다. 그리고 정의를 다루기 위해 좋음과 나쁨, 아름다움과 추함을 논의하는 대목은 『고르기아스』의 축약판이라고 할 만하며, 알키비아데스의 무지를 폭로하면서 무지의 자각을 강조하는 논의는 『메논(Mēnon)』에서 배움의 역설을 극복하는 방식과 유사하다. 또한 자기 자신을 돌보는 것을 강조하면서 진정한 자기를 영혼으로 내세우는 대목은 『파이돈』에서 몸과 영혼의 이원론을 제시하고 영혼을 돌봐야 한다고 역설하는 논조(83a)와 일치하며, 소크라테스를 '이상한 분(atopos)'으로 보는 알키비아데스의 태도는 『향연』(215a, 221d)과 정확히 일치한다. 무엇보다도 네 가지 주된 덕, 즉 지혜 · 정의 · 절제 · 용기라는 사주덕(四主德)을 언급하는 것이나 정의를 규정하는 방식, 그리고 정신(nous)을 강조하는 점은 『국가』와 정확히 일치한다. 이 밖에도 『뤼시스(Lysis)』, 『파이드로스(Phaidros)』, 『테아이테토스(Theaitētos)』, 『법률(Nomoi)』과 유사한 대목도 적잖이 있을 정도이다.

이렇게 보면 『알키비아데스 I』은 플라톤의 여러 대화편과 내용상 겹치는 대목이 아주 많음을 알 수 있다. 그래서 이 대화편을 플라톤의 다른 대화편들을 가지고 짜깁기한 위작으로 보는 가설이 생김 직하기도 하다. 그러나 설령 『알키비아데스 I』이 짜깁기라고 하더라도 단순한 짜깁기인 것 같지는 않다. 왜냐하면 논의의 구성 방식에서부터 논의 수준에 이르기까지 플라톤이 아니라면 보여 주기 힘든 극적 수준과 철학적 수준을 달성하고 있기 때문이다. 이를테면 대화편은 시작부터 끝까지 소크라테스와 알키비아데스의 대립적인 태도를 교묘할 정도로 탁월하게 표현하면서 극적 긴장감을 유지하고 있다. 대화편 초입 부분만 보더라도 『알키비아데스 I』의 작가가 두 사람의 긴장 관계를 드러내기 위해 표현 방식에서부터 얼마나 고심했나를 알 수 있다. 사랑에 대한 태도의 차이, 힘 내지 권력에 대한 지향성의 차이, 삶에 대한 궁극적 희망 및 품고 있는 생각(dianoia)의 차이를 표현과 내용을 교묘하게 일치시켜 드러내고 있기 때문이다. 또한 적잖은 학자들이 지적하듯, 영혼이 자신을 보는 것을 눈이 눈동자의 눈부처를 보는 것에 유비하는 대목은 플라톤다운 유비의 극치라 할 만하다.

이러저러한 측면들을 고려할 때, 그리고 현재의 연구 성과를 가지고 볼 때, 『알키비아데스 I』을 진작이다 위작이다 한마디로 단언하기에는 어려움이 있는 것이 사실이다. 그러나 우리는 『알키비아데스 I』에 대한 고대의 전통을 무시하고 곧바로 근현대의 새로운 전통을 무조건 받아들일 필요는 없다고 생각한다. 증명의 부담을 일차적으로 져야 할 쪽은 이 대화편을 위작으로 간주하는 근현대 학자들이며, 그들의 근거가 결정적이지 않다면, 이 대화편을 위작으로 간주하는 길로 곧바로 나갈 필요는 없기 때문이다. 이런 점에서 우리는 『알키비아데스 I』의 진위 논쟁에 대해 일정 정도 논의의 여지를 열어 놓으면서도 진작으로 보는 쪽으로 강하게 기울고 있다. 그게 아니라 위작이라고 해도 내용상으로는 플라톤의 다른 대화편과 충분히 일관되게 읽힐 수 있다는 점에서, 고대에 그랬듯이, 지금도 플라톤 철학의 입문서로 소개하기에 전혀 손색이 없다고 생각한다.[18]

앞에서도 말했듯이 『알키비아데스 I』을 진작으로 보더라도 어느 시점에 썼다고 단정하기는 극히 어렵다. 일단 초기 대화편과 달리 난문(aporia)으로 끝나지 않는다는 점에서 최소한 중기 대화편으로 볼 부분이 많다. 특히 『국가』 등에서 형상을 가리키는 전문 용어인 '자체 그 자체(auto to auto)'가 사용되는 것을 볼 때, 또한 『국가』의 사주덕이 제시되는 것이나 정의에 대한 규정 방식이 동일하다는 것을 볼 때 『국가』와 거의 비슷한 시점에 쓰였을 것으로 보는 것이 합당할 듯하다. 더 구체적으로 말하자면 논의의 주제를 설정하고 탐구해 나가는 방식이 대체로 초기 대화편과 상당한 유사성을 보인다는 점에서 『국가』 직전에 쓰인 것으로 보는 것이 합당할 듯하다. 그러나 『알키비아데스 I』 123b에서 거론되고 있는 "페르시아의 왕에게 가려고 내륙으로 들어갔던 사

18 일찍이 신플라톤주의자인 이암블리코스(Iamblichos)는 『알키비아데스 I』이 마치 씨처럼 플라톤 철학 전체를 포함하고 있다고 했으며, 올륌피오도로스(Olympiodoros)는 플라톤 대화편의 출입구라고 일컫기도 한다.

람들 중 믿을 만한 사람"이 크세노폰이 확실하다면, 『국가』 이후에 집필된 것으로 보는 것 역시 설득력이 있을 수 있긴 하다. 그리고 후기 저작으로 보기 어려운 이유는 다루어지는 주제 및 그것을 다루는 방식이 초기 후반이나 중기와 아주 닮았기 때문이다. 물론 이런 해석은 '만일 진작이라면'이라는 가정을 전제로 해 볼 수 있는 추측이다.

알키비아데스 II

작품 내용 구분 II

1. 도입부 : 소크라테스가 신에게 빌러 가는 알키비아데스에게 '섣불리 신에게 빌어서는 안 된다'며 말린다.(138a~c)
2. 알키비아데스는 미친 사람과 건강한 사람의 기도를 비교해서는 안 된다고 반박한다. 이에 소크라테스는 미친 사람과 무분별한 사람, 건강한 사람과 분별 있는 사람을 동일시하는 논변을 펼쳐서 무분별을 그저 광기로 치부할 일이 아님을 납득시킨다.(138c~139d)
3. 광기와 무분별에 대해 논의한다.(139d~140d)
4. 분별 있는 사람과 무분별한 사람의 차이가 무엇을 행하고 말해야 하는지를 아는 자와 모르는 자의 차이라는 데 동의를 얻어낸 후, 소크라테스는 무엇을 행하고 말해야 좋은지를 아는 것과 알고 있다고 믿는 것은 다르다는 점을 밝힌다.(140d~143b)
5. 모든 무지가 다 나쁜 것은 아니고 때로는 무지가 좋은 결과를 낳을 때도 있다.(143b~144d)
6. 좋은 것을 알더라도 가장 좋은 것을 알지 않는 한, 부분적인 좋은 것에 대한 앎은 오히려 해를 끼칠 수 있다. 분별 있는 사람이란 가장 좋은 것을 알고 그것을 가장 '이롭게' 행하는 사람이며, 이런 이들을 나라의 조언자로 둘 때 그 나라가 올바르게 운영된다.(144d~147a)
7. 결론 : 신에게 비는 가장 좋은 기도는 라케다이몬 사람들의 기도로서, 가장 좋은 것과 가장 아름다운 것을 달라고 비는 것이다. 이는 신이 제물을 탐하지 않고 인간의 영혼이 지닌 올바름과 분별에 주목하기 때문이다.(147a~150b)
8. 마무리 : 신과 인간들에 대해서 어떻게 행동하고 말해야 좋을지를 배우기 전까지는 침묵해야 한다. 알키비아데스는 소크라테스가 바로 자

신에게 가장 좋은 것들을 가르쳐 줄 사람이라 확신하며 그에게 화관을 둘러 주고, 소크라테스는 알키비아데스를 유혹하는 잘못된 대중으로부터 그를 구할 수 있는 길조라 여겨 이를 받아들인다.(150b~151c)

알키비아데스 II

소크라테스, 알키비아데스

소크라테스 알키비아데스, 신께[1] 빌러[2] 가는 길인가? 138a

알키비아데스 물론이죠, 소크라테스 선생님.

소크라테스 침울한 얼굴을 하고 땅을 보는 모습이 뭔가 골똘히 생각하고 있는 듯이 보이는군.

알키비아데스 누군가가 무엇을 골똘히 생각하고 있을 경우에, 그가 골똘히 생각하는 것은 무엇일까요, 소크라테스 선생님?*

소크라테스 알키비아데스, 내 생각에 그건 대단히 골똘히 생각할 거리일세. 자, 제우스께 맹세코, 생각해 보게. 사적으로나 공

* 이 문장의 뜻은 애매하다. 본 번역은 원문을 직역한 것인데, 원문이 본래 애매한 탓이다. 해석의 방식은 1) 내가 지금 골똘히 생각하는 것이 무엇이겠습니까? 2) 사람이 골똘히 생각하는(생각해야 하는) 것이 무엇일까요? 정도가 있을 수 있겠다. 문맥상 자신에게 향한 질문을 알키비아데스가 골똘히 생각하는 사람 모두에게 하는 질문처럼 받아서 되묻는 형태다. 이 과정을 통해서 처음의 개별적인 질문이 보편적인 질문으로 변화한 것을 알 수 있다.

b 적으로 우리가 비는 것들 중에 때때로 어떤 것들은 신들이 들어주고 어떤 것들은 들어주지 않으며, 어떤 사람의 것은 들어주고 어떤 사람의 것은 들어주지 않는다고 자네는 생각하지 않는가?[3]

알키비아데스 물론 그렇습니다.

소크라테스 그럼 빌기 전에 미리 각별한 주의[4]를 따로 기울일 필요가 있다는 생각이 자네에게 들지 않는가? 어떤 사람이 비는 것을 신들이 들어줄 태세일 때, 그가 좋은 것이라고 생각하지만 사실은 대단히 나쁜 것을 자신도 모르게 빌지 않으려면[5] 말이지.
c 이를테면 자신의 유산을 아들들이 칼로써 분배하게 해 달라고 오이디푸스가 무턱대고 빌었다고들 하네.[6] 그는 자신에게 닥친 나쁜 것들로부터 벗어날 길을 빌 수 있었는데도, 당장의 나쁜 것들에 더해서 또 다른 나쁜 것들을 비는 저주의 말을 했네. 그리하여 그 기원이 이루어졌을 뿐만 아니라, 그것들로부터 그 밖의 끔찍한 일들도 많이 이루어졌네. 그 이야기를 일일이 다 말할 필요가 있을까?

알키비아데스 하지만 소크라테스 선생님, 선생님이 말씀하신 것은 미친 사람의 경우죠. 그러지 않고서야 건강한 상태에서 누가 그와 같은 것들을 감히 빌었으리라고 선생님이 생각하시겠습니까?

소크라테스 자네는 미친 것이 분별 있는 것과 정반대가 된다고[7]

생각하는가?

알키비아데스 물론이죠.

소크라테스 그리고 자네는 무분별한 사람도 있고 분별 있는 사람도 있다고 생각하는가? d

알키비아데스 물론 있다고 생각하지요.

소크라테스 자, 이들이 도대체 누구인지 살펴보세. 일단 무분별한 사람들과 분별 있는 사람들이 있으며, 또 미친 사람들도 있다는 데 우리는 동의했네.

알키비아데스 동의했고말고요.

소크라테스 그리고 건강한 사람들도 또 있는가?

알키비아데스 있지요.

소크라테스 병든 사람들도 또 있지 않은가?

알키비아데스 물론이지요. 139a

소크라테스 그들은 같은 사람이 아니지?

알키비아데스 아니고말고요.

소크라테스 그러면 이쪽도 저쪽도 아닌 상태의 사람들이 또 있는가?

알키비아데스 분명코 없습니다.

소크라테스 사람은 병들었거나 병들지 않은 상태일 수밖에 없기 때문일세.

알키비아데스 제가 보기에는 그렇습니다.

소크라테스 어떤가? 그럼 자네는 분별과 무분별에 관해서도 같은 견해를 갖고 있는가?

알키비아데스 무슨 말씀이신지요?

소크라테스 사람은 분별 있거나 무분별할 수밖에 없다고 자네가 생각하는가 해서 묻는 말일세. 아니면 사람을 분별 있게도 만 b 들지 않고 무분별하게도 만들지 않는 중간 상태인 셋째 것이 있는가?

알키비아데스 분명코 없지요.

소크라테스 그러니 사람은 이 가운데 어느 한 상태일 수밖에 없겠군.

알키비아데스 제가 보기에는 그렇습니다.

소크라테스 미친 상태가 분별과 반대된다고 동의한 사실을 자네는 기억하고 있겠지?

알키비아데스 예.

소크라테스 사람을 분별 있게 만들지도 않고 무분별하게 만들지도 않는 중간인 셋째 상태가 없다는 것도?

알키비아데스 동의했죠.

소크라테스 어떤 하나에 반대되는 것이 둘일 수 있는가?

알키비아데스 결코 그럴 수 없지요.

c 소크라테스 그러면 무분별과 미친 상태는 동일한 듯하군.

알키비아데스 그렇게 보이네요.

소크라테스 알키비아데스, 그렇다면* 무분별한 사람들은 모두 미쳤다고 말해야 우리가 옳게 말하는 것일 게야. 당장 자네 또래들 중에 어떤 이들이 (실제로 그렇듯이) 무분별하고, 심지어 더 나이 든 사람들 중에도 그런 사람이 있다고 할 경우에 말이야. 자, 제우스께 맹세코, 생각해 보게. 자네는 한 나라[8]의 사람들 가운데 분별 있는 사람은 소수고, 자네가 미쳤다고 부르는 무분별한 사람은 다수[9]라고 생각하지 않는가?

알키비아데스 그렇습니다.

소크라테스 그러면 자네는 우리가 그렇게 많은 미친 사람과 함께 무사히 나라를 꾸려 갈 수 있었으리라 생각하는가? 우리가 얻어맞고 내던져지거나 미친 사람들이 으레 하는 짓에 당하거나 해서, 이미 오래전에 그 대가를 치렀으리라고는 생각하지 않는가? 여보게, 사실은 이와 다른 게 아닌지 살펴보게나. d

알키비아데스 소크라테스 선생님, 그럼 사실은 대체 어떤 것이죠? 제가 생각하는 대로가 아닌 것 같아서요.

소크라테스 내가 보기에도 그런 것 같군. 그러면 대략 다음과 같은 방식으로 생각해 봐야 할 걸세.

* 앞서 소크라테스가 '무분별이 미친 상태와 동일하다'고 한 말이 사실이라면, 그렇다는 뜻이다. 하지만 곧 밝혀지듯이, 이 말에 대한 알키비아데스의 동의는 잘못된 동의였음이 드러난다.

알키비아데스 대체 어떤 방식을 말씀하시나요?

소크라테스 자네한테만큼은 내가 말해 줌세. 우리는 병든 사람이 있다고 생각하지? 그렇지 않은가?

알키비아데스 물론이죠.

e 소크라테스 그럼 자네가 보기에 병든 사람은 통풍[10]을 앓거나 열병을 앓거나 또는 눈병을 앓을 수밖에 없는가? 아니면 자네가 보기에 이 가운데 어떤 상태도 아니면서 다른 병을 앓을 수도 있겠는가? 병이야 많고 이것들만 병은 아니니까 말이지.

알키비아데스 제가 보기에는 다른 병을 앓을 수도 있을 것 같습니다.

소크라테스 그럼 자네가 보기엔 눈병은 다 병인가?

알키비아데스 예.

소크라테스 그러면 병은 다 눈병인가?

알키비아데스 제 생각에 분명코 그건 아닙니다. 그렇지만 이렇게 된 마당에 달리 뭐라 말씀드려야 할지 난감하군요.[11]

140a 소크라테스 그래도 내게 정신을 집중하면, 우리가 "둘이 함께"[12] 탐구해서 아마 찾아낼 수 있을 걸세.

알키비아데스 안 그래도 소크라테스 선생님, 저로서는 정신을 한껏 집중하고 있는 걸요.

소크라테스 눈병은 다 병이지만 병이 다 눈병은 아니라는 데 우리가 동의했지?

알키비아데스 동의했습니다.

소크라테스 그리고 그렇게 동의한 것이 옳은 것 같네. 내가 생각건대 열병을 앓는 사람은 모두 병든 사람이긴 하지만, 병이 든 사람이라고 다 열병을 앓지도 않고 통풍을 앓지도 않으며 눈병을 앓지도 않으니까 말이지. 그게 아니라 사실은 그와 같은 것들 b 이 다 병이긴 해도, 우리가 의사라 부르는 바로 그 사람들이 하는 말로는, 병들의 증세는 다르다네. 다들 같은 종류의 병도 아니고 같은 방식으로 병치레를 하게 만드는 게 아니라 각각 그 나름의 특성에 따라서 병치레를 하게 만드니 말일세. 그렇더라도 그것들이 다 병이긴 하지. 마찬가지 방식으로 우리는 어떤 사람들을 장인(匠人)이라고 간주하네. 그렇지 않은가?

알키비아데스 물론이죠.

소크라테스 그 어떤 사람들이란 갖바치[13]와 목수와 조상(彫像) 만드는 이와 그 밖에 일일이 말할 필요가 있을까 싶은 다른 숱한 이들이 아니겠는가? 그들은 장인됨의 몫을 나누어 갖고 있고, c 이 모든 이가 장인이긴 하지. 그렇더라도 장인이라고 전부 다 목수도 아니요, 갖바치도 아니요, 조상 만드는 이도 아닐세.

알키비아데스 분명 그렇습니다.

소크라테스 더 나아가 그런 식으로 사람들은 무분별도 나눠 가지며, 그것의 가장 큰 몫을 가진 사람들을 우리는 '미친 사람들'이라 부르고, 좀 덜 가진 사람들은 바보스럽고 얼빠졌다고 부르네. 아주 완곡한 표현으로 부르길 원하는 사람들 중에 어떤 사람들은 그들을 '고결한 사람들'[14]이라 하고, 어떤 사람들은 그들을 d '단순한 사람들'이라고 하며 그 밖의 다른 사람들은 그들을 '악의 없는 사람들' 또는 '전진난만한 사람들'이라거나 '밀수가 적은 사람들'이라고 한다네. 찾아보면 그 밖의 다른 많은 표현을 자네가 발견할 수 있을 걸세. 이 모든 게 무분별이지만 다 다르다네. 이 기술이 저 기술과, 이 병이 저 병과 다르다고 우리에게 드러났듯이 말일세. 자네는 어떻게 생각하는가?

알키비아데스 저야 그렇게 생각하지요.

소크라테스 그럼 거기서부터 다시 출발점으로 돌아가 보세. 분명 논의의 출발점에서도 무분별한 사람과 분별 있는 사람이란 도대체 누구인지를 살펴보아야 한다고 했었네.* 우리가 그런 사람들이 있다는 데는 동의했으니까 말이지. 그렇지 않은가?

알키비아데스 예, 그건 동의한 사항이지요.

e 소크라테스 그럼 자넨 분별 있는 이 사람들은 무엇을 행하고 말해야 할지를 아는 사람들이라고 생각하는가?

알키비아데스 저는 그렇게 생각하죠.

소크라테스 무분별한 사람들은 어느 쪽이라고 생각하는가? 자네

* 138d.

는 그들이 이것들 둘 다를* 모르는 자들이라고 간주하는 건가?

알키비아데스 예.

소크라테스 그러면 이들은 이것들 둘 다를 모르는 사람들이니만큼 그러지 말아야 할 것을 자기도 모르게 말하고 행하지 않겠는가?

알키비아데스 그래 보입니다.

소크라테스 자, 알키비아데스, 이런 사람들 중에 오이디푸스도 있다고 내가 말했네. 그런데 자네는 여전히 요즘 사람들 중에서도, 오이디푸스와는 달리, 분노에 사로잡히지 않은 채 자신을 위해서 나쁜 것이 아니라 좋은 것을 빌고 있다고 생각하는 사람들을 많이 발견할 수 있을 걸세. 오이디푸스는 좋은 것을 빌지도 않았고 그렇게 하고 있다고 생각하지도 않았지만,** 이와는 반대되는 상태에 있는 사람들이 있네.*** 사실 나는 누구보다 우선 자네가 다음과 같이 하리라고 생각하고 있거든. 일단 자네가 지금 찾아가고 있는 신이 나타나서 자네가 뭔가를 빌기도 전에, 아테네의 참주****가 되면 자네 마음이 흡족하겠는지 묻는다고 하세. 그 141a

* 무엇을 행하는 것과 무엇을 말하는 것.

** 소크라테스는 138c1~3에서 한 말을 이 문맥에 맞게 바꿔 말하고 있다.

*** 이 사람들은 결국 바로 앞에서 말한 '자신을 위해 나쁜 것이 아니라 좋은 것을 기원하고 있다고 생각하는 사람들'과 같은 이들이다.

**** 'tyrannos'는 본래 '왕'을 뜻하던 말인데, 기원전 7세기 이후 폭력적으로 정권을 탈취한 자를 일컫는 말로 쓰였다. 따라서 'tyrannos'는 문맥에 따라 '폭군'

런데 자네가 이를 시시하고 대단한 것이 못 된다고 여길 경우에는, 이에 덧붙여 '그리스의 모든 나라의 참주'가 추가된다고 해보세. 더 나아가 여전히 자네가 미흡하다고 여기는 것을 알고서는, 전 유럽의 참주까지 약속할 뿐만 아니라, 자네가 원할 경우에는 클레이니아스의 아들인 알키비아데스가 참주임을 모두가 그날 당장 실감하는 것까지 약속한다면 어떨까?* 나는 자네가 최고로 좋은 것을 얻었다는 생각에 너무 좋아하며 자네 스스로 신을 만난 자리를 뜨리라고 생각하네만.

b

알키비아데스 소크라테스 선생님, 그런 일이 자신에게 일어난다면 누구라도 그러하리라 생각하는데요.

c

소크라테스 그렇다고 하더라도 적어도 자네 목숨을 대가로 전 그리스 사람의 땅과 이민족[15]의 땅과 참주 자리가 생기는 것을 자네가 바라지는 않을 걸세.

알키비아데스 물론 그렇지요. 어찌겠습니까? 그것들이 아무 소용이 없을 텐데요.

소크라테스 그것들이 나쁘고 해롭게 사용될 경우라면 어떤가? 그런 경우에도 역시 바라지 않겠지?

이라는 뜻으로도 쓰인다. 여기에서는 절대 권력을 가진 일인자를 뜻한다.

* 이런 상황을 가정할 때, 누구보다도 알키비아데스는 오이디푸스와 반대되는 상태에 있는 사람으로서 행동하리라는 말이 생략되어 있다. 뒤이어 나오는 내용이 바로 그 구체적인 반응 형태다.

알키비아데스 그야 그렇죠.

소크라테스 그러니까 자네는 누군가가 그것들로 인해서 해를 입거나 극단적으로는 생명을 잃기가 쉬운 경우에는 주어지는 것을 덥석 받아들이는 것도, 그것들이 생기기를 스스로 비는 것도 안전하지 못하다고 보고 있군. 그렇지만 우리는 그렇지 않은 사람들의 사례를 들 수 있네. 그들은 자신을 위해 뭔가 좋은 것을 한다는 생각에 참주 자리를 탐하여 그것을 얻기 위해서 열성을 다했지만, 그 자리를 노리고 계략을 꾸민 자들에 의해 생명을 빼앗기고 말았지. 자네가 바로 엊그제 일어난 몇몇 사건들에 관해 듣지 못했을 리는 없겠지? 마케도니아의 참주인 아르켈라오스[16]에게 소년 애인이 있었는데, 아르켈라오스가 그 애인을 열렬히 사랑한 것 이상으로 애인은 참주 자리를 열렬히 사랑했고,[17] 그 소년 애인은 자신이 참주가 되어 행복한 사람이 되겠다는 생각에 아르켈라오스를 죽였다네. 그는 참주 자리를 사나흘 유지하다가 또 다른 누군가의 모략에 의해 최후를 맞이했지. 우리나라 사람들 중에서도 그런 사람들이 있다는 것을 자네는 알고 있네(그 상황을 다른 사람들에게서 들은 게 아니라 우리가 직접 그 자리에 있으면서 보았으니 말일세). 그들은 장군직을 탐내어 그것을 얻었지만, 그들 중 어떤 사람들은 아직까지도 이 나라에서 추방된 신세고, 어떤 사람들은 생명을 잃었다네. 그들 중에서 직무를 가장 잘 수행했다는 평판을 받고 있는 사람들마저 장군직을 수행하면

d e 142a

서 숱한 위험과 두려운 일을 치를 뿐만 아니라, 자신들의 나라로 돌아와서도 적들에게 당한 것 못지않은 포위 공격을 음해자들에 의해 계속 당하는 바람에, 그들 중 어떤 이들은 장군직에 선 b 출되기보다는 차라리 장군직에 선출되지 않았있기를 빌 지경이었지. 만약 위험과 고난이 이로움을 가져오기라도 한다면, 그래도 그건 나름대로 이유가 되겠지. 그렇지만 상황은 정반대일세. 자식들과 관련해서도 자네는 같은 경우를 찾아볼 수 있을 것이네. 어떤 사람들은 자식을 달라고 빌어서 자식을 얻었으나 너무나 큰 불행과 고통에 처하였다네. 왜냐하면 어떤 사람들은 자식들이 못된 탓에 평생을 고통받으며 지냈고, 어떤 사람들은 자식 c 들이 훌륭했지만 불행하게도 그들을 잃어서 앞의 사람들보다 나을 게 없는 불행한 상태에 처하여 차라리 자식이 없었더라면 하고 바라기 때문일세. 그러나 이들뿐만 아니라 이들과 비슷한 마음가짐을 가진 다른 많은 사람의 결과가 이처럼 빤한데도, 주어지는 것들을 멀리하거나 그것들이 기도를 통해 생길 것 같을 때 빌기를 그만두는 사람들은 보기 드물다네. 많은 사람이 참주 자 d 리가 주어지는 것을 마다하지 않을 뿐만 아니라, 장군 자리도 그 밖의 많은 것도 마다하지 않는다네. 그것들이 있으면 이익이 되는 게 아니라 해를 끼치는데도 말일세. 그 정도가 아니라 자신에게 당장 그것들이 없으면 생기게 해 달라고 빌기까지 하지. 그러나 얼마 안 가서 그들이 처음에 빌던 것들을 취소하는 기도를 드리고 노래를 고쳐 부르는* 경우도 종종 있다네. 그래서 내 생각에 신들 때문에 자신에게 나쁜 일들이 생겼노라고 말하면서 신들을 탓하는 것은 사실은 터무니없는 짓이 아닐까 싶네. "그들 자신이 자신의 사려 없음에 의해서"(또는 '무분별에 의해서'라고 말해야 하네만) "팔자에 없는 고통을 겪네."[18] 아무튼 알키비아데스, 저 시인**은 분별 있는 사람 축에 드는 듯하네. 내가 보기에 그는 자신의 어리석은 친구들을 상대하면서, 그들이 자기들에게는 더 좋아 보이지만 사실은 그렇지 못한 것들을 행하고 비는 걸 보고서는 그들 모두를 위해 공통된 기도를 드린 것 같네. 그는 대략 다음과 같은 식으로 말하고 있네. e

"왕이신 제우스여, 좋은 것들은 143a
빌든 빌지 않든 우리에게 주십시오.
끔찍한 것들은 빌더라도 막아 주십시오."[19]

이렇게 그는 신에게 청하네. 내게는 그 시인이 훌륭하고도 안전한 말을 하는 것으로 보이네. 이것들과 관련해서 자네가 생각하

* '노래를 고쳐 부른다(palinōidein)'는 말은 『파이드로스』 243a~b에도 나온다. 거기서는 신을 모독하는 이야기를 해서 신의 노여움을 사지 않기 위해 자신이 한 이야기를 새로 고쳐서 한다는 뜻으로 사용된다.

** 바로 뒤에 나오는 작자 미상의 시를 지은 시인을 말한다.

고 있는 것이 있다면, 잠자코 있지 말게.

알키비아데스 소크라테스 선생님, 훌륭하게 이야기된 것에 반대

b 하기란 어렵죠. 어쨌거나 저는, 우리가 무지 때문에 자신도 모르게 가장 나쁜 것들을 행하기도 하고 극단적으로는 무지 때문에 우리 자신에게 그것들이 생기게 해 달라고 비는 경우, 무지가 인간에게 얼마나 많은 나쁜 것을 생기게 하는 원인이 되는지는 이해하겠습니다. 하지만 아마 아무도 그런 생각은 못 하고, 다들 자신이 자신에게 가장 좋은 것들을 빌고 가장 나쁜 것들은 빌지 않을 정도쯤은 충분히 된다고 생각하겠지요. 왜냐하면 나쁜 것을 비는 것은 정말이지 일종의 저주에 가까운 것이지, 기도에 가까운 것은 아닐 테니까요.

소크라테스 더없이 훌륭한 친구, 하지만 아마도 자네와 나보다 지혜로운 어떤 사람은 우리가 이렇게 함부로 무지를 비난하는

c 것은 옳게 말하는 것이 못 된다고 할 걸세. 비난할 만한 무지는 특정한 것에 대한 무지이고, 특정한 상황에 있는 특정한 사람의 무지이며, 그것이 어떤 사람들에게 나쁜 것과 마찬가지로 어떤 사람들에게는 어떤 의미에서 좋다는 것을 우리가 덧붙이지 않는 한 말일세.

알키비아데스 무슨 말씀이시죠? 특정한 것에 대해서나, 특정한 상황에 있는 특정한 사람에게는 모르는 것이 아는 것보다 나은 경우가 있다고요?

소크라테스 내게는 그렇게 보이는데. 자네에게는 아닌가?

알키비아데스 맹세코, 아닙니다.

소크라테스 하긴 자네가 그렇다고 해도 내가 자네에게 다음과 같은 죄를 씌울 생각은 아니네만. 오레스테스와 알크마이온[20] 그리고 또 다른 사람들이(만일 저들과 같은 일을 저지른 사람들이 있다면) 저질렀다고들 하는 바로 그 일을 자네가 자네의 어머니를 d 상대로 저질렀어도 괜찮다고 생각하는 죄 말이야.

알키비아데스 제우스께 맹세코, 벌받을 소리 마십시오, 소크라테스 선생님.

소크라테스 알키비아데스, 자네가 이 같은 일을 저질렀어도 괜찮다고 생각하지는 않으리라고 말하는 사람더러 벌받을 소리 말라고 할 일이 아니지. 그게 아니라 누군가가 나와 반대되는 말을 한다면, 그에게 훨씬 심하게 말을 해야 하네. 그렇게 함부로 말해서는 안 된다고 할 만큼 그 일이 자네에게 무시무시해 보인다니 말일세. 그런데 오레스테스가 당시에 분별이 있었고 무엇을 하는 것이 자신에게 가장 좋은지를 알고 있었다고 한다면, 그가 이와 같은 일을 저지를 엄두를 냈으리라고 생각하는가?

알키비아데스 그건 아니죠.

소크라테스 나는 다른 어느 누구라도 그러지 않으리라고 생각하 e 네만.

알키비아데스 물론 그렇죠.

소크라테스 그러니 가장 좋은 것에 대한 무지, 즉 가장 좋은 것을 모르는 것은 나쁜 듯하군.

알키비아데스 제게는 그렇게 생각됩니다.

소크라테스 오이디푸스에게뿐만 아니라 다른 모든 사람에게도 그렇지 않은가?

알키비아데스 그렇습니다.

소크라테스 그렇다면 다음과 같은 것도 살펴보세. 자네에게 갑자기 다음과 같은 일이 생겼다고 해 보세. 즉 단검을 가지고 자네의 후견인이자 벗인 페리클레스*의 집 문간으로 가서, 다른 누구도 아닌 바로 그를 죽이고 싶은 마음을 품고 그가 안에 있는지 묻는 상황이 벌어졌다고 하세. 물론 그러는 것이 더 좋다는 생각이 자네에게 들어서겠지. 한편 하인들은 페리클레스가 안에 있다고 대답하고 말이야. 역시 나는 자네가 이와 같은 일을 저질렀어도 괜찮다고 생각한다는 것은 아닐세. 하지만 만약 자네에게 그런 생각이 든다면 (적어도 가장 좋은 것을 모르는 사람이라면 그런 판단을 내리지 않으리라는 법이 없으니까) 그래서 어느 때인가는 가장 나쁜 것조차 가장 좋다고 생각되는 지경에 이른다면, 그렇다는 말일세. 자네에게는 그렇게 생각되지 않는가?

144a

* 알키비아데스와 페리클레스의 관계에 대해서는 『알키비아데스 I』 104b4~7과 해당 주석 참고.

알키비아데스 물론 그렇게 생각됩니다.

소크라테스 그러면 자네가 문을 지나 들어가서 그 사람을 보고도 그 사람인 줄 알아보지 못하고 다른 사람이라고 생각한다면, b 여전히 자네는 그를 죽이려 달려들겠는가?

알키비아데스 제우스께 맹세코, 아닙니다. 저는 그렇게 하지 않으리라고 봅니다.

소크라테스 자네는 마주치는 사람이면 아무나 죽이기를 원한 것이 아니라 바로 그 사람을 죽이기를 원했기 때문이지? 그렇지?

알키비아데스 예.

소크라테스 그러면 자네가 여러 차례 감행하는데도, 그것을 실행하려 할 때마다 페리클레스를 알아보지 못한다면, 자네에게는 그를 공격할 기회가 없을 것이네.

알키비아데스 없겠죠.

소크라테스 어떤가? 오레스테스가 바로 같은 식으로 그의 어머니를 알아보지 못했다면, 그녀를 공격했으리라고 생각하는가?

알키비아데스 저로서는 아니라고 생각합니다. c

소크라테스 그건 아마도 그가 마주친 아무 부인이나 아무 어머니가 아닌 자신의 어머니를 죽일 생각을 갖고 있었기 때문일세.

알키비아데스 그건 그렇습니다.

소크라테스 그러니 그런 상태에 처한 사람과 그와 같은 생각을 품고 있는 사람에게만큼은 모르는 것이 더 좋은 것일세.

알키비아데스 그런 듯하네요.

소크라테스 그러면 특정한 것에 대한 무지와 특정한 사람에 대한 무지 그리고 특정한 상태의 무지는 좋은 것이라는 사실을 이해하겠는가?

알키비아데스 그런 듯합니다.

d 소크라테스 그렇더라도 그 이후의 것을 자네가 살펴볼 의향이 있다면, 자네에게는 그 결과가 아마 이상하게 여겨질 걸세.[21]

알키비아데스 대체 그게 뭡니까, 소크라테스 선생님?

소크라테스 말하자면 그건 가장 좋은 것에 대한 앎을 소유하고 있지 않은 상태라면, 그 밖의 다른 앎의 소유만으로는 이득을 보는 경우가 드물고, 대개의 경우 그 소유는 그것을 가진 자에게 손해를 끼치는 듯하다는 것일세. 다음과 같이 살펴보게. 뭔가를 우리가 행하거나 말하려 할 때면, 작정하고 말하거나 행하려고 e 하는 것을 우선 우리가 안다고 생각해야 하거나 실제로 알아야 하는 것이 당연하다고 자네는 생각하지 않는가?[22]

알키비아데스 저는 그렇게 생각합니다.

소크라테스 그러니 연설가들은 즉각 조언[23]을 할 줄 알거나 안다고 생각해서 우리에게 매번 조언하는 걸세. 어떤 이들은 전쟁과 145a 평화에 대해서, 어떤 이들은 성벽의 축조와 항구의 설비에 대해서 말이지. 한마디로, 한 나라가 다른 나라를 상대로 하거나 자체적인 목적으로 실행하는 것들은 다 연설가들의 조언에서 나오지.

알키비아데스 맞는 말씀이십니다.

소크라테스 그에 따른 결과들도 보게.

알키비아데스 가능하다면요.

소크라테스 자네는 '분별 있는 사람들' 또는 '무분별한 사람들'이라는 명칭을 사용하지 싶은데?

알키비아데스 예.

소크라테스 자네는 많은 사람은 '무분별'하고, 소수의 사람은 '분별 있다'고 하지 않나?

알키비아데스 그렇습니다.

소크라테스 무언가를 보고서 양쪽을 그렇게 부르는 것이 아니겠는가?

알키비아데스 예.

소크라테스 그러면 조언할 줄은 알되, 어떤 조언이 더 좋고 언제 하는 것이 더 좋은지는 모르는 사람을 자네는 '분별 있다'고 하는가? b

알키비아데스 그건 아니죠.

소크라테스 내 생각에는, 전쟁하는 것 자체만을 알고, 언제 하는 것이 더 좋고 어느 정도의 기간 동안 하는 것이 더 좋은지는 모르는 사람도 자네가 '분별 있다'고 부르는 사람이 아니겠군. 그렇지?

알키비아데스 예.

소크라테스 그러면 언제 죽이는 게 더 좋고 누구를 죽이는 게 더 좋은지는 모르지만 누군가를 죽일 줄 알고 재산을 빼앗거나 조국의 추방자로 만들 줄은 아는 사람이 있다면, 그 역시 자네는 '분별 있는 자'라고 부르지 않겠군?

알키비아데스 그럼요, 분명 아니죠.

c 소크라테스 그럼 그와 같은 것들*에 관해서 뭔가를 아는 사람이면서 가장 좋은 것에 대한 앎(아마 이 앎이 이로운 것에 대한 앎과 같은 앎일 텐데)이 그의 곁을 쫓아다니는 사람이 그 사람**이군. 그런가?

알키비아데스 예.

소크라테스 그를 우리는 '분별 있다'고 하고, 나라에 대한 역량 있는 조언자이자 자기 자신에게도 역량 있는 조언자라고 말할 걸세. 그와 같지 않은 사람은 이와 반대된다고 하고 말이지. 자네는 어떻게 생각하는가?

알키비아데스 저도 그렇게 생각합니다.

소크라테스 그럼 누가 말을 탈 줄 알거나 활을 쏠 줄 안다면, 혹은 d 권투나 레슬링을 할 줄 알거나 그 밖의 어떤 운동이나 그와 같은 다른 어떤 것들, 즉 기술에 의해서 할 줄 알게 되는 것들을 할 줄 안다면, 어떻게 하는 것이 더 좋은지를 이 기술에 따라 아

* 앞의 무분별한 사람들이 할 줄 아는 전문적인 앎.

** 분별 있는 사람.

는 사람을 우리는 뭐라 부르는가? 승마술에 따라서라면, '말을 탈 줄 아는 사람'이라고 하지 않는가?

알키비아데스 예.

소크라테스 내 생각에는 권투 기술에 따라서는 '권투를 할 줄 아는 사람', 아울로스[24] 기술에 따라서는 '아울로스를 불 줄 아는 사람'이라 부르며, 그 밖의 다른 것들도 아마 이와 같은 것들과 같은 원리에 따라서 부를 걸세. 달리 어떤 방식이 있겠는가?

알키비아데스 아니요, 그런 방식뿐입니다.

소크라테스 그러면 이런 것들에 대해 뭔가를 아는 사람이 분별도 있는 게 당연하다고 자네는 생각하는가, 아니면 많이 부족하다고 우리는 말해야 할까? e

알키비아데스 맹세코, 많이 부족하다고 해야지요.

소크라테스 그러면 훌륭한 궁수와 아울로스 연주자뿐만 아니라 운동선수와 그 밖의 기술자들이 있고, 우리가 방금 말했던 전쟁하는 것과 죽이는 것만을 아는 사람들에 더해서 정치적 과장으로 허풍 치는 연설가들이 섞여 있는 정치체제, 즉 가장 좋은 것에 대한 앎을 가지고 있지 않고 이것들 하나하나를* 언제, 그리고 무엇과 연관 지어 사용해야 할지 모르는 사람들로만 이루어

* 각 기술자들이 갖고 있는 기술들과 전쟁할 줄 아는 것과 죽일 줄 아는 것과 정치적 과장으로 허풍 치는 것.

146a 진 정치체제는 어떤 종류의 정치체제이겠는가?

알키비아데스 하잘것없는 것이겠지요, 소크라테스 선생님.

소크라테스 내가 생각하기에 자네는 그들 한 사람 한 사람이 공훈을 다투고 그 정치체제의 가장 큰 "몫을, 자신의 능력이 가장 잘 발휘되는 곳에"[25] 지정하는 것을 보고서 그렇게 말하는 것일 게야. 내 말 뜻은 '바로 그 기술에 따라서 가장 좋아진다'는 것일세.* 하지만 내가 아는 한 그는** 지성은 없이 판단을 신뢰하는[26] 사람이라서 나라와 그 사람 자신에게 가장 좋은 것을 대개의 경우 놓치는 자일세. 상황이 이렇다면, 이와 같은 나라는 무질서와 b 무법으로 가득 찬 나라라고 말해야 옳게 말하는 것이겠지?

알키비아데스 맹세코, 옳고말고요.

소크라테스 우리는 작정하고 말하거나 행하려는 것을 우선 안다고 생각하거나 실제로 알아야 하는 것이 당연하다고 생각하지 않았던가?***

알키비아데스 그랬죠.

* 앞에 인용된 '자신의 능력이 가장 잘 발휘되는 곳에'의 의미를 소크라테스는 이렇게 생각한다는 뜻이다.

** 전문 기술자들과 '가장 좋은 것'에 대한 앎이 없이 당장의 목적만을 실현하는 방법만 아는 자들과 정치적 선동을 일삼는 연설가들로 이루어진 정치체제의 성원들을 말한다.

*** 144d에서 했던 말을 상기시키고자 하는 말이다.

소크라테스 그러니 누군가가 알거나 안다고 생각하는 것을 행하는 한편, '이롭게'란 것이 그 곁을 따른다면, 우리는 그가 나라와 그 사람 자신에게 이득이 된다고 생각하지 않겠나? c

알키비아데스 어찌 아니겠습니까?

소크라테스 그런데 내 생각이네만, 그가 이와 정반대라면 나라와 그 사람 자신에게 유용하지 않겠지?

알키비아데스 그건 분명 그렇죠.

소크라테스 어떤가? 지금도 여전히 같은 생각인가, 아니면 생각이 달라졌는가?

알키비아데스 아니요, 같은 생각입니다.

소크라테스 그런데 말이야, 자네는 많은 사람은 '무분별'하고 소수의 사람이 '분별 있다'고 했었지?

알키비아데스 그랬죠.

소크라테스 우리가 다시 하는 말이네만,* 많은 사람이 가장 좋은 것을 놓치고 있는데, 내 생각에 이는 그들이 대개 지성은 없이 판단만을 신뢰하기 때문일세.

알키비아데스 그렇습니다. d

소크라테스 그러니 알거나 알고 있다고 생각하는 것을 무척 실행하고 싶어도 실행하면 십중팔구 이익보다 손해를 입는 경우라

* 앞의 146a에서 같은 뜻의 말을 했고, 지금 이 말은 그 말을 정리한 셈이다.

면, 아무것도 알지 못하거나 알지 못한다고 생각하는 편이 많은 사람에게 이익이 되네.

알키비아데스 지극히 맞는 말씀이십니다.

소크라테스 그러니 보게. 가장 좋은 것에 대한 앎을 소유하고 있지 않은 상태라면 다른 앎의 소유만으로는 이익을 보는 경우가 드물고, 대개의 경우 그 소유는 그것을 가진 자에게 손해를 끼치는 듯하다고 내가 말했을 때,* 내가 정말로 옳게 말한 것이 분명하지 않은가?

e

알키비아데스 그때는 아니었더라도 지금은 그렇게 여겨집니다, 소크라테스 선생님.

소크라테스 그러니 나라든 영혼이든 장차 옳게 살고자 한다면, 이 앎에 매달려야 하네. 그야말로 병자가 의사에게, 또는 안전하게 항해를 하려는 사람이 키잡이에게 매달리듯이 말일세. 이 앎 없이는 재산의 소유나 육신의 힘, 또는 그와 비슷한 다른 어떤 것에 관한 운의 바람이 힘차게 불면 불수록, 그것들**로부터 더 큰 잘못이 생겨나는 것은 어쩔 수 없는 일일 듯하기 때문일세. 이른바 아는 것 많고 재주 많은 사람이, 고아처럼 이 앎은 잃고 다른 것들에 대한 하나하나의 앎에 이끌려서, 숱한 악천후를

147a

* 역시 144d에서 했던 말을 상기시키고자 하는 말이다.

** 재산의 소유, 육신의 힘 등등.

맞는 게 정말 당연하지 않은가? 내 생각에 이것은 그가 큰 바다에서 키잡이 없이 지내며 길지 않은 시간의 인생을 달리는 탓일세. 그러니 여기서도 누군가를 비난하며 "그는 많은 것을 알고는 b 있었지만 그 모두를 나쁘게 알고 있었다"[27]고[28] 말한 시인의 말이 적절하다고 나는 생각하네.

알키비아데스 대체 왜 그 시인의 말이 알맞나요, 소크라테스 선생님? 아무리 봐도 제게는 논의에 맞게 이야기되었다는 생각이 들지 않거든요.

소크라테스 논의에 아주 잘 맞지. 너무도 훌륭한 친구여, 다만 이 시인이나 거의 모든 다른 시인이 수수께끼로 말하고 있을 뿐이라네. 시의 기술이라는 것이 본래 온갖 수수께끼 형태의 기술이고 아무나 이해할 수 있는 것이 아니니까. 본래 이와 같은 시 c 의 기술이, 심지어 질투심 많을[29] 뿐만 아니라 가능한 한 자신의 지혜를 우리에게 밝히지 않고 감추고자 하는 사람을 사로잡게 되면, 도대체 그들 각자가 무슨 의도를 갖고 있는지를 이해하기란 지극히 어려운 문제로 보이네. 왜냐하면 '나쁘게 아는 것은 불가능하다'[30]는 사실을 호메로스 같이 더없이 신적이고 지혜로운 시인이 알지 못했으리라고 자네가 생각하지는 않을 게 분명하고 (사실 마르기테스가 많은 것을 알고 있었지만 그 모두를 나쁘게 알았 d 다고 말하는 이가 바로 그이거든), 내 생각에 그건 '나쁘다' 대신에 '나쁘게', '아는 것' 대신에 '알았다'라고 그가 슬쩍 고쳐 써서 수

수께끼로 말하고 있기 때문일세. 그래서 운율과 상관없이 그가 의미하는 대로 맞추어 보면 '그는 많은 것을 알았지만 그 모두를 아는 것이 그에게는 나빴다'란 말이 되네. 그러니 많은 것을 아는 것이 그에게 나쁘다면, 그는 하찮은 사람*인 게 분명하네.[31] 앞에서 이야기된 것들을 믿어야 하는 한에서 말이네만.

e 알키비아데스 하지만 제게는 믿어야 한다는 생각이 듭니다, 소크라테스 선생님. 이것들을 믿지 못한다면, 다른 논의들을 믿기란 정말 어렵죠.

소크라테스 자네에게 든 생각이 옳다네.

알키비아데스 다시 반대라는 생각이 제게 드는데요.

소크라테스 자, 제우스께 맹세코, 생각해 보게(자네가 이 문제가 얼마나 다루기 곤란한 종류의 문제인지를 알고 있는 게 분명하다 싶기도 하고, 자네도 내가 보기에는 이 곤란함에 가담한 상태로 보여서 하는 말이네. 사실 자네는 우왕좌왕하면서 어떤 지점에도 머물지 못하고 148a 자네에게 가장 그럴듯하게 여겨진 것조차도 벗어 버리는가 하면, 더는 같은 의견을 갖지 못하는 듯이 보이네). 이런 마당에 자네가 찾아가고 있는 그 신이 지금 또 나타나서 자네가 뭘 빌기 전에, 처음에도 이야기되었던 것들 중에 어느 하나가 이루어지면 자네 마음

* 앞서 가장 좋은 것을 모를 바에야 아예 모르는 것이 낫다고 한 사람들과 같다는 뜻이다.

이 흡족하겠는지, 아니면 자네 자신에게 기도를 맡겨 둘지를 묻는다면, 자네는 그 기회를 가장 잘 살리기 위해서는 저쪽에서 주어지는 것을 받아들여야 한다고 생각하는가, 아니면 자네 자신이 무엇이 되기를 빌어야 한다고 생각하는가?

알키비아데스 신들께 맹세코,[32] 소크라테스 선생님, 저는 선생님에게 이런 식으로 즉석에서는 전혀 말씀드릴 수가 없습니다. 그것은 제가 보기에 멍청한[33] 짓인 것 같습니다. 그리고 본인은 좋은 것들이라고 생각하지만 실제로는 나쁜 것들을 자신도 모르게 빌고서는, 좀 지나서, 선생님도 말씀하셨다시피, 노래를 고쳐 부름으로써 처음에 빌었던 것을 철회하지 않도록 단단히 경계를 할 일입니다. b

소크라테스 그러면 논의의 처음에서도 내가 언급했던 그 시인은 우리보다 뭔가 더 많이 알기에, 끔찍한 것은 그것을 비는 자에게라도 막아 달라고 청하지 않았겠는가?

알키비아데스 제게는 그렇게 여겨집니다.

소크라테스 알키비아데스, 라케다이몬* 사람들은, 이 시인을 흠모해서든 그들 자신도 그렇게 성찰해서든, 사적으로나 공적으로나 매번 비슷한 기도를 드린다네. 하지만 그들의 경우에는** 그 c

* 스파르타를 가리키는 다른 표현. 『알키비아데스 I』 112c의 해당 주석 참고.

** 스파르타 사람들의 경우는 앞서 호메로스의 경우와 비교된다. 호메로스는

들 자신을 위해서 좋은 것들에 더해서 아름다운 것들도 주십사 고 신들께 청하지. 누구도 저들이 이것들 외에 더 많은 것을 비는 것을 듣지 못했을 것이네. 그렇게 해서 지금까지 이 사람들은 어느 누구 못지않게 운이 좋았네. 실사 그들도 결과적으로 모든 d 일에 다 운이 좋은 것은 아니었다 하더라도, 그것은 그들의 기도 탓이 아닐세. 내 생각에는 누군가가 비는 것들을 주는 것도, 그 것들과 반대되는 것들을 주는 것도 신들께 달렸네. 나는 자네에게 언젠가 내가 어떤 나이 드신 분에게서 들은 적이 있는 또 다른 이야기를 전해 주고 싶네. 아테네 사람들과 라케다이몬 사람들 사이에 알력이 생겨 전쟁이 났는데, 육지에서든 바다에서든 전투가 벌어지기만 하면 우리나라는 늘 운이 나빠 한 번도 이기지 못했다는 게야. 그래서 아테네 사람들은 이 일을 분하게 생각하여, 어떻게 해야 현재의 나쁜 상황들을 뒤바꿀 전기를 찾을 수 e 있을지 고민하다가, 자기들끼리 의논하여 저 유명한 암몬 신[34]에게 사람을 보내 묻게 하는 것이 최선이라는 결정을 내렸다는군. 거기에 더해서 이런 것도 물어봤다는 게야. 무슨 이유로 신들은 자신들보다 라케다이몬 사람들에게 더 많은 승리를 선사하는지 말이야. "우리는 그리스 사람들 중에서 가장 많은 그리고 가장

좋은 것들을 빌었지만, 이들은 그것에 더해 아름다운 것들까지 빌었기 때문이다.

아름다운 제의(祭儀)를 드리고, 다른 누구도 하지 못할 정도로 신전들을 봉헌물들[35]로 장식했으며, 매년 호사스럽고 장엄한 행렬을 신들에게 선물로 바쳤고, 다른 그리스 사람들 전체가 쓰는 것 이상의 돈을 썼는데"라고 하면서 말이지. "반면에 라케다이몬 사람들은 이것들에 전혀 신경 쓰지 않고, 우리 나라 못지않게 돈을 갖고 있으면서도[36] 부실한 것들로 제의를 지내고, 그 밖의 모든 면에서 우리보다 상당히 부족하게 경배를 드릴 정도로 신들에게 무심한 상태"라고 말했다는군. 이런 말을 하고 나서 무엇을 해야 현재의 나쁜 상황의 타개책을 찾겠느냐고 물었을 때, 예언자가 그를* 불러 한 대답[37]은 다름 아니라(신이 다른 대답을 허용하지 않은 게 분명하니까) 이런 것이었네. 예언자는 그에게 "암몬 신께서 아테네 사람들에게 말씀하십니다. '나 자신은 그리스 사람들의 갖가지 신전들보다 라케다이몬 사람들의 말조심**을 더 바란다'"고 말했다더군. 이 말 말고는 더는 말을 하지 않았다는군. 그러니만큼 내 생각을 말하자면, 그 신은 다른 게 아니라 라케다이몬 사람들의 기도를 두고서 말조심이라는 말을 쓴 것으로 보이네. 사실 그들의 기도는 다른 이들의 기도보다 훨씬 특별하네. 다른 그리스 사람들 중에는 황금으로 도금한 뿔을 단 황소를 진상하

149a b c

* 신탁을 받으러 아테네 사람들이 보낸 사람을 말한다.

** 본래 성스러운 사안이나 장소, 행사 등에서 말을 삼가는 것을 뜻한다.

는 이들이 있는가 하면, 봉헌물을 신들에게 선물로 드리면서 좋은 것이든 나쁜 것이든 그때그때 닥치는 대로 비는 사람들도 있으니 말일세. 그러니 신들은 그들이 조심성 없이 하는 말을 듣고서 이런 호사스런 행렬과 세의를 받아들이지 않으시는 게지. 아무튼 내가 보기에는 무슨 말을 해야 하고 하지 말아야 할지에 대해서 충분한 경계와 검토가 필요하네.

그런데 자네는 이와 흡사한 말들을 호메로스로부터도 찾아볼 수 d 있을 걸세. 그는 말하네. 트로이 사람들이 진지를 구축하면서

> "불멸의 신들에게 완벽한 헤카톰베*를 드리나니,
> 바람이 감미로운 냄새를 평원에서 하늘로 나른다.[38]
> 그러나 신들은 그것을 전혀 함께 나누지도 않고 응낙하지도 않으니.
> 성스런 일리오스**와 프리아모스***와 훌륭한 물푸레나무 창으로 무장한****
> e 프리아모스의 백성들이 신들에게서 심한 미움을 산 탓이라."[39]

* 'hekatombē'는 말 그대로는 황소 100마리를 제물로 드리는 제사를 말한다. 하지만 대개 '성대한 제사'란 뜻으로 사용되는 말이다.

** 트로이의 다른 말.

*** 트로이 전쟁 당시 트로이의 왕

**** 호메로스의 서사시에는 등장하는 신, 영웅, 지명 등에 별칭을 붙이는 경우가 많다. 이 별칭도 트로이 사람들에게 붙은 별칭이다.

그러니 신들에게 미움을 사고서는 제의를 드리거나 선물을 바쳐도 비는 자들에게 전혀 도움이 안 되고 헛되네. 왜냐하면 내 생각에 신들의 마음이란 악덕 고리대금업자가 선물에 마음이 바뀌듯이 바뀌지는 않기 때문일세. 그러니 우리가 라케다이몬 사람들을 이런 점에서 능가한다고 주장한다면, 어리석은 소리를 하는 걸세. 우리의 신들이 경건하고 올바른 사람의 영혼이 아니라 150a 선물과 제의에 주목한다면, 그것은 끔찍한 일일 테니까. 내 생각에 신들은 호사스런 이 행렬과 제의보다는 우리의 영혼에 훨씬 더 많이 주목할 걸세. 왜냐하면 개인이든 나라이든 한편으로는 신들에게, 다른 한편으로는 인간들에게 숱한 잘못을 저지르더라도 얼마든지 이런 행렬과 제의를 해마다 거행할 수 있기 때문일세. 신들은 뇌물 받는 자가 아니기에, 암몬 신과 그의 예언자가 말하듯이, 이 모든 것을 하찮게 생각하네. 아무튼 정의와 분별은 신들에게서도 지각 있는 인간들에게서도 특별히 존중받는 듯하 b 네. 분별 있고 정의로운 사람은 다름 아닌 신들과 인간들을 상대로 무엇을 행하고 말해야 할지 아는 사람들일세.[40] 그런데 이와 관련한 자네 생각이 어떤지를 나 역시 듣고 싶군.

알키비아데스 소크라테스 선생님, 저는 선생님과 신이 생각하시는 것과 달리는 어떻게도 생각하지 않습니다. 제가 신에게 반대하는 입장에 선다는 것은 마땅한 일이 못 되니까요.

소크라테스 좋은 것이라 여기지만 사실은 나쁜 것을 자네 자신

c 도 모르게 빌지 않으려면 어떻게 해야 하는지 상당히 난감하다 고 말한 것을 기억하겠지?*

알키비아데스 그렇습니다.

소크라테스 그러니 자네는 그 신에게 빌러 가는 것이 자네에게 얼마나 안전하지 못한 짓인지를 알고 있군. 그 신이 자네가 조심성 없이 하는 말을 듣고서 그 제의를 결코 받아들이지 않을 뿐만 아니라, 오히려 자네가 엉뚱한 것을 덤으로 얻을지도 모르니 말일세. 그러니 내가 보기에는 잠자코 있는 게 가장 좋을 듯하네. 자네의 고결함[41]으로 봐서는(사실 이것이 무분별한 상태에 대한 이름 중에서 가장 아름답지) 자네가 라케다이몬 사람들의 기도를 사용할 마음이 들리라고는 내가 생각하지 못하겠으니 말일세. 그 d 러니 신들에 대해서나 인간들에 대해서나 어떤 태도를 취해야 할지를 배우기 전까지는 누구든 기다릴 수밖에 없네.

알키비아데스 소크라테스 선생님, 그러면 그 시간은 언제 오고, 또 가르칠 분은 누군가요? 그분이 누구인지를 알면 저로서는 더없이 기쁘겠는데요.

소크라테스 그 사람은 자네에 대해서 염려하는 사람일세. 하지만 내가 보기에 "신도 인간들도 잘 분간하라"[42]고 아테나 여신이

* 143b에서 일차로, 148b에서는 좀 더 분명한 형태로 알키비아데스는 자신의 무지를 고백했다.

디오메데스*의 눈에서 안개를 걷어 주었다고 호메로스가 말하듯이, 그렇게 지금 끼어 있는 안개를 먼저 자네의 영혼에서도 제거하고 나서,[43] 그때서야 나쁜 것과 좋은 것을 식별할 방도를 적용해야 할 듯하네. 지금으로서는 자네가 그럴 수 없어** 보이니 말일세. e

알키비아데스 원하는 게 안개든 다른 뭐든 제거하게 하십시오. 더 훌륭해지기만 한다면, 그가 어떤 사람이든 나는 그가 시키는 것은 그 어떤 것도 피하지 않을 준비가 단단히 되어 있습니다.

소크라테스 그 사람도 자네에 대해서 놀랄 만한 열의를 갖고 있네. 151a

알키비아데스 그러면 제가 보기에는 그때로 제의를 미루는 것이 가장 낫겠습니다.

소크라테스 옳게 생각한 것일세. 그와 같은 위험을 도발하는 것보다는 그 편이 더 안전하니 말일세.

알키비아데스 하지만 소크라테스 선생님, 어쩔까요? 제게는 선생님이 훌륭하게 조언을 해 주신 듯이 보이니, 이 화관을 선생님께 씌워 드리겠습니다.[44] 신들께는 화관이든 그 밖의 어떤 제례이든 그날이 오는 것을 보면 그때 드리죠. 신들께서 허락하신다면 오래지 않아 오겠지요. b

* 아이톨리아 사람으로서 트로이 전쟁의 영웅. 아테나 여신이 부상당한 그를 고쳐 주고 트로이 전쟁터에 뒤섞여 있는 신과 인간을 분간할 수 있게 해 주었다.

** 나쁜 것과 좋은 것을 식별하는 것을 가르쳐 줄 수 있는 상태가 못 되거나, 그것들을 식별할 능력을 갖추지 못했다는 뜻이다.

소크라테스 이것도 받고 자네가 주는 것은 다른 무엇이든 기꺼이 받음세. 에우리피데스에 의해 그려지듯이, 크레온*도 테이레시아스**가 화관을 하고 있는 것을 보고, 또 그가 자신의 기술을 통해 적들로부터 첫 결실을 취했다는 것을 듣고서는,

"나는 〈자네의〉 승리의 화관을 길조로 삼네.
자네가 알다시피 우리는 격랑에 처해 있으니."[45]

c 라고 말했듯이 말일세. 마찬가지로 나도 자네의 이 판단을 길조로 삼겠네. 내게는 나 자신이 크레온 못지않은 격랑에 처해 있는 것으로 보이며, 나는 자네를 사랑하는 자들[46]을 물리친 자가 되고 싶네.

* 테베의 왕. 오이디푸스가 근친상간과 친부 살해의 죄로 테베에서 쫓겨난 후 테베의 왕이 되었다.

** 테베의 전설적인 예언자.

주석 II

1 신께 : 이 신이 어떤 신인지는 이 대화편에서 밝히고 있지 않다. 그러나 대화 상대자인 소크라테스와 알키비아데스는 서로 알고 있을지도 모른다. 존슨(D. M. Johnson, 2003)은 알키비아데스가 신에게 빌러 가는 것으로 시작되는 이 대화편의 설정이 『알키비아데스 I』에서 소크라테스가 '신적인 것'에 주목하라고 한 주문에 따른 것으로 본다. 그래서 그는 이 대화편이 신에게 빌러 가는 알키비아데스로부터 시작한 것을 『알키비아데스 I』의 뒤를 잇는 대화편으로 보이게끔 하려는 작자의 의도적인 설정으로 이해한다. 다른 한편, 『알키비아데스 II』에 등장하는 맹세의 말이 단 한 번의 예외를 제외하고는 모두 '제우스께'로 시작하는 것이라는 점이 재미있다. 이름을 밝히지 않은 신이 사실은 제우스라는 작자의 암시일지도 모르겠다.

2 빌러 : 'proseuchein'과 'euchein'은 '빌다'로 번역했고, 그 명사형인 'proseuchē'는 '기도' 또는 '기원'으로 번역했다. 그리스어 'proseuchein'은 신에게 제물을 바치고 자신의 바람을 들어달라고 비는 것이라서 우리말의 '빌다'가 가장 적합한 번역어다. 다만 그것을 명사형으로 '빎'이라고 하면 어색하기 때문에 명사형인 경우에 '기도'와 '기원' 중 문맥에

맞고 혼동이 적은 번역어를 채택하였다. 신에게 제물을 바치는 대신 소원을 비는 기복 형태의 종교 의식에 대한 소크라테스의 비판은 플라톤의 『에우튀프론』에 잘 나타나 있다.

3 우리가 … 생각하지 않는가? : 이후의 맥락을 고려하면, 들어주어도 좋은 기원을 해야 하기 때문에 매우 골똘히 생각할 필요가 있다는 뜻이다.

4 빌기 전에 미리 각별한 주의 : '빌기 전에 미리 … 주의'라고 풀어서 번역한 'promētheia'는 직역하면 '미리 생각함'이다. 그리스 신화에 나오는 프로메테우스는 이 말에서 유래한 이름이다.

5 그럼 빌기 전에 … 빌지 않으려면 : '좋은 것이라고 생각하지만 사실은 대단히 나쁜 것을 자신도 모르게 빈다'는 말은 이 대화편의 중심 주제다. 또한 이 말에는 플라톤 철학에서 중요한 '생각과 다른 실재'라는 생각이 담겨 있기도 하다. '생각하다'로 번역한 'dokein'도 플라톤 철학에서 중요한 철학 용어 중 하나이다. 그러나 이 대화편에서는 전문 용어로서 일관성을 지킨 번역을 하기보다는 문맥에 자연스런 번역을 하였다.

6 자신의 유산을 아들들이 칼로써 … 무턱대고 빌었다고들 하네 : 오이디푸스는 테베에서 추방된 뒤 딸들의 봉양을 받았지만, 아들들은 그를 봉양하지 않고 테베의 통치권을 두고 다투다가 서로 죽였다고 한다. 소크라테스의 말은 아들들이 자신을 봉양하지 않는 데 격분한 오이디푸스가 바로 이런 결과가 벌어지기를 앞뒤 생각 없이 빌었다는 말이다. 그러나 '칼로써 분배하게 해 달라고 무턱대고 빌었다'는 구절은 오이디푸스의 이 전설을 다루고 있는 여러 비극 작품에는 나오지 않는다[에우리피데스, 『페니키아 여인들(Poinissai)』 66~68; 아이스퀼로스, 『테베를 공격하는 7인(Hepta epi Thebas)』 785~789; 소포클레스, 『콜로폰의 오이디푸스(Oidipous epi Kolonōi)』 1383~1392].

7 정반대가 된다고 : 차차 밝혀지겠지만 '정반대가 된다(hypenantios)'는 말을 소크라테스는 두 가지 상태 사이에 제3의 상태가 없다는 뜻으로 사용하고 있다.

8 나라 : 『알키비아데스 I』 미주 9 참고.

9 **다수** : 플라톤 철학에서 '다수의 사람들'은 특별한 의미를 갖는다. 이 대화편에서도 볼 수 있듯이 다수는 처음에는 수적인 의미만을 갖고 나타나지만, 이 구절에서 '다수는 무분별하다'는 규정을 받듯이, 아테네 민주주의의 근간을 이루는 다수는 특정한 성격을 갖춘 집단으로 규정된다. 따라서 이 번역본에서는 수적인 의미가 두드러질 때는 '다수' 또는 '많은 사람'으로, 집단의 성격이 두드러질 때는 '다중'으로 번역했다(『알키비아데스 I』 미주 63 참고).

10 **통풍** : 'podagra'는 영어로는 'gout' 또는 그리스어를 그대로 음차한 'podagra'로 번역된다. 둘 다 통풍이란 뜻을 가지고 있지만, 그리스어 글자 그대로는 사람을 비롯한 가축의 발에 난 병을 가리키고 이차적으로 통풍이란 뜻을 가지고 있다. 히포크라테스의 『잠언집(aporismoi)』 5.25에도 통풍이 언급된 것을 보면, 그리스 사람들이 가장 많이 앓던 발병인 듯하다.

11 **뭐라 말씀드려야 할지 난감하군요** : 139c3~8에서 나눈 소크라테스와 알키비아데스의 대화에서 '무분별한 사람은 모두 미쳤다'는 데 알키비아데스는 동의했다. 그런데 병의 예를 통해서는 '병든 사람이 모두 눈병에 걸린 것은 아니다'에 동의하게 되자 앞에서 자기가 동의한 방식과는 다르다는 사실을 깨닫고 알키비아데스가 난감해하고 있다. 예를 들어 '모든 한국인은 사람이다'는 맞지만 '모든 사람은 한국인이다'는 틀리다. 서로 포함관계가 다른 주어와 술어 간의 관계를 혼동하는 오류에 대한 이야기는 플라톤의 『프로타고라스』 350c~351b에도 나온다.

12 **둘이 함께** : 『일리아스(Ilias)』 10권 224행을 인용한 것이다. '공동 탐구(syzētein)'는 플라톤 철학의 정신이기도 하다. 『히피아스 I』 295b3 참고.

13 **갖바치** : 『알키비아데스 I』 미주 162 참고.

14 **고결한 사람들** : 'megalopsychos'는 다양한 뜻을 갖고 있다. '고매하다', '고상하다', '대범하다' 또는 '초연하다'는 긍정적인 뜻도 있고 '거만하다'거나 '도도하다'는 부정적인 뜻도 있다. 아울러 돈키호테처럼 비현실적인 몽상을 좇는 사람이라는 뜻도 있다. 하지만 이 여러 뜻이 한 단어에

있는 까닭을 이해할 법도 하다. 큰 뜻을 품고 있어서 세속의 자잘한 일에는 개의치 않아 고결하지만 그렇기 때문에 다른 사람 눈에는 도도하거나 거만해 보일 수도 있고, 세상 물정에 어두운 무분별하고 어리석은 사람으로 비칠 수도 있으니 말이다. 이 책에서는 내심으로는 무분별한 사람이라고 보지만 그것을 좋게 표현하는 맥락에서 사용되었다. 그리고 이 말은 150c에 다시 나와 알키비아데스의 성격을 드러내 주기도 한다(미주 41 참고).

15 **이민족** : '이민족'이라고 번역한 'barbaroi'는 글자 그대로는 그리스어를 쓰지 않는 다른 민족들을 가리키지만, 주로 페르시아인을 지칭한다. 페르시아어가 그리스 사람들이 듣기에 '바르바르'처럼 들렸기 때문에 생긴 말이라고도 한다(『알키비아데스 I』 미주 139 참고).

16 **아르켈라오스** : 아르켈라오스는 기원전 413년부터 399년까지 재위했던 마케도니아의 참주이다. 그는 합법적인 선왕을 살해하고 왕권을 찬탈했으나 본인 역시 살해당했다. 아르켈라오스의 예는 플라톤의 『고르기아스』 470d~471d에도 나온다. 소크라테스가 이 예를 들면서 얼마 되지 않은 일이라고 한 것으로 볼 때, 대화의 설정 연대는 기원전 399년 당시, 즉 소크라테스가 사형 선고를 받던 바로 그해이거나 그 이후로 보인다.

17 **사랑했고** : 여기서 '사랑하다(eran)'는 우리말의 '원하다'로 옮기는 것이 자연스러우나 소년 애인에 대한 아르켈라오스의 사랑과 소년 애인의 권력욕을 대비하기 위해 저자가 일부러 이 단어를 채택했다고 보았다.

18 **그들 자신이 … 고통을 겪네** : 호메로스의 『오뒤세이아(Odysseia)』 1권 32~34에 있는 구절을 고쳐서 인용하고 있다.

19 **왕이신 제우스여 … 빌더라도 막아 주십시오** : 작자 미상의 시. 본래 시구의 내용에 대해서도 분명하지 않다. 다만 크세노폰의 『소크라테스 회상』 1.3.2에서 이와 같은 생각을 소크라테스가 했다는 증언을 찾아볼 수 있다.

20 **오레스테스와 알크마이온** : 오레스테스는 트로이 전쟁 때 그리스군 총사

령관인 아가멤논의 아들이고, 알크마이온은 예언자 암피아라오스의 아들이다. 그들의 아버지는 각기 트로이 전쟁과 테베 원정대에 참가했으나 전쟁에서 돌아온 아가멤논은 자신의 부인과 결탁한 그녀의 정부의 손에 의해 죽었고, 암피아라오스는 뇌물에 눈이 멀어 남편을 원정대에 참가하도록 종용한 부인 때문에 죽었다. 오레스테스와 알크마이온은 각기 아버지의 복수를 위해 친모를 살해하는 처지가 되었다.

21 **이상하게 여겨질 걸세** : 이후에는 알키비아데스가 '이상하게 여긴다'는 말을 찾아볼 수 없다. 소크라테스의 이 말은 '특정한 무지의 좋음'에 대한 이 논증의 뒤를 잇는 논증이 '가장 좋은 것에 대한 무지 때문에 무엇을 빌지 말고 기다리는 것이 좋다'(150d)라는 상식적이지 않은 결론으로 맺어지기 때문에 한 말로 보인다.

22 **뭔가를 우리가 행하거나 말하려 할 때면, … 당연하다고 자네는 생각하지 않는가?** : 이런 생각은 『알키비아데스 I』 117d에 나온 생각이다. 거기서는 그렇기 때문에 무지에 대한 자각이 필요하다는 쪽으로 결론을 이끌어 갔지만, 여기서는 오히려 역설적으로 그렇기 때문에 무지가 좋다는 쪽으로 논의를 이끌어 간다. 하지만 후자의 무지도 결국은 '자신이 무지하다는 생각'이어서 '무지에 대한 자각'과 같은 뜻이 된다.

23 **조언** : '조언(symboulos)'과 알키비아데스의 야망, 그리고 '더 좋은 것'과 관련해서는 『알키비아데스 I』 106 이하의 내용을 참고.

24 **아울로스** : 『알키비아데스 I』 미주 42 참고.

25 **몫을, 자신의 능력이 가장 잘 발휘되는 곳에** : 『고르기아스』 485e에서 칼리클레스는 에우리피데스의 『안티오페(Antiopē)』 토막글 183에 나오는 글을 풀어서 이와 비슷한 말을 하고 있다.

26 **지성은 없이 판단을 신뢰하는** : '참인 것에 대한 철학적 앎이 없이 그때그때의 상황 판단에 의존한다'는 뜻이다. '지성'과 '판단'의 관계에 대해서는 『국가』 506c 참고.

27 **그는 많은 것을 … 나쁘게 알고 있었다** : 실수투성이인 멍청이 영웅 마르기테스에 대한 풍자시의 일부. 고대에는 이 시의 지은이가 호메로스로

알려져 있었다.

28 바로 뒤부터 이어지는 이 시구에 대한 소크라테스의 해석은 이 시에서 '나쁘게(kakōs)'라는 말이 갖는 이중적인 의미를 이용한 것이다. 소크라테스는 이 말이 '알다'와 부사 형태로 연결되는 것은 철학적인 입장에서 반대하고(미주 31 참고) 형용사 형태로 연결되어야 제 뜻이 드러난다고 해석한다. 그 이유는 엄밀하게 보면 '나쁘게'가 '알다'와 연결될 때는 '잘못'의 뜻을 갖고, 형용사 형태로 연결될 때는 '나쁘다(이익이 되지 못한다)'라는 뜻이 된다고 소크라테스가 생각하기 때문이다. 'kakōs(나쁘다)'를 문맥에 맞추어 각기 달리 번역하면 그 문장들 안에서는 자연스럽겠지만, 그럴 경우 소크라테스의 시 해석의 의미가 살지 않고, '잘못'이라고 번역할 경우에는 당장 이 논의의 맥락에서는 자연스럽지만, 이 대화편 전체에서 '나쁘다'란 말이 핵심 개념으로 사용되기 때문에 전체 맥락을 살리기 위해 다소 어색한 번역어를 택할 수밖에 없었다. 그리스어 'kakōs'가 '잘못'이라는 뜻으로 쓰이는 예로는 크세노폰의 『퀴로스의 교육(Kyrou paideia)』 1.3.13이나 이소크라테스의 『평화에 관하여(peri eirēnēs)』 8.32 등이 있다. 이 구절들에서는 'kakōs'가 '알다'와 결합하여 '모르다', '잘못 알다'라는 뜻으로 사용된다.

29 **질투심 많을** : 'phthoneros'는 '질투심 많다'는 뜻 외에 '자신의 권리나 물건을 아끼고 자랑스러워해서 그것을 지키려고 경계하는'이라는 뜻이 있다. 이 문맥에서 가장 정확한 뜻은 이것이지만, 한마디로 표현할 말을 찾지 못해서 '질투심 많다'고 했다. 그리스의 신이 인간에게 갖는 태도 중에 하나로 이 'phthonos'를 꼽기도 하는데, 이것 역시 '질투'나 '질시'로는 정확히 옮길 수 없는 말이다. 이것은 "신의 특권을 침해할 수 있는 어떤 성공, 어떤 행복에 대해서도 신은 노여워한다"[Dodds(2002), p. 34]는 뜻을 담고 있는 말이다.

30 **나쁘게 아는 것은 불가능하다** : 앎을 엄격하게 좁은 의미로 설정하고서 하는 말이다. 앎은 '거짓'에 반대되는 것이기 때문에 잘못(나쁘게) 아는 일은 불가능하다는 뜻이다.

31 **내 생각에 그건 '나쁘다' 대신에 … 그는 하찮은 사람인 게 분명하네** : 이런 식으로 기존 시인의 시를 자신의 생각에 따라 재해석하는 소크라테스의 모습은 『프로타고라스』 339a~348c, 『국가』 331c~332, 『카르미데스』 162a, 『뤼시스』 214d 등에서 찾아볼 수 있다.

32 **신들께 맹세코** : 이 대화편 전체에서 '맹세코'가 들어간 말 중에서 '제우스'가 붙지 않은 말은 이것이 처음이자 마지막이다. 다른 경우에는 번역에 명시적으로 밝혔거나 안 밝혔거나, '맹세코'는 모두 '제우스께 맹세코'라는 뜻이었다.

33 **멍청한** : 'Margitēs(마르기테스)'와 'margos(멍청한)'의 철자가 비슷해서 하는 말장난이다.

34 **암몬 신** : 그리스 사람들이 제우스와 동일시하던 이집트의 주신(主神)으로, 기원전 4세기경 아테네 사람들 사이에서 외래신으로서 숭상되었다. 플루타르코스는 그 신에게 신탁을 의뢰했던 유명인들 중에 키몬, 뤼산드로스, 니키아스, 그리고 알키비아데스가 있었다고 보고한다.

35 **봉헌물들** : 본래 '세워 두다(anatithēnai)'에서 온 말이다. 그리스 사람들은 신에 대한 경배와 신탁에 대한 답례를 표하기 위해 신전 주변이나 앞에 세워 둘 수 있는 구조물을 바치는 풍습을 갖고 있었다.

36 **우리 나라 못지않게 돈을 갖고 있으면서도** : 스파르타의 부에 관해서는 『알키비아데스 I』 122d~123a에 자세하게 언급되어 있다.

37 **대답** : '대답하다'라는 뜻의 그리스어가 'apokrinasthai'가 아니라 'apokrithēnai' 형태로 된 것이 이 대화편의 저자를 플라톤보다 상당히 후대의 작가로 볼 수 있는 근거가 된다고 램(W. R. M. Lamb, 1927)은 주장한다.

38 **바람이 감미로운 냄새를 평원에서 하늘로 나른다** : 이 행은 '감미로운'을 빼고는 서사시의 전형적인 운율인 육보격에 맞지 않는다.

39 **불멸의 신들에게 … 미움을 산 탓이리라** : 인용된 5행 중 1행과 2~5행, 『일리아스』 8권 548, 550~552행은 현재 전하는 호메로스 필사본에는 없던 것이었으나, 후대의 학자가 『알키비아데스 II』의 이 구절을 『일리

아스』에 삽입해서 현재의 판본을 이루었다.

40 신들에게서도 지각 있는 인간들에게서도 … 무엇을 행하고 말해야 할지 아는 사람들일세 : 지금까지의 논의에서 '가장 좋은 것을 아는 것'은 '분별 있는 것'이었고, 스파르타 사람들의 기도에 '아름다운 것들'이 추가된 이후에는 '정의'와 '경건'이 따라붙었다. 따라서 명시적으로 논의된 것은 아니지만, 이 대화편의 저자는 '좋은 것'은 '분별'에, '아름다운 것'은 '정의'와 '경건'에 연관시키고 있음을 알 수 있다.

41 고결함 : 이 번역어는 문맥에는 잘 맞지 않으나 140c의 구절과 직접적인 연관이 있어 같은 낱말로 번역하기 위해서 문맥에 맞지 않은 번역어를 썼다. 문맥에 맞기로는 '자부심' 정도가 어울린다. '사실 이것이 무분별한 상태에 대한 이름 중에서 가장 아름답지'라는 말은 바로 140c에서 '무분별'을 완곡한 어법으로 말하는 경우의 예로 든 것을 가리키는 표현이다. 그리고 이 말이 가진 이중적인 의미는 바로 이 대화편의 등장인물이자 제목이기도 한 알키비아데스의 성격을 잘 드러내는 것이기도 하다. 그는 자부심이 대단해서 다른 사람의 기도를 흉내 내는 것을 스스로 허락하지 못할 정도지만, 그것은 진정한 앎에 기반한 것이 못 되어 헛된 자부심이요 어리석음이다. 어찌 보면 이 한마디로 소크라테스는 역사상의 알키비아데스가 아테네의 풍운아가 될 수밖에 없었던 철학적인 문제를 들추어냈다고도 볼 수 있다.

42 신도 인간들도 잘 분간하라 : 『일리아스』 5권 128.

43 지금 끼어 있는 안개를 먼저 자네의 영혼에서도 제거하고 나서 : 논박을 통해 상대가 가지고 있는 잘못된 의견을 제거하는 소크라테스의 논박술을 비유적으로 일컫는 말이다.

44 이 화관을 선생님께 씌워 드리겠습니다 : 플라톤의 『향연』 214e에서는 술 취한 알키비아데스가 소크라테스의 머리에 화관 대신 리본 몇 개를 묶어 주는 장면이 나온다.

45 나는 〈자네의〉 … 격랑에 처해 있으니 : 에우리피데스, 『페니키아 여인들(Phoinissai)』 858~859. 크레온은 오이디푸스의 두 아들 중 한 명인 폴

리네이케스가 데려온 아르고스의 군대를 맞아, 예언자 테이레시아스의 예언에 따라 친아들 메가레우스를 아레스 신에게 제물로 바치고 나라를 구한다.

46 **자네를 사랑하는 자들** : 『알키비아데스 I』 미주 2 참고.

작품 안내 II

1. 특성과 주제

고대에 플라톤의 대화편들을 특징별로 분류하고 대화편의 주제를 부제로 붙여 온 전통에 따르면, 이 대화편은 '산파술적 대화편'으로 분류되고 부제는 '기도에 관하여(peri proseuchēs)'이다. '산파술'이라고 하면 소크라테스 특유의 방법론으로 우리에게 잘 알려져 있다. 플라톤의 『테아이테토스』 140a~150b를 보면, 소크라테스는 자신의 어머니가 산파라서 자신도 산파의 기술을 가지고 있다고 말한다. 즉 산파가 자신은 아이를 낳지 못하면서(대개 노파들이 산파를 했을 테니까) 남이 아이를 낳게 도와주듯이, 자신도 진리를 스스로 낳지는 못하지만 남이 진리를 낳는 것을 도와준다고 말한다. 소크라테스가 젊은이들과 대화를 주고받으며 그들을 진리의 길로 인도하는 방식을 '산파술적(maieutikos)'이라고 함은 여기에서 연유한다. 따라서 이 대화편을 '산파술적'이라고 분류한다는 사실은 이 대화편이 바로 젊은이를 상대로 해서 그 젊은이가 스스로 진리를 깨닫도록 인도하는 형태로 되어 있다는 것을 의미한다. 실제로 이 대화편은 『알키비아데스 I』과 마찬가지로 소크라테스가 알키비아데스라는 장래가 유망한 젊은이를 상대로 질문을 던져 가며, 알키비아데스 스스로 자신의 무지를 깨닫게 하고 앞으로 해야 할 바를 자각하게 하는 형태를 취한다.

『알키비아데스 I』이 같은 '산파술적' 대화편으로 분류되며 '인간의 본성'이라는 상당히 철학적인 주제를 다루고 있는 데 비해, 이 대화편은 '기도'라는 다소 의외의 주제를 다룬다. '기도'라는 주제가 언뜻 철학적인 주제로는 보이지 않기 때문이다. 하지만 플라톤의 대화편들과 그 안에 등장하는 소크라테스가 늘 그렇듯이, 이 대화편도 별로 철학적으로 보이지 않는 주제에서 시작했으나 소크라테스와 말을 주고받다 보면 어느덧 철학적 주제로 깊숙이 들어서게 된다. 소크라테스가 따져 가는 순서는 이렇다. 무언가 소원을 빈다는 것이 대체 어떤 의미인가? 그것은 소원을 비는 사람에게 좋은 것을 비는 것이 아닌가? 그런데 그 사람은 정말 자기에게 좋은 것이 무엇인지 알고 있을까? 혹시 알고 있다고 생각만 할 뿐이지 실제로는 자기에게 좋은 것이 아니라 도리어 나쁜 것을 좋은 것인 줄 알고 빌면 어쩔 것인가? 그것은 스스로 자신에게 불행을 비는 꼴이 되지 않겠는가? 이런 일이 없으려면 어떻게 해야 할까? 정말로 자신에게 좋은 것이 무엇인지 알아야 하지 않겠는가? 그런데 좋은 것이란 부분적으로 좋은 것도 있고, 전체적으로 좋은 것도 있다. 예컨대 내가 누군가를 해칠 목적으로 칼을 들고 그 사람의 집에 들어갔는데, 그를 쉽게 알아볼 수 있다면, 그것은 당장의 목적에 비추어 보면 좋은 것이다. 하지만 내가 온전한 정신이 아닌 상태에서 그런 목적을 품었다면, 해칠 상대를 쉽게 알아보는 것은 전체적인 관점에서 보면 정말 좋은 것이 아닐 것이다. 이런 경우에는 차라리 상대를 알아보지 못하는 무지가 더 좋은 것이다. 따라서 전체적으로 좋은 것을 알지 못할 바에야 차라리 무지한 것이 더 낫다. 그런데 전체적인 관점에서 좋은 것, 궁극적으로 좋은 것, 가장 좋은 것에 대한 앎을 현재 갖고 있지 않은 상태라면 어떤 기도를 해야 할까? 그때는 스스로 판단하기보다는 신에게 판단을 맡기는 편이 더 낫지 않을까? 그러면서 신과 인간들에 대하여 어떤 태도를 취해야 할지를 배우려고 노력해야 하지 않을까?

이렇게 논의를 정리해 놓고 보면, 이 대화편의 실질적인 주제는 '기도'라기보다는 '가장 좋은 것에 대한 앎'과 '신중함'이라는 생각이 든다. 그렇지만 대화의 출발점과 도착점이 '기도'인 것을 보면 '기도'가 단지 소재에 불과한 것은 아니라는 생각도 같이 든다. '가장 좋은 것에 대한 앎'이 '진정한 기도'에 대한 유일한 해결책이 아니고 '신에게 판단을 맡기는 것'이 또 다른 잠정적 대안으로 제기되기 때문이다. 현실에 직접 참여해 개선하고자 하는 열기가 다소 식고, 그런 만큼 '가장 좋은 것에 대한' 확고한 앎에 대한 확신도 주춤한 반면, 개인의 종교적, 도덕적 행위에 대한 관심이 커졌던 기원전 3세기 무렵의 경향이 이 작품에 반영되었다는 추측도 가능하다. 물론 이 작품이 플라톤의 진작이 아니고 기원전 3세기 무렵에 쓰인 위작이라고 볼 경우지만 말이다.

2. 줄거리

신에게 소망을 빌러 가는 알키비아데스를 만난 소크라테스는 오이디푸스가 한 기도를 예로 들며 섣불리 신에게 빌어서는 안 된다고 그를 말린다.(138a~c) 알키비아데스는 미친 사람과 건강한 사람의 기도를 비교해서는 안 된다고 반박하고, 이에 대해 소크라테스는 미친 사람과 무분별한 사람, 건강한 사람과 분별 있는 사람을 동일시하는 논변을 펼쳐서 무분별을 그저 광기로 치부할 일이 아님을 이해시킨다.(138c~139d) 어리둥절해하는 알키비아데스에게 조금 전의 결론이 미친 사람과 분별 있는 사람이 상반된다고 섣부르게 동의한 탓이라는 점을 밝혀 준다.(139d~140d) 뒤이어 분별 있는 사람과 무분별한 사람의 차이점으로 논의를 옮겨, 소크라테스는 일단 그들의 차이점이 무엇을 행하고 말해야 하는지를 아는 사람과 모르는 사람의 차이라는 데 동의를 얻어 낸다. 그러고 나서 그는 무엇을 행하고 말해야 좋은지를 아는 것과 알고 있다고 믿는 것은 다르다는 점을 밝혀서, 많은 사람의 불행이 자신은 좋은 것이라고 믿고 있지만 사실은 그렇지 못한 것을 비는 데서 비롯되었음을 알키비아데스가 동의하게 한다.(140d~143b) 여기서 대화는 잠깐 우회해서 모든 무지가 다 나쁜 것은 아니고 때로는 무지가 좋은 결과를 낳을 때도 있다는 논의를 한다.(143b~144d) 다시 소크라테스는 좋은 것을 알더라도 가장 좋은 것을 알지 않는 한, 부분적인 좋은 것에 대한 앎은 오히려 해를 끼칠 수 있다는 주장을 제기하면서, 분별 있는 사람이란 가장 좋은 것을 알고 그것을 가장 '이롭게' 행하는 사람이며, 이런 이들을 나라의 조언자로 갖게 될 때 그 나라가 올바르게 운영된다는 점을 밝힌다.(144d~147a) 이제 논의는 결론으로 향하여 신에게 비는 가장 좋은 기도는 라케다이몬 사람들의 기도로서, 가장 좋은 것과 가장 아름다운 것을 달라고 비는 것이라고 소크라테스는 말한다. 이는 신이 제물을 탐하지 않고 인간의 영혼이 지닌 올바름과 분별에 주목하기 때문이라는 게 소크라테스의 생각이다.(147a~150b) 끝으로 소크라테스는 신과 인간들에 대해서 어떻게 행동하고 말해야 좋을지를 배우기 전까지는 침묵하라고 알키비아데스에게 당부하고, 알키비아데스는 소크라테스가 바로 자신에게 가장 좋은 것들을 가르쳐 줄 사람이라 확신하며 그에게 화관을 씌워 주는데, 소크라테스는 알키비아데스를 유혹하는 잘못된 대중으로부터 그를 구할 수 있는 길조라 여겨 이를 받아들인다.(150b~151c)

3. 진위 논쟁

이 작품은 플라톤의 대화편들에 관한 진위 논쟁에서 대다수의 학자들이 위작으로 분류하고 있지만, 내용만을 볼 때 소크라테스나 플라톤의 생각에서 크게 벗어난 생각이 들어 있지는 않다. 특히 '가장 좋은 것에 대한 앎'과 '분별 있음' 및 '올바름'에 대한 강조는 플라톤의 전 작품을 관통하는 중요한 생각으로서 이 작품에서도 주축을 이룬다.

그러나 대화 중간에 나오는 '무지가 때로는 좋을 수도 있다'는 생각이 길게 논의되거나 광기와 무분별에 대한 세세한 구별을 하는 등 다른 대화편에서는 찾아보기 힘든 논의도 있다. 이 대화편의 번역자들은 모두 광기와 무분별에 대한 세세한 논의가 '분별없는 사람은 미친 것이다'라는 견유학파의 주장에 반대하기 위한 논변이라 보고 있다.

또한 이 대화편은 많은 수의 시를 인용하거나 해석하여 논의에 활용하고 있다. 이는 플라톤의 다른 대화편에서도 찾아볼 수 있는 기법이기는 하지만, 이 대화편의 분량이 상당히 짧은 편임을 생각하면 이례적이라 할 수 있다. 거꾸로 생각해 보면, 이 대화편은 플라톤의 철학을 이용하여 시의 해석을 시도하고 있는 일종의 시평이라고도 볼 수 있으며, 특히 오이디푸스의 행태를 작품 전체에 걸쳐 분석하고 있다는 점에서 문학 또는 신화 비평의 성격을 갖기도 한다. 이 점은 또한 이 대화편의 독자적인 매력이기도 하다.

고대에는 이 작품은 트라쉴로스[1]가 편집한 플라톤 대화편의 구성에 들어가 있을 정도로 진작임을 의심받지 않았음에도 불구하고, 현재 이 대화편이 위작이라고 대다수의 학자가 주장하는 데는 몇 가지 이유가 있다. 첫째, 사용하고 있는 어휘 중에 시대에 맞지 않는 것들이 있다. 그 예로 140b의 '증세(apergasia)', 145d의 '이와 같은 것들과 같은 원리에 따라서(ana logon toutois)', 151b의 '나는 [자네에게서 오는 것은 무엇이든지] 받는 내 자신을 기꺼이 볼 것이다(hēdeōs idoimi dexamenon emauton)'[2]와 같은 구

1 서기 1세기경의 알렉산드리아의 점성가 · 음악학자 · 문헌학자. 플라톤의 대화편을 같은 성격의 것으로 4편씩 묶어 편집한 업적으로 유명하다.

2 "나는 [자네에게서 오는 것은 무엇이든지] 받는 나 자신을 기꺼이 볼 것이다." 본서에서는 의역했다.

절들이 시대에 맞지 않거나 플라톤답지 않다는 지적이다. 둘째, 플라톤이 다른 대화편에서 보여 주는 독창적인 사고나 전개 방식 또는 특유의 농담들이 없거나 작품의 품격이 떨어진다는 지적이다. 이것은 물론 주관적일 수밖에 없는 판단이지만, 대체로 진작으로 인정받고 있는 다른 작품들에 비해 다소 품격이 떨어진다는 점은 독자들도 이 작품을 다른 작품과 비교해 읽어 보면 알 수 있다. 셋째로, 이 대화편의 여러 구석에서 『알키비아데스 I』의 구절과 유사한 구절을 찾아볼 수 있다는 점이다. 이 대화편의 141a~b, 145b~c는 각각 『알키비아데스 I』의 105a~c, 107d~108a와 유사하다. 그러나 이는 여전히 위작 시비로부터 자유롭지 못한 『알키비아데스 I』이 『알키비아데스 II』를 모방한 것일 수도 있고, 같은 작가가 연작을 쓰면서 동일성을 유지하기 위한 장치로 설정한 것일 수도 있기에 강한 논거가 되지 못한다. 그런 점에서 보면 『알키비아데스 II』가 『알키비아데스 I』의 뒤를 잇는 논의를 전개하고 있다는 존슨(D. M. Johnson, 2003)의 지적은 흥미롭다. 그는 『알키비아데스 I』에서 소크라테스와 나눈 대화를 통해 각성한 알키비아데스가 '신에게 주목하라'(134d)는 소크라테스의 충고를 받아들여 신에게 빌러 가는 길에서 이 대화편이 시작된다고 주장한다. 다소 억지스럽기는 하지만 재미있는 지적이다.

비록 이 작품이 위작이라는 데 많은 학자가 동의하고 있으나,

여전히 플라톤 전집을 구성할 때마다 이 작품을 비롯해서 여러 위작들이 전집에 포함되는 데는 다 그럴 만한 이유가 있다. 우선 위작들은 상대적으로 구조가 단순하면서도 그 나름대로 플라톤의 저작에 대한 이해와 통찰을 담고 있어서 플라톤 철학의 참고서로서 충분한 가치가 있다. 또한 이 위작들도 플라톤의 진작들보다 크게 뒤지지 않는 세월 동안 플라톤의 진작으로 인정받아 왔을 만큼 긴 세월을 버텨 낸 생명력을 가지고 있다. 플라톤 시대가 아니더라도 이 위작들이 탄생한 시대와 상황에 대한 그 나름의 이해와 통찰이 플라톤의 이름을 빌려 펼쳐지고 있는 만큼, 언제 또 평가가 바뀔지 모르는 진위 논쟁에 부화뇌동하기보다는 작품을 작품 자체로서, 인류가 남긴 또 하나의 고전으로서 평가하고 음미할 것을 권한다.

4. 작품의 성립 연대와 설정 연대

이 작품이 쓰인 때는, 플라톤의 진작이 아니라는 것을 전제로 하여, 대개 기원전 4세기에서 3세기 사이로 여겨진다. 일단, 작품의 주요 주제 가운데 하나인 '광기와 무분별'을 구별하는 논의가 기원전 3세기 중반에 아르케실라오스가 이끌던 회의주의적 아카데미아 학파에서 쉽게 찾아볼 수 있는 논변이라는 점에서

다. 또한 앞에서 언급했던 시대에 맞지 않은 어휘는 대개 기원전 4세기와 3세기 사이에 사용되는 것들이라는 점도 이 견해를 뒷받침한다.

다른 한편, 이 대화편의 시대 배경의 설정에 관해서는 대화편 내용에 아르켈라오스의 이야기가 나오는 데서 실마리를 찾을 수 있다. 해당 부분의 미주에서 언급했듯이 아르켈라오스는 기원전 399년에 대화편에서 언급하고 있는 사건으로 살해당했기 때문에 설정 연도는 기원전 399년을 거슬러 올라갈 수 없다. 그러나 기원전 399년에 소크라테스는 살아 있을 수 있겠지만 이 해가 바로 소크라테스가 사형당한 해이며 기원전 404년에 암살당한 알키비아데스는 살아 있을 수조차 없다는 점에서 이 대화편은 시대를 잘못 설정하고 있다. 하지만 이렇게 시대에 맞지 않는 설정은 플라톤의 진작 중에서도 얼마든지 찾아볼 수 있는 만큼 작자의 착오라기보다는 특정 시대에 묶이지 않는 대화편으로 구성하기 위한 설정이라고 보는 것이 온당하다.

참고자료

ϹΩΚΡΑΤΗϹ·ΕΙΑΡΑΤΙϹΓΕΓΟΝΕΝΕΡΑϹΤΗϹ
ΤΟΥΑΛΚΙΒΙΑΔΟΥϹΩΜΑΤΟϹΟΥΚΑΛΚΙΒΙΑΔΟΥ
ΑΡΑΗΡΑϹΘΗΑΛΛΑΤΙΝΟϹΤΩΝΑΛΚΙΒΙΑΔΟΥ
ΑΛΚΙΒΙΑΔΗϹ·ΑΛΗΘΗΛΕΓΕΙϹ ϹΩΚ·ΟϹΤΙϹ
ΔΕϹΟΥΤΗϹΨΥΧΗϹΕΡΑ; ΑΛΚ·ΑΝΑΓΚΗ
ΦΑΙΝΕΤΑΙΕΚΤΟΥΛΟΓΟΥ ϹΩΚ·ΟΥΚΟΥΝΟΜΕΝ
ΤΟΥϹΩΜΑΤΟϹϹΟΥΕΡΩΝΕΠΕΙΔΗΛΗΓΕΙΑΝΘΟΥΝ
ΑΠΙΩΝΟΙΧΕΤΑΙ; ΑΛΚ·ΦΑΙΝΕΤΑΙ ϹΩΚ·ΟΔΕ
ΓΕΤΗϹΨΥΧΗϹΕΡΩΝΟΥΚΑΠΕΙϹΙΝΕΩϹΑΝΕΠΙ
ΤΟΒΕΛΤΙΟΝΙΗ; ΑΛΚ·ΕΙΚΟϹΓΕ ϹΩΚ·ΟΥΚΟΥΝ
ΕΓΩΕΙΜΙΟΟΥΚΑΠΙΩΝΑΛΛΑΠΑΡΑΜΕΝΩΝΛΗΓ
ΟΝΤΟϹΤΟΥϹΩΜΑΤΟϹΤΩΝΑΛΛΩΝΑΠΕΛΗΛΥΘ
ΟΤΩΝ ΑΛΚ·ΕΥΓΕΠΟΙΩΝΩϹΩΚΡΑΤΕϹ·ΚΑΙΜΗΔΕ
ΑΠΕΛΘΟΙϹ ϹΩΚ·ΠΡΟΘΥΜΟΥΤΟΙΝΥΝΟΤΙΚΑΛΛΙ
ϹΤΟϹΕΙΝΑΙ ΑΛΚ·ΑΛΛΑΠΡΟΘΥΜΗϹΟΜΑΙ ϹΩΚ·
ΩϹΟΥΤΩΓΕϹΟΙΕΧΕΙ·ΟΥΤΕΓΕΓΕΝΗΘΩϹΕΟΙΚΕΝ
ΑΛΚΙΒΙΑΔΗΤΩΚΛΕΙΝΙΟΥΕΡΑϹΤΗϹΟΥΤΕϹΤΙΝ

《알키비아데스 I》 131c~e 부분 사본의 파피루스 복사본

소크라테스 상의 로마시대 모사품

알키비아데스 상의 로마시대 모사품

참고문헌

1. 일차 문헌

1) 원전 · 번역서 · 주석서

Burnet, J., *Platonis Opera*, vol. II, Oxford UP, 1901[본서의 기준 판본, 일명OCT (Oxford Classical Texts) 판으로 불림].

Cazeaux, J., *Platon : Alcibiade, Librairie générale française*(Le Livre de Poche), 1998.

Chambry, E., *Platon : Premiers Dialogues, Second Alcibiade, Hippias Mineur, Premier Alcibiade etc.*, GF Flammarion, 1967.

Croiset, M., *Platon : Oeuvres complètes* I, Les Belles Lettres, 1920(일명 Budé 판).

Denyer, N., *Plato : Alcibiades*, Cambridge UP, 2001.

Hutchinson, D. S., *Alcibiades, in Plato : Complete Works*, ed. by John M. Cooper, Hackett Publishing Company, 1997.

Johnson, D. M., *Socrates and Alcibiades : Plato Alcibiades I & II etc.*, Focus Publishing / R. Pullins Co, 2003.

Kenny, A., *Alcibiades, in Plato : Complete Works*, ed. by John M. Cooper, Hackett Publishing Company, 1997.

Lamb, W. R. M., *Plato : Charmides, Alcibiades I and II, Hipparchus, The Lovers, Theages, Minos, Epinomis*, Harvard UP, 1927(일명 Loeb 판).

Marbœuf, C. & Pradeau, J. F., *Platon : Alcibiade, Flammarion*, 2002.

Olympiodorus, *Commentary on the First Alcibiades of Plato*, ed. by L.G. Westerink, North-Holland Pub., 1956(그리스어로 된 고대의 주석서).

Pangle, T.(ed.), *The Roots of Political Philosophy : Ten Forgotten Socratic Dialogues*, Cornell UP, 1987(『알키비아데스 I』의 번역과 해석 포함).

Proklos, *Sur le premier Alcibiade de Platon*, ed. by A.Ph. Segonds, 2 vols., Les Belles Lettres, 1985~1986(103a~116b에 대한 그리스어 주석서의 프랑스어 번역본).

Schleiermacher, F., *Platons Werke I*, Wissenschaftliche buchgesellschaft, 1861.

Souilhé, Joseph, *Platon : Œuvres Complètes XIII*, Les Belles Lettres, 1930.

2) 기타 원전 · 번역서

Aristophanes, Clouds, trans. by J. Henderson, Harvard UP, 1998.

Aristotle, *The Fragments in The Complete Works of Aristotle*, ed. by J. Barnes, Princeton UP, 1984.

Diogenes Laertios, *Lives of Eminent Philosophers*, vol. I, trans. by R. D. Hicks, Harvard UP, 1925.

Monro, D. B. & Allen T. W., *Homeri Opera : Ilias*, Oxford UP, 1902.

Burnet, J.(ed.), *Platonis Opera*, 5 vols., Oxford UP, 1900-1907.

Plutarch, *Plutarch's Lives IV : 'Alcibiade'*, trans. by Perrin Bernadotte, Harvard UP, 1916.

Thukydides, *History of the Peloponnesian War*, trans. by Smith C. F., Harvard UP, 1919.
Xenophon, *Hellenica*, trans. by Warmington E. H., Harvard UP, 1918.
________, *Cyropaedia*, trans. by W. Miller, Harvard UP, 1914.
________, *Memorabilia*, ed. & trans by O. J. Todd, Harvard UP, 1923.
아리스토파네스, 『아리스토파네스 희극』, 천병희 옮김, 단국대학교출판부, 2000.
이솝, 『이솝우화』, 천병희 옮김, 단국대학교출판부, 2003.
크세노폰, 『소크라테스 회상』, 최혁순 옮김, 범우사, 1998.
______, 『키루스의 교육』, 이동수 옮김, 한길사, 2005.
투퀴디데스, 『펠로폰네소스 전쟁사』, 박광순 옮김, 범우사, 1993.
플라톤, 『플라톤의 네 대화편 : 에우티프론, 소크라테스의 변론, 크리톤, 파이돈』, 박종현 역주, 서광사, 2003.
______, 『국가』(개정증보판), 박종현 역주, 서광사, 2005.
호메로스, 『일리아스』, 천병희 옮김, 단국대학교출판부, 2001.

2. 이차 문헌

1) 단행본

Dodds, R., *The Greeks and the Irrational*, California UP, 1951.
Dover, K. J., *Greek Popular Morality in the Time of Plato and Aristotle*, Hackett Publishing Company, 1994.
Foucault, M., *L'herméneutique du sujet : Cours au Collège de France(1981–1982)*, Gallimard, 2001.
Scott, G.A., *Plato's Socrates as Educator*, State University of New York Press, 2000.
도즈, 『그리스인들과 비이성적인 것』, 주은영 · 양호영 옮김, 까치, 2002.
미셸 푸코, 『성의 역사 3 : 자기 배려』, 이혜숙 · 이영목 옮김, 나남출판,

2004.
박종현, 『헬라스 사상의 심층』, 서광사, 2001.
한스 리히트, 『그리스 성풍속사 I』, 정성호 옮김, 산수야, 2003.
험프리 미첼, 『스파르타』, 윤진 옮김, 신서원, 2000.

2) 논문

Allen, R. E., "Note on Alcibiades I, 129b1", *American Journal of Philology* 83, pp. 187~190, 1962.
Annas, J., "Self-knowledge in Early Plato", *Platonic Investigations*, ed. by D. J. O'Meara, The Catholic University of America Press, 1985.
Bluck, R. S., "The Origin of the *Greater Alcibiades*", *Classical Quarterly*, N.S. 3, pp. 46~52, 1953.
Clark, P. M., "The Greater Alcibiades", *Classical Quarterly*, N.S. 5, pp. 231~240, 1955.
Forde, S., "On the *Alcibiades I*", *The Roots of Political Philosophy : Ten Forgotten Socratic Dialogues*, ed. by T. L. Pangle, Cornell UP, 1987.
Goldin, O., "Self, Sameness and Soul in *Alcibiades and Timaeus*", *Freiburger Zeitschrift für Philosophie und Theologie* 40, pp. 5~19, 1993.
Johnson, D. M., "God as the true self : Plato's *Alcibiades I*", *Ancient Philosophy* 19, pp. 1~19, 1999.

찾아보기

일러두기

• 본문의 내용을 파악하는 데 도움을 주는 용어에 국한했으며, '말하다(legein)'와 같이 일상적으로 사용되는 낱말은 철학적 문맥에서 사용될 경우에만 용어 찾아보기에 포함했다.
• 그리스어 표기는 단수를 원칙으로 했으나 복수 사용이 관례인 경우에는 그에 따랐다.
• 약호는 다음을 사용한다.

1) 〈 〉 : 『알키비아데스 I』은 괄호 없이 표기하고, 『알키비아데스 II』는 〈 〉로 표기한다.
2) * : * 표시가 있는 부분은 그 대목에 해당 주석이 있음을 가리킨다.
3) ☞ : 해당 항목에 가서 확인할 수 있다.
4) → : 한국어와 그리스어 간에 각기 한 낱말에 여러 의미가 대응될 때를 가리킨다.
5) — : 표제어 밑에 써서 그 표제어의 서로 다른 쓰임새 또는 파생어를 보여준다.
6) ( ) : 한 낱말의 다른 번역 사례를 보여 준다.

한국어 – 그리스어

가로막다 enantiōsesthai 103b
— 가로막음 enantiōma 103a*
가르치다 didaskein 110e, 111d, 113c
— 가르침 didaskalia 111a, d
— 교사 didaskalos 110e, 111a, b, c, e, 114a
가문 genos 104a, 120e, 121a, b
→ 종족 104b

몫 merē 〈140b, c〉
몸 sōma ☞ 신체
못난(못된) ponēros 110b, 125a
무법 anomia 〈146b〉
무분별 aphrosynē 〈139a, c, 140c, 142d〉
— 무분별한 aphrōn 125a, 〈138d, 139a, c, 140d, e, 145a〉
무서운 deinos 120d
→ 끔찍한 〈138c, 143a, 148b, 150a〉
무지 agnoia 117d, 118b, 〈143a, b, c, e, 144c〉
무지하다 agnoein ☞ 모르다
무질서 tarachē 〈146b〉
문자(글자) grammata 106e, 107a, 113a, 114c, 118c
— 문법 교사 grammatistēs 114c
미리 주의를 기울임 promētheia 〈138b*〉
미워함 to misein 126c
미치다 mainesthai 〈138c, d, 139c, d, 140c〉
→ 제정신 아니다 118e
— 미친 상태 mania 〈139b, c〉
민중 dēmos 105b*, 114b, c, 132a*
민중의 애인 dēmerastēs 132a*
민회 ekklēsia 107a, 113b, 114b
바보스러운 ēlithios 〈140c〉
→ 바보 천치 118e
반목함 to stasiazein 126c
반사물 enhoptros 134c
밝혀 주다 dēloun 122b
방법 tropos 117b
방식 hōde, pōs 109b*
배 naus ☞ 선박
배우다(이해하다) manthanein 106d, e, 109d, 110d, 112d, 113c, e, 114a, 118c, 119b, 120b, 123e, 132b
— 알아듣다 127d, 128a, b
— 이해하다 111c
— 배움 mathēma 126e, 127a, 131b
벗 philos ☞ 친구
병들다 asthenein 〈138e〉
보여 주다 endeiknynai 105b, d, e
보증인 engyētēs 134e
봉헌물 anathēma 〈148e*, 149c〉
부(부유함) ploutos 122c, 123a, b
부상 helkē 115b
부정의한 adikos 109b, 110b, c, 111e, 112a, b, c, d, e, 113b, d, 116d, e
— 부정의한 짓 adikēmata 113d
— 부정의한 짓을 하다(저지르다) adikein 109b, 110b, c, 113d

분별 phronēsis <139a, b, 150b>
— 분별 있는 phronimos 125a, <138c, 139a, b, c, 140d, e, 142e, 145a, b, c, d, 146c, 150a>
— 분별하는 것(분별력) phronein 133c
분통이 터지다 aganaktein 119c
비겁 deilia 115d
— 비겁한 deilos 115d
빌다 proseuchein <138a*, b, c, 141d, 142a, b, c, 143a, 148a, b, 150b>
뼘 spithamē 126c

사귀다 proshomilein 130d
사내 anēr 124e, 125b, 131b, 135d
→ 작자 123d
사람 anthrōpos 111d, e
사랑 erōs 104c, e, 119c, 135e, <141d*>
사랑하는 사람 erastēs 103a*, b, 104e, 123d, 131c, e
사랑하다 eran 124b, 131c, d
사려 없음 atasthaliasis <142d>
사례 paradeigma 132d
사부(師傅) paidagōgos 121e*, 122b
사용하다 chrēsthai 129c*, d, e, 130a, d, e, 133c
→ 다루다 125c*, d
→ 상대하다 <142e>
사적인 차원에서 idiāi 111c
사치스러움 tryphē 122b
산술 arithmētikē ☞ 수(數)
살펴보다 skopein 107c, 120e, 124d, 130d, 132d
삶 zōē 115d
삼단노선 triērē 119d
상대하다 chrēsthai ☞ 사용하다
상처 traumata 115b
상태 pathēma 116e
→ 수모 109a
생각 dianoia 104e
— 생각을 품다 dianoeisthai 104c*, d, 106a, c, 109c, 119a
— 생각에 품고 있는 것들 105a, d(마음에 품고 있는 것들)
생각의 불일치 dichonoia 126c
생각의 일치 homonoia 126c*, d, e, 127a, c, d
생기다 paragignesthai 126a*, b, 127b
→ 생기다 engignesthai 126c
선량 eukolia 122c
선박(배) naus 107c, 117c
— 선박 건조 naupēgia 107c
— 건조하다 naupēgeisthai 107c
선장의 기술 kybernētikē 125c*, d
설득하다 peithein 114b, c, d, e
섬김 therapeia 122a
성찰하다 episkopein <148c>

성한 hygiēs ☞ 건강한
소년 애인 paidika <141e>
소유 ktēsis 116b
[비천한] 손재간 banausos 131b*
수(數) arithmos 114c
→ 수에 능한 자 arithmētikos 114c
— 산술 arithmētikē 126c
수모 pathēma ☞ 상태
수치스러운 aischros ☞ 추한
숙고를 잘 하는 euboulos 127d
— 숙고를 잘 하는 것 euboulia 125e*, 126a
— 숙고를 못하는 것 aboulia 125e
숙의하다 bouleuesthai 106c, 107a, b, d, e, 113c
습성이 붙다 ethizein 122a
승부욕 philonikia 122c
시(詩) poiēmata 112b
시가 기법 mousikē 108d
— 시가적인 방식으로 mousikōs 108d
— 시가적인 mousikos 108e
시각(시력) opsis 126b, 132d
— 눈동자 133a*, b
시간(시기) chronos 106e, 107e, 109e
시도 epicheirēsis ☞ 도전하다
시비를 걸다(시비가 붙다) amphisbētein 111c, 112d
신 theos 105a*, b, d, e
신령스러운 daimonios 103a*
신중함 eulabeia 132a
신중히 생각하다 eulabeisthai 132a
신체(몸, 육신, 육체) sōma 104a, 126a, 128a, c, 129d, e, 130a, b, c, 131a, b, c*, 135a
신체 단련술 gymnastikē ☞ 익히다
신체 단련에 맞는 것 gymnastikon ☞ 익히다
실감하다 aisthanesthai ☞ 알아채다
실천 praxis ☞ 행위
심사숙고 boulē 119b, 124c
싸우다 machein 112a
— 싸움 machē 112b, c
쓰다 graphein 107a
쓸 만한 krēgyos 111e

아낄 만한 agapētos 131e*
아름다운(멋진) kalos 104a, 108c*, 109c, 113b, 115a, b, c, e, 116a, b, c, 118a, 119e, 121e, 123b, 131d, 133c, 134b, 135b, c, d
— 아름다움 kallos 123e
아름답고 훌륭한 kalos k'agathos 123c, 125a*
아울로스 연주 aulein 106e*
아첨을 떨다 kolakeuein 120b

아픈 nōdēs 111e
알다 eidenai 106d, e, 107b, 109a, e, 110a, c, d, 111b, c, e, 112d, 113b, c, e, 114a, c, 117a, b, c, d, e, 118b, 120e, 123a, 126c, 133c, 134a, 135c
→ 알다 epistasthai 106c, d, e, 109d, 110c, 111c(할 줄 알다), d, 112c, 113b, 117b, c, 118d, 125d, e, 126e
→ 알다 gignōskein 110c, 116d, 117c, 122d, 124b, 128e, 129a, 130e, 131a, b, 132c, 133b, c, d
→ 알다 pynthanesthai 131e
— 앎 epistēmē 〈144d, 145c, e, 146d, e, 147a〉
알아듣다 manthanein ☞ 배우다
알아듣지 못할 말을 하다 barbarizein 120b
알아채다 aisthanesthai 121d
→ 실감하다 122b, 〈141b〉
→ 절실하게 깨닫다 135c
앎 epistēmē ☞ 알다
압도당하다 kataphronesthai 119e
압도하다 kratein 104c
애송이 meirakion 123e
양육 방식 trophē 121a, 122b
— 양육을 받다 traphēsesthai 120e
어두운 것 to skoteinon 134e
어리석음 amathia 118a, b
어울리다 syneinai 118c
어쩔 줄 모르다 aporein 110b
→ 고민하다 〈148e〉
얼빠진 embrontētos 〈140c〉
여러 사람 polloi ☞ 다중
연설 epideixis 121b
영상 eidōlon 133a
영역 topos 133b
영예를 받다 timasthai 105b*
— 존경 timē 121e
영혼 psychē 104a, 117b, 123e, 130a, c, d, e, 131c, d, c, 133b, c, 〈146e, 149e, 150a, e〉
→ 목숨 〈141c〉
예언가 mantis 107b
— 예언술 mantikē 107b
— 예언에 능한 이 mantikos 115a
온당한 일 nomimon 109c
옳은 orthos 108c, d, 113e, 126b, 128b, 129b, 130b, 131c, 132e, 133d, 134d
왕세(王稅) basilikos phoros 123b
왕에 관한 것들 ta basilika 122a*
용기 andreia 115b, c, d, e, 122c
— 용기 있는 andreios 122a

운동선수 athlētēs 119b
웅변가 rhētōr 114d
위세 hyparchonta 121b
→ 위세 rhōmē 135e
위압적이다 hyperballein 121c
위엄 onkos 121b
유해한 kakourgos 118a
육신 sōma ☞ 신체
으스대다 megalauchesthai 104c
의견 일치를 보다 homologein ☞ 동의하다(인정하다)
의견 차이 diaphora 112b
— 의견 차이가 있다 diapheresthai 111b, e, 112a, d
의견을 갖다 dokein 〈148a〉
의사 iatros 107c, 108e
이득을 보다 lysitelein 113d
→ 이득을 보다 onēsesthai 120d
이롭다(이로움을 얻다) sympherein 113d, 114d, 115a, 116c, d
— 이로운 것(들) ta sympheronta 113d, e, 114a, b, e, 116d, e, 118a
이루어 내다 apergazesthai 115e, 116a
→ 이루어 내다 epitithēnai 105d
이민족 barbaroi 104b, 105b, 119a
이상한 atopos 106a*
— 이상한 상태에 atopōs 116e
이야깃거리 logos ☞ 말
이유 logos ☞ 말
이유 aition ☞ 탓
이해하다 manthanein ☞ 배우다
→ 이해하다 hypolambanein ☞ 간주하다
→ 이해하다 ennoein 117d
익히다 gymnazein 132b
— 신체 단련술 gymnastikē 108d, 128c
— 신체 단련에 맞는 것 gymnastikon 108b*, e
인간적인 anthrōpeios 103a
인정하다 homologein ☞ 동의하다
일 pragma 105d, 124e
→ 것 〈143c〉
일 좋아함 philoponia 122c

자랑으로 여기다 mega phronein 104c
자부심이 강한 megalophrōn ☞ 기세가 당당하다
자신을 알다 gnōnai heauton 129a, 130e, 131a, b, 133b, c, d
자신의 일들 ta heautōn pragmata 107c, d
자유 exousia 134c, e, 135a, b
자유인 eleutheros 119a
자질 physis 119b*, 120d, 123e

106c, 107b*, d, e, 108a, b, e, 109a, c, 111a, c, 115a, c, e, 116a, b, c, 118a, 119d, e, 121d, e, 124a, 126a, b, 131d, 135b, c, 〈141b, 143b, d, e, 144a, c, 145c, e, 146a, c, d, 150c〉
주사위 놀이를 하다 astragalizein 110b
주시하다 apoblepein 119d, e, 120b
주장하다 legein ☞ 말하다
죽다 apothnēiskein 112c, 115b
→ 죽다 teleutan 112c
— 죽음 tethnanai, thanatos 105a, 112b, c, 115b, c, d, e
준비 skeuasia 117c
→ 준비 paraskeuē 120c
— 준비하다 skeuazein 117c
중무장보병술 hoplitikē 127a
증거 tekmērion 111d, e, 113e, 118d
지닌 것 [ta] hyperchonta 104a, 119c
지도자 hēgemōn 119e
지키다 sōizein 126a
지혜 sophia 123d, 133b*
— 지혜로운 sophos 118c, 119a, 121e, 124c, 127d
→ 현자 118c, d, 119a
직조술 hyphantikē 128c

차이가 있다 diapherein 120c
참여하다 koinoun 125d, e
참을성 karteria 122c
찾다 zētein ☞ 탐구하다
찾아내다 (eks)euriskein 106d, 109e, 110c, d, 112a, d, 113e, 114a, 116c, 129b, 130c
처리하다 prattein ☞ 행(동)하다
천진난만하다 apeiros 〈140d〉
청각(청력) akoē 126b
체격 megethos ☞ 큼
체육 교사 paidotribēs 107e, 118d
최대 권력자 megistos 105b
추측하다 hypoptein 132d
추한 aischros 115a*, 116a
→ 수치스러운 108e*, 109a
춤을 추다 (em)bainein 108a*, c
충고하다 parainein 132d
충분한 hikanos 110e, 111d, e
→ 족한 105e
측정술 metrētikē 126c
친구 philos 104b, 115c, e
→ 벗 〈143e〉
친지 oikeios 115b
친척 syngenēs 104b
→ 친족 syngenos 105e
침착 euchereia 122c

크기 plēthos 122d*
큼 megethos 134b

→ 체격 123e
키잡이 kybernētēs 117d*
— 키잡이술 ta kybernētika 119d
— 키잡이 노릇을 하다 kybernan 119d
키타라 교사 kitharistēs 118d
— 키타라 연주(를 하다) kitharizein 106e, 108a, c

탄주 kroumata 107a
탐구하다 zētein 106d, 109e, 110a
→ 찾다 107c
탓(원인, 이유) aition 103a, 107d, 117a, b
— 탓하다 aitian 113c
→ 탓하다 katēgorein ☞ 따지다
태생 genesis 120d
태세 hexis 〈138a〉
통치하다 archein 120b

판단 doxa 117b, 〈151c〉
— 판단하다 doxazein 117c, d
팔뚝(완척) pēchys 126c
평민 idiōtēs 121a
평화 eirēnē 107d, 108d, 109a
폭군 행세를 하다 tyrannein 135a

하찮은 phaulos 110e
~할 수 있다 dynasthai ☞ 힘을 행사하다
함께 심사숙고[하다] koinē boulē ☞ 공동의 숙의사항.
합창 선생의 기술 chorodidaskalikē 125d*
— 합창 선생의 앎 chorodidaskalia 125e
항해하다 plein 117c
해독제 alexipharmaka 132b
해를 입다 blabēsesthai 114e, 120d
해전을 벌이다 naumachein 119d
행동 ergon 119e
행복한 eudaimōn 116b, 134a, b, e, 135b
행위(행동) praxis 113d, 117d
→ 실천 praxis 115e
— 행(동)하다 prattein 109b, c, 115a, 116b*, c, 117d, 119b, 134a*, d
→ 처리하다 124e
헤매다 planasthai 117a, b, c, d, 118a, b
현자 sophos ☞ 지혜로운
협력하다 symballein 125c, d
환관 eunouchos 121d
횡포 hybris 114d
— 횡포를 부리는 [분] hybristēs 114d

그리스어 – 한국어

aphobos 두려움 없는
aphrōn 무분별한
aphrosynē 무분별
apodeiknynai 논증하다, 밝혀 보여 주다
— apodeixis 논증
apogignesthai 떨어지다
apokrisis 대답
apoleipein 결여하다
aporein 고민하다, 어쩔 줄 모르다
aporia 곤란함
apothnēiskein 죽다
archē 권력
aretē 훌륭함
aristos 더없이 훌륭한
arithmētikē 산술
arithmētikos 수에 능한 자
arithmos 수(數)
askein 단련하다
askēsis 단련
asthenein 병들다
astragalizein 주사위 놀이를 하다
atasthaliasis 사려 없음
atopos 이상한
— atopōs 이상한 상태에
aulein 아울로스 연주
auto to auto 자체 그 자체
barbaroi 이민족
basilika (ta) 왕에 관한 것들
basilikos phoros 왕세(王稅)
bēma 연단
blabēsesthai 해를 입다
boētheia 구출
bouleuesthai 숙의하다
chorodidaskalia 합창 선생의 앎
chorodidaskalikē 합창 선생의 기술
chrēmata 재물, 돈
chrēsthai 다루다, 사용하다, 상대하다
chronos 시간, 시기
daimonios 신령스러운
deilia 비겁
— deilos 비겁한
deinos 끔찍한
dēloun 밝혀 주다
dēmerastēs 민중의 애인
dēmos 민중
dēmosiāi 공적인 차원에서
diagōnizesthai 맞붙다
dialogos 대화
— dialegesthai 대화하다, 대화를 나누다, 말을 걸다
dianoesthai 생각을 품다
— dianoia 생각, 마음
— dianoēmata 생각에 품고 있는 것들
diapheresthai 의견 차이가 있다
— diaphora 의견 차이

dichonoia 생각의 불일치
didaskein 가르치다
— didaskalia 가르침
— didaskalos 교사
dikaios 정의로운
— dikaiosynē 정의
dioikein 관리하다
dokein 의견을 갖다
doulos 노예
doxa 판단
— doxazein 판단하다
dromikos 달리기에 능한
dynamis 힘, 권력
— dynasthai 힘을 행사하다, ~할 수 있다
eidenai 알다
— eidōs 아는 자, 알고 있는 자
eidōlon 영상
eirēnē 평화
ekklēsia 민회
(eks)euriskein 찾아내다
elleipein 모자라다
elpis 희망
— elpizein 희망을 품다
embainein 춤을 추다
enantiōma 가로막음
— enantiōsesthai 가로막다
endeiknynai 드러내 보이다
engyētēs 보증인
enhoptros 반사물
ennoein 이해하다
ephoros 감독관
epicheirein 도전하다
— epicheirēsis 시도
epieikōs 적절하게
epimeleia 돌봄, 노력
— epimeleisthai 돌보다
epiorkein 맹세하다
episkopein 성찰하다
epistasthai 알다
— epistēmē 앎
— epistēmōn 전문가
epithesthai 간섭하다
epitithēnai 이루어 내다
epitropos 후견인
eran 사랑하다
— erastēs 사랑하는 사람
— erōs 사랑
eretēs 갑판장
erōtēsis 물음
euboulia 숙고를 잘 하는 것
— euboulos 숙고를 잘 하는
euchereia 침착
eudaimōn 행복한
eukolia 선량
eulabeia 신중함
eulabeisthai 신중히 생각하다
eunouchos 환관

euphēmia 말조심
eupragia 잘 행함
eutaxia 규율
exeuriskein 알아내다
exousia 자유
genos 가문, 종족
gignōskein 알다
gnōmē 견해
gnōnai heauton 자신을 알다
grammata 문자
— grammatistēs 문법 교사
graphein 쓰다
gymnazein 익히다
— gymnastikē 신체 단련술
— gymnastikon 신체 단련에 맞는 것
hamartanein 실수하다, 잘못을 행하다 (범하다)
— hamartēma 잘못
hautōn prattein 제 일을 하다
heautos 자신
heilōtikos 농노
hellēnizein 그리스어를 말하다
hetairos 동료
hikanos 충분한, 족한
himation 겉옷
hōde 방식
homoios 닮은
homologein 동의하다, 인정하다, 의견 일치를 보다
homonoia 생각의 일치
hoplitikē 중무장보병술
hybris 횡포
— hybristēs 횡포를 부리는 [분]
hygiainein 건강하다
— hygies 건강한, 성한
hyparchonta 위세
hypenantios 정반대되는
hyperballein 위압적이다
hyperphronein 기고만장하다
hyphantikē 직조술
hypolambanein 간주하다, 이해하다
hypoptein 추측하다
iatros 의사
ichnē 흔적
idiāi 사적인 차원에서
idiōtēs 평민, 사사로운 사람
kakos 나쁜
— kakia 나쁨
kalos 멋진, 아름다운
— kallos 아름다움
kalos k'agathos 아름답고 훌륭한
karteria 참을성
katēgorein 따지다, 탓하다
keleustēs 노꾼
kitharizein 키타라 연주(를 하다)
koinē boulē 공동의 숙의사항

paidagōgos 사부(師傅)
paideia 교양, 교육, 교육 방식
paidika 소년 애인
paidotribēs 체육 교사
pais 아이
palaiein 레슬링
— palaismata 레슬링 동작
palinōidein 노래를 고쳐 부르다
— palinōidē 고쳐 부르는 노래
paradeigma 사례
paragignesthai 생기다
parainein 권고하다, 충고하다
paschein 당하다
pathēma 상태, 수모
pauesthai 단념하다
pēchys 팔뚝(완척)
peithein 설득하다
petteuein 장기를 두다
— petteutika (ta) 장기의 수(手)
phaulos 하찮은
philia 좋아함
philonikia 승부욕
philoponia 일 좋아함
philos 벗, 친구
philotimia 명예심
phobos 두려움
phoitētēs 문하생
phronein 분별하는 것, 분별력
phronēma 기세
phronēsis 분별
— phronimos 분별 있다
phylakē 경계
physis 자질
planasthai 헤매다
plein 항해하다
plēthos 많음, 크기, 넓이
ploutos 부(부유함)
poiēmata 시(詩)
polemein 전쟁(을 하다(벌이다))
— polemos 전쟁(터)
polis 나라
— politeia 정치 공동체
— politeuesthai 나라를 꾸리다
— politikos 정치가
polloi 다수, 다중, 많은 사람, 많은 이, 여러 사람
ponēros 못난, 못된
pōs 방식
pragma 것, 일
prattein 행(동)하다, 처리하다
— praxis 실천, 행동, 행위
promētheia 미리 주의를 기울임
proseuchein 빌다
proshomilein 사귀다
prospalaiein (맞붙잡고) 레슬링을 하다
prospoiein 자처하다
pseudesthai 잘못 생각하다

고유명사

옮긴이의 말

이 책은 플라톤의 『알키비아데스 I』과 『알키비아데스 II』를 묶은 번역서다. 2007년 이제이북스에서 출간했던 책을 이제 아카넷 출판사를 통해 다시 출간하려니 감회가 새롭다. 어느 새 십여 년이 지났다는 사실에 놀라는 마음이 드는 한편, 오랫동안 이 번역서를 사랑해 준 독자들이 있었다는 사실에 크게 감사한 마음이 든다.

『알키비아데스 I』과 『알키비아데스 II』는 정도 차이는 있지만 진본인지를 의심 받는 작품들이다. 그중 『알키비아데스 I』과 관련해서는 최근에 진본으로 보는 학자들이 늘어나면서 진위 여부에 대해 격렬한 논쟁이 벌어지고 있다. 사실 위서라고 하더라도 『알키비아데스 I』은 플라톤의 초기부터 중기 초반까지의 문제의식을 관통해서 보여 주고 있다는 점에서 플라톤 철학의 입문서로 손색이 없다. 아닌 게 아니라 이미 고대에도 이 책이 플라톤 철학의 면모를 포괄적으로 보여 주는 텍스트로 간주되곤 했다. 따라서 플라톤의 초중기 대화편들을 개별적으로 읽기 전에 이 책을 먼저 검토하거나, 아니면 플라톤의 초중기 대화편들을 읽은 다음 이 책을 검토하면 플라톤 철학에 대한 전체적인 그림을 그리는 데 큰 도움이 될 것이라고 생각한다. 무엇보다도 흔히 회자되는 '너 자신을 알라'의 철학적 의미를 곱씹을 수 있는 기회를 제공한다는 점에서 이 텍스트의 가치가 있다고 할 수 있다.

『알키비아데스 I』의 앞부분(103a~120e5)은 정준영이, 뒷부분(120e6~135e)은 김주일이 맡아서 옮겼으며, 『알키비아데스 II』 전체는 김주일이 맡았다. 그동안 쇄를 거듭할 때마다 몇 번에 걸쳐 교정 작업을 했음에도 불구하고, 이번에 아카넷에서 출간하기 위해 전체적인 검토를 해 보니 오탈자뿐만 아니라 어색한 표현이 꽤 발견되었다. 그래서 『알키비아데스 I』의 경우 일부는 상당히 많은 수정 작업이 이루어졌다. 독자들에게 좀 더 읽기 편한 번역서가 되었길 바란다.

출판사를 옮겨 새롭게 이 책을 내는 마당에 다시 생각해 봐도 그동안 세월을 같이한 정암학당의 선후배 연구원들이 없었다면, 지금과 같은 책을 출간하기는 어려웠을 것이다. 특히 정암학당을 출범시키고 기반을 닦으신 이정호 선생님에 대한 고마운 마음은 이루 말할 수가 없다. 지금까지 같이 걸어온 이 길이 아름다웠으며, 앞으로 걸어갈 그 길은 빛나리라고 믿는다. 예기치 않은 사정 때문에 갑자기 안게 된 큰 짐을 흔쾌히 떠맡아 준 아카넷 김정호 대표님과 출판사 직원 모두에게 감사드린다. 특히 꼼꼼한 교정을 해 준 편집부에 고마운 마음을 전한다.

2020년 3월

옮긴이 일동

사단법인 정암학당을 후원해 주시는 분들

정암학당의 연구와 역주서 발간 사업은 연구자들의 노력과 시민들의 귀한 뜻이 모여 이루어집니다. 학당의 모든 연구는 시민들의 자발적인 후원을 바탕으로 하기 때문입니다. 그 결실을 담은 '정암고전총서'는 연구자와 시민의 연대가 만들어 내는 고전 번역 운동의 산물이라고 할 수 있습니다. 이 같은 학술 운동의 역사적 의미를 기리고자 이 사업에 참여한 후원회원 한 분 한 분의 정성을 이 책에 기록합니다.

평생후원회원

Alexandros Kwanghae Park 강대진 강상진 강선자 강성훈 강순전 강승민 강주완
강창보 강철웅 고재희 공기석 권세혁 권연경 권장용 기종석 길명근 김경랑
김경현 김귀녀 김기영 김남두 김대겸 김대오 김미성 김미옥 김병연 김상기
김상수 김상욱 김상현 김석언 김석준 김선희(58) 김성환 김숙자 김순옥 김영균
김영순 김영일 김영찬 김영희 김옥경 김운찬 김유순 김 율 김은자 김은희
김인곤 김재홍 김정락 김정란 김정례 김정명 김정신 김정화 김주일 김지윤(양희)
김지은 김진규 김진성 김진식 김창완 김창환 김출곤 김태환 김 헌 김현래
김현주 김혜경 김혜자 김효미 김휘웅 도종관 류한형 문성민 문수영 문우일
문종철 박계형 박금순 박금옥 박명준 박병복 박복득 박상태 박선미 박선영
박선희 박세호 박승찬 박윤재 박정수 박정하 박종면 박종민 박종철 박진우
박창국 박태일 박현우 박혜영 반채환 배인숙 백도형 백영경 변우희 사공엽
서광복 서동주 서 명 성 염 서지민 설현석 성중모 손병석 손성석 손윤락
손효주 송경순 송대현 송성근 송순아 송요중 송유레 송정화 신성우 심재경
안성희 안 욱 안재원 안정옥 양문흠 양호영 엄윤경 여재훈 염수균 오서영
오지은 오흥식 유익재 유재민 유태권 유 혁 유형수 윤나다 윤신중 윤정혜
윤지숙 은규호 이광영 이기백 이기석 이기연 이기용 이도헌 이두희 이명호
이무희 이미란 이민숙 이민정 이상구 이상원 이상익 이상인 이상희(69) 이상희(82)
이석호 이순이 이순정 이승재 이시연 이영원 이영호(48) 이영호(66) 이영환 이옥심
이용구 이용술 이용재 이용철 이원제 이원혁 이유인 이은미 이임순 이재경
이재환 이정선(71) 이정선(75) 이정숙 이정식 이정호 이종환(71) 이종환(75) 이주완 이주형
이지민 이지수 이 진 이창우 이창연 이창원 이충원 이춘매 이태수 이태호
이필렬 이한주 이향섭 이향자 이황희 이현숙 이현임 임대윤 임보경 임성진
임연정 임창오 임환균 장경란 장동익 장미성 장영식 전국경 전병환 전헌상
전호근 정선빈 정세환 정순희 정연교 정옥재 정은정 정 일 정정진 정제문
정준영(63) 정준영(64) 정해남 정홍교 정희영 조광제 조대호 조병훈 조성대 조익순
조준호 지도영 차경숙 차기태 차미영 채수환 최 미 최미연 최세용 최수영
최병철 최영아 최영임 최영환 최운규 최원배 최윤정(77) 최은영 최인규 최지호
최 화 최현석 표경태 풍광섭 하선규 하성권 한경자 한명희 허남진 허선순
허성도 허영현 허용우 허정환 허지현 홍섬의 홍순정 홍 훈 황규빈 황예림
황유리 황주영 황희철
가지런e류 교정치과 나와우리 〈책방이음〉 도미니코수도회 도바세
방송대문교소담터스터디 방송대영문과07학번미아팀 법률사무소 큰숲 부북스출판사(신현부)

생각과느낌 정신건강의학과 이제이북스 카페 벨라온

(개인 291, 단체 11, 총 302)

후원위원

강성식 강용란 강진숙 강태형 고명선 곽삼근 곽성순 구미희 권소연 권영우
길양란 김경원 김나윤 김대권 김대희 김명희 김미란 김미선 김미향 김백현
김복희 김상봉 김성민 김성윤 김순희(1) 김승우 김양희 김애란 김연우 김영란
김용배 김윤선 김장생 김정수 김정이 김정자 김지수(62) 김진숙(72) 김현자 김현제
김형준 김형희 김희대 맹국재 문영희 박미라 박수영 박우진 박원빈 박종근
박태준 박현주 백선옥 서도식 성민주 손창인 손혜민 송민호 송봉근 송상호
송찬섭 신미경 신성은 신영옥 신재순 심명은 안희돈 양은경 양정윤 오현주
오현주(62) 우현정 원해자 유미소 유효경 이경선 이경진 이명옥 이봉규 이봉철
이선순 이선희 이수민 이수은 이순희 이승목 이승준 이신자 이은수 이정민
이정인 이지희 이진희 이평순 임경미 임우식 장세백 장영재 전일순 정삼아
정은숙 정태윤 정태흡 정현석 조동제 조명화 조문숙 조민아 조백현 조범규
조성덕 조정희 조진희 조태현 주은영 천병희 최광호 최세실리아 최승렬
최승아 최이담 최정옥 최효임 한대규 허 광 허 민 홍순혁 홍은규 홍정수
황경화 황정숙 황훈성 정암학당1년후원
문교경기 〈처음처럼〉 문교수원3학년학생회 문교안양학생회 문교경기8대학생회
문교경기총동문회 문교대전충남학생회 문교베스트스터디 문교부산지역7기동문회
문교부산지역학우일동(2018) 문교안양동문(2024) 문교안양학습관 문교인천동문회
문교인천지역학생회 방송대동아리 〈아노도스〉 방송대동아리 〈예사모〉
방송대동아리 〈프로네시스〉 사가독서회

(개인 133, 단체 17, 총 150)

후원회원

강경훈 강경희 강규태 강보슬 강상훈 강선옥 강성만 강성심 강신은 강유선
강은미 강은정 강임향 강창조 강 항 강희석 고강민 고경효 고복미 고숙자
고승재 고창수 고효순 공경희 곽범환 곽수미 구본호 구외숙 구익희 권 강
권동명 권미영 권성철 권순복 권순자 권오경 권오성 권오영 권용석 권원만
권정화 권해명 권혁민 김건아 김경미 김경원 김경화 김광석 김광성 김광택
김광호 김귀종 김길화 김나경(69) 김나경(71) 김남구 김대영 김대훈 김동근 김동찬
김두훈 김 들 김래영 김명주(1) 김명주(2) 김명하 김명화 김명희63 김문성 김미경(61)
김미경(63) 김미숙 김미정 김미형 김민경 김민웅 김민주 김범석 김병수 김병옥
김보라미 김봉습 김비단결 김선규 김선민 김선희(66) 김성곤 김성기 김성은 김성은(2)
김세은 김세원 김세진 김수진 김수환 김숙현 김순금 김순호 김순희(2) 김시인
김시형 김신태 김신판 김승원 김아영 김양식 김영선 김영숙(1) 김영숙(2) 김영애
김영준 김영효 김옥주 김용술 김용한 김용희 김유석 김은미 김은심 김은정

김은주 김은파 김인식 김인애 김인욱 김인자 김일학 김정식 김정현 김정현(96)
김정희(1) 김정희(2) 김정훈 김종태 김종호 김종희 김주미 김중우 김지수(2) 김지애
김지열 김지유 김진숙(71) 김진태 김충구 김철한 김태식 김태욱 김태헌 김태훈
김태희 김평화 김하윤 김한기 김현규 김현숙(61) 김현숙(72) 김현우 김현정 김현정(2)
김현중 김현철 김형규 김형전 김혜숙(53) 김혜숙(60) 김혜원 김혜정 김홍명 김홍일
김희경 김희성 김희정 김희준 나의열 나춘화 나혜연 남수빈 남영우 남원일
남지연 남진애 노마리아 노미경 노선이 노성숙 노채은 노혜경 도진경 도진해
류남형 류다현 류동춘 류미희 류시운 류연옥 류점용 류종덕 류지아 류진선
모영진 문경남 문상흠 문순현 문영식 문정숙 문종선 문준혁 문찬혁 문행자
민 영 민용기 민중근 민해정 박경남 박경수 박경숙 박경애 박귀자 박규철
박다연 박대길 박동심 박명화 박문영 박문형 박미경 박미숙(67) 박미숙(71) 박미자
박미정 박믿음 박배민 박보경 박상선 박상윤 박상준 박선대 박선영 박성기
박소운 박수양 박순주 박순희 박승억 박연숙 박영찬 박영호 박옥선 박원대
박원자 박유정 박윤하 박재준 박재학 박정서 박정오 박정주 박정은 박정희
박종례 박주현 박주형 박준용 박준하 박지영(58) 박지영(73) 박지창 박지희(74) 박지희(98)
박진만 박진선 박진헌 박진희 박찬수 박찬은 박춘례 박태안 박한종 박해윤
박헌민 박현숙 박현자 박현정 박현철 박형전 박혜숙 박홍기 박희열 반덕진
배기완 배수영 배영지 배제성 배효선 백기자 백선영 백수영 백승찬 박애숙
백현우 변은섭 봉성용 서강민 서경식 서근영 서두원 서민정 서범준 서봄이
서승일 서영식 서옥희 서용심 서원호 서월순 서정원 서지희 서창립 서회자
서희승 석현주 설진철 성윤수 성지영 소도영 소병문 소상욱 소선자 손금성
손금화 손동철 손민석 손상현 손정수 손지아 손태현 손한결 손혜정 송금숙
송기섭 송명화 송미희 송복순 송석현 송연화 송염만 송원욱 송원희 송용석
송유철 송인애 송진우 송태욱 송효정 신경원 신경준 신기동 신명우 신민주
신상하 신성호 신영미 신용균 신정애 신지영 신혜경 심경옥 심복섭 심은미
심은애 심재윤 심정숙 심준보 심희정 안건형 안경화 안미희 안숙현 안영숙
안정숙 안정순 안진구 안진숙 안화숙 안혜정 안희경 안희돈 양경엽 양미선
양병만 양선경 양세규 양예진 양지연 양현서 엄순영 오명순 오성민 오승연
오신명 오영수 오영순 오유석 오은영 오진세 오창진 오혁진 옥명희 온정민
왕현주 우남권 우 람 우병권 우은주 우지호 원만희 유두신 유미애 유성경
유승현 유정모 유정원 유 철 유향숙 유희선 윤경숙 윤경자 윤선애 윤수홍
윤여훈 윤영미 윤영선 윤영이 윤에스더 윤 옥 윤은경 윤재은 윤정만 윤혜영
윤혜진 이건호 이경남(1) 이경남(72) 이경미 이경아 이경옥 이경원 이경자 이경희
이관호 이광로 이광석 이군무 이궁훈 이권주 이나영 이다연 이덕제 이동래
이동조 이동춘 이명란 이명순 이미옥 이민희 이병태 이복희 이상규 이상래
이상봉 이상선 이상훈 이선민 이선이 이성은 이성준 이성호 이성훈 이성희
이세준 이소영 이소정 이수경 이수련 이숙희 이순옥 이승훈 이승훈(79) 이시현
이양미 이연희 이영민 이영숙 이영실 이영신 이영애 이영애(2) 이영철 이영호(43)
이옥경 이용숙 이용안 이용웅 이용찬 이용태 이원용 이유진 이윤열 이윤주
이윤철 이은규 이은심 이은정 이은주 이이숙 이인순 이재현 이정빈 이정석

이정선(68) 이정애 이정임 이종남 이종민 이종복 이준호 이중근 이지석 이지현
이진아 이진우 이창용 이철주 이춘성 이태곤 이태목 이평식 이표순 이한솔
이 혁 이현주(1) 이현주(2) 이현호 이혜영 이혜원 이호석 이호섭 이화선 이희숙
이희정 임미정 임석희 임솔내 임정환 임창근 임현찬 장모범 장선희 장시은
장영애 장오현 장재희 장지나 장지원(65) 장지원(78) 장지은 장철형 장태순 장해숙
장홍순 전경민 전다록 전미래 전병덕 전석빈 전영석 전우성 전재혁 전우진
전종호 전진호 정경회 정계란 정금숙 정금연 정금이 정금자 정난진 정미경
정미숙 정미자 정상묵 정상준 정선빈 정세영 정아연 정양민 정양욱 정 연
정연화 정영목 정영훈 정옥진 정용백 정우정 정유미 정은정 정일순 정재연
정재웅 정정녀 정지숙 정진화 정창화 정하갑 정현진 정은교 정해경 정현주
정현진 정호영 정환수 조권수 조길자 조덕근 조미선 조미숙 조병진 조성일
조성혁 조수연 조슬기 조영래 조영수 조영신 조영연 조영호 조예빈 조용수
조용준 조윤정 조은진 조정란 조정미 조정옥 조정원 조증윤 조창호 조황호
주봉희 주연옥 주은빈 지정훈 진동성 차문송 차상민 차혜진 채장열 천동환
천명옥 최경식 최명자 최미경 최보근 최석묵 최선희 최성준 최수현 최숙현
최연우 최영란 최영부 최영순 최영식 최원옥 최유숙 최유진 최윤정(66) 최은경
최일우 최자련 최재식 최재원(1) 최재원(2) 최재혁 최정욱 최정호 최정환 최종희
최준원 최지연 최진욱 최혁규 최현숙 최혜정 표종삼 하승연 하혜용 한미영
한생곤 한선미 한연숙 한옥희 한윤주 한호경 함귀선 허미정 허성준 허 양
허 웅 허인자 허정우 홍경란 홍기표 홍병식 홍성경 홍성규 홍성은 홍순아
홍영환 홍은영 홍의중 홍지흔 황경민 황광현 황미영 황미옥 황선영 황신해
황은주 황재규 황정희 황현숙 황혜성 황희수 kai1100 익명
리테라 주식회사 문교강원동문회 문교강원학생회 문교경기 〈문사모〉
문교경기동문 〈문사모〉 문교서울총동문회 문교원주학생회 문교잠실송파스터디
문교인천졸업생 문교전국총동문회 문교졸업생 문교8대전국총학생회
문교11대서울학생회 문교K2스터디 서울대학교 철학과 학생회
(주)아트앤스터디 영일통운(주) 장승포중앙서점(김강후) 책바람

(개인 738, 단체 19, 총 757)

2024년 12월 4일 현재, 1,162분과 47개의 단체(총 1,209)가 정암학당을 후원해 주고 계십니다.

옮긴이

김주일

성균관대학교에서 플라톤과 파르메니데스 철학의 관계에 대한 주제로 박사학위를 받았다. 현재 성균관대학교와 청주대학교에 출강하며 정암학당의 연구원이자 학당장으로 있다. 저서로는 『소크라테스는 악법도 법이라고 말하지 않았다. 그럼 누가?』, 『서양고대철학 1』(공저)이 있고, 역서로는 『소크라테스 이전 철학자들의 단편 선집』(공역), 플라톤의 『에우튀데모스』, 『파이드로스』, 『편지들』(공역), 『법률 1, 2』(공역) 등이 있다.

정준영

성균관대학교 철학과 대학원에서 플라톤 철학에 대한 연구로 박사학위를 받았다. 현재 성균관대학교 초빙교수이자 정암학당의 연구원으로 있다. 저서로는 『아주 오래된 질문들』(2017, 공저) 등이 있고, 번역서로는 『테아이테토스』(2013) 등이 있다. 플라톤에 관한 여러 편의 글을 썼으며, 이 밖에 호메로스를 다룬 「사사적 지평에서 바라본 호메로스적 아테(atē)」(2012), 비극을 다룬 「메데이아의 자식살해와 튀모스(thymos)」(2011) 등을 썼다. 그리스 서사시와 비극, 그리고 철학을 아우르는 접점을 찾아 이를 인문학적으로 해석하는 시도를 모색하고 있다.

정암고전총서는 정암학당과 아카넷이 공동으로 펼치는 고전 번역 사업입니다.
고전의 지혜를 공유하여 현재를 비판하고 미래를 내다보는 안목을 키우는
문화적 기반을 마련하고자 합니다.

정암고전총서 플라톤 전집

알키비아데스 I·II

1판 1쇄 펴냄 2020년 3월 31일
1판 2쇄 펴냄 2025년 1월 17일

지은이 플라톤
옮긴이 김주일 · 정준영
펴낸이 김정호
펴낸곳 아카넷

출판등록 2000년 1월 24일(제406-2000-000012호)
주소 10881 경기도 파주시 회동길 445-3 2층
전화 031-955-9511(편집) · 031-955-9514(주문)
팩스 031-955-9519
www.acanet.co.kr

Printed in Paju, Korea.

ISBN 978-89-5733-673-1 94160
ISBN 978-89-5733-634-2 (세트)

도서의 국립중앙도서관 출판예정도서목록(CIP)은
서지정보유통지원시스템 홈페이지(http://seoji.nl.go.kr)와
국가자료공동목록시스템(http://www.nl.go.kr/kolisnet)에서 이용하실 수 있습니다.
(CIP제어번호: CIP2020010228)